Hans Urs von Balthasar

Geschichte des eschatologischen Problems in der modernen deutschen Literatur

Johannes

Studienausgabe Hans Urs von Balthasar
Unter der Leitung von Prof. DDr. Alois M. Haas, Zürich

1. Die Entwicklung der musikalischen Idee
   Versuch einer Synthese der Musik (1925)
   Bekenntnis zu Mozart (1955)

2. Geschichte des eschatologischen Problems in der modernen deutschen Literatur
   Abhandlung zur Erlangung der Doktorwürde der philosophischen Fakultät I der Universität Zürich (1930)

3. Apokalypse der deutschen Seele
   Studien zu einer Lehre von letzten Haltungen
   - I. Der deutsche Idealismus (1937)
     Mit einem Geleitwort von Alois M. Haas
   - II. Im Zeichen Nietzsches (1939)
   - III. Vergöttlichung des Todes (1939)

4. Von den Aufgaben der katholischen Philosophie in der Zeit (1946)

Editorische Notiz

Der Verfasser der vorliegenden Schrift hätte nie vorgehabt, seine publizistischen Erstlinge – „Die Entwicklung der musikalischen Idee“ (1925), die „Geschichte des eschatologischen Problems in der modernen deutschen Literatur“ (1930), „Von den Aufgaben der katholischen Philosophie in der Zeit“ (1946/47) und seine dreibändige „Apokalypse der deutschen Seele“ (1937-39) – neu aufzulegen. Entgegen dieser Zurückhaltung ist die Nachfrage und das Bedürfnis nach einer authentischen Einsichtnahme in die Frühschriften Hans Urs von Balthasars in den letzten Jahren bei wachsender Beschäftigung mit seinem Werk immer drängender geworden. Um einem drohenden Mißbrauch zu wehren, drängt sich daher eine Neuauflage – sowohl der drei Frühschriften als auch der „Apokalypse der deutschen Seele“ – im Sinne einer Studienausgabe auf. Ziel ist dabei eine möglichst unveränderte Textwiedergabe.

Bei der Neueinrichtung der Ausgabe von der „Geschichte des eschatologischen Problems in der modernen deutschen Literatur“ wurden nach Möglichkeit alle Zitate nachgeprüft und – im Falle von Fehlangaben – stillschweigend korrigiert, wie auch offensichtliche Druckfehler und Verschreibungen. Sinndeutende Zusätze stehen in eckigen Klammern im Text. Korrekturen, die Hans Urs von Balthasar in seinem Handexemplar mit eigener Hand vorgenommen hat, sind ebenfalls stillschweigend eingefügt.

Gegenüber der Vorlage sind die erstzitierten Texte in den Anmerkungen jeweils vollständig bibliographisch erfaßt. Zudem wurde der Band mit einem Personenregister versehen. Ansonsten wird der alte, vom Verfasser intendierte Text unverändert wiedergegeben.

Alois M. Haas
Präsident der Stiftung Hans Urs von Balthasar

Hinweis

Bei der Vorbereitung der vorliegenden Neuauflage der Dissertation ergaben sich – angesichts der hier zitierten entlegenen Texte nicht verwunderlich – Schwierigkeiten bei der Nachprüfung. Folgende Zitierungen – jeweils signalisiert durch den Hinweis auf die Anmerkung – konnten wegen Unauffindbarkeit der Originaltexte nicht kontrolliert werden: Anm. 23-26, 98, 117-120, 147, 167, 168, 187, 192, 198, 205, 267, 293, 410 und 426f.

Druck: Kösel, Kempten
ISBN 3 89411 347 2

GESCHICHTE DES ESCHATOLOGISCHEN PROBLEMS IN DER MODERNEN DEUTSCHEN LITERATUR

ABHANDLUNG
ZUR ERLANGUNG DER DOKTORWÜRDE DER PHILOSOPHISCHEN FAKULTÄT I DER UNIVERSITÄT ZÜRICH

VORGELEGT VON
H. U. VON BALTHASAR
AUS LUZERN

ANGENOMMEN
AUF ANTRAG DES HERRN PROFESSOR DR. ROBERT FAESI

ZÜRICH 1930
SELBSTVERLAG DES VERFASSERS

Meiner Mutter

Vorwort.

Die folgenden Seiten sind ein Bruchstück umfänglicherer Untersuchung, die ich in absehbarer Zeit vorlegen zu können hoffe. Für das Bruchstück trifft in erhöhtem Maße zu, was von dem Ganzen zu sagen wäre. Wenige Worte sollen es andeuten.

Das Neuartige und vielleicht Gewagte dieses Versuches rechtfertigt vielleicht ein gewisses Bangen, mit dem ich ihn der Veröffentlichung übergebe. Die Art, wie hier Philosophie und Theologie zur Erläuterung von Kunstwerken, und diese umgekehrt, ohne wesentliche Rücksicht auf ihre ästhetischen Qualitäten zu problemgeschichtlichen Untersuchungen herangezogen werden, mag befremden und der Erfolg solcher Methode wird ihre einzige Rechtfertigung sein.

Viele Anregungen verdanke ich Herrn Prof. Dr. Robert *Faesi*, der mir in unermüdlicher Bereitwilligkeit zur Seite gestanden hat. Meinem geliebten Freunde Rudolf *Allers* sei an dieser Stelle nur für seine Hilfe bei der Drucklegung und Korrektur gedankt. Das Wertvolle, das sich unter diesen Ausführungen finden mag, ist in dieser Freundschaft gereift, aber dafür zu danken, ist so öffentliche Stelle kaum geeignet.

Inhalt.

1. Vorbemerkungen.

Die vorliegende Dissertation bildet einen Ausschnitt aus einer größeren Abhandlung: „Probleme der letzten Dinge und der Geschichte ihrer Gestalt in der deutschen Literatur seit der Aufklärung“, die sich aus einer Erweiterung des Umfanges der Dissertation ergab und die historischen Voraussetzungen der spätern Eschatologie, vor allem also die Periode des Idealismus, mit größerer Ausführlichkeit darstellt. Der Text der vorliegenden Kapitel ist unverändert und bildet, vom Schlußkapitel abgesehen, den zweiten Teil der erweiterten Fassung. Es wird somit die Aufgabe dieser Einleitung sein, die weiteren Zusammenhänge, die aus diesem Bruchteil nicht völlig klar werden könnten, aufzudecken sowie den Ideengang der fehlenden Teile zu resümieren.

Die Absicht des Ganzen ist, eine Problemgeschichte der letzten Dinge als Mythengeschichte zu bieten, den geistesgeschichtlichen Sinn der Wandlungen in Auswahl, Deutung und Darstellung eschatologischer Mythen durch eine Epoche durch Eingliederung in die historischen Wandlungen des weiteren eschatologischen Problems, wie sie sich auch in Philosophie, Theologie, in gewissen Zweigen der Naturwissenschaften darstellen, aufzuweisen.[1] Deshalb mußte zunächst an eine exakte Definition von Eschatologie geschritten werden, welche die Formel zeitigte: Eschatologie ist die Lehre vom Verhältnis des Geistes, sofern er als Einheit betrachtet wird, zu seinem endgültigen oder ewigen Schicksal. In Anschluß an die theologisch üblichen Gliederungen unterscheiden wir individuelle und allgemeine Eschatologie, je nachdem der einzelne oder die Gesamtheit als Subjekt gedacht wird, ferner axiologische[2] und teleologische,

[1] Die ausführlichere Rechtfertigung dieses Methodensynkretismus wird in der größeren Veröffentlichung erfolgen.

[2] Auch über diesen neuerdings vielfach angefochtenen Begriff siehe dort.

je nachdem der Geist als ein seiender oder als ein werdender sich zum Ewigen verhält. Als seiender tritt er zum Ewigen in ein direktes Verhältnis, das entweder einen Besitz oder einen Nichtbesitz oder eine paradoxe Spannung von „Haben" und „Nicht-haben" zum Inhalt hat, als werdender wird dieses Verhältnis zum teleologischen Problem der Ausstandsbehebung. Sofern der Geist aber die paradoxe Einheit beider Aspekte ist, sind beide Eschatologien nicht nur verbunden, sondern eine dialektische, unlösbare Zweieinheit.

Eine Typologie des eschatologischen Denkens wird aber nach der Reihenfolge beider fragen und zwei Strukturen unterscheiden: Die erste, die im Christentum ausgeprägt ist, geht von der Spannung der Axiologie aus und schreitet zur spannungslösenden Teleologie vor. Die Spannungslösung läßt sich hier nur transzendental gewinnen. Die zweite sucht diesen transzendentalen Faktor auszuschalten, setzt mit der Teleologie ein, wird aber auf die Axiologie, das unmittelbare „Haben des Ewigen", zurückgeworfen: die idealistische. Zu diesen vier Kategorien der eigentlichen Eschatologie tritt das teleologische Problem der Naturvollendung hinzu, das mit jenen eng verknüpft ist, aber den Titel einer „uneigentlichen" Eschatologie verdient.

Die ideelle Struktur der historischen Problementwicklung zeigt folgende Kurve: Aus der Einheit der mittelalterlich-christlichen Eschatologie werden fortlaufend einzelne Stücke herausgebrochen, bis endlich der Hauptpfeiler, die Transzendenz, stürzt. An ihre Stelle tritt als einzig möglicher Ersatz der Fortschrittsglaube, welcher den einheitlichen Fundamentalgedanken der ganzen Epoche von *[Leibniz]* bis *Nietzsche* bildet, die im Idealismus ihren Höhepunkt findet. Im 19. Jahrhundert wird die innere Unhaltbarkeit der idealistischen Eschatologie aufgedeckt. *Kierkegaard* und *Nietzsche* stellen eine neue Alternative auf, das 20. Jahrhundert bildet zunächst die Bausteine für ein neues System, das die Gegenwart auszubauen beginnt.

Dieses allgemeinste Schema muß nun gefüllt werden, was zugleich den Anlaß gibt, die Ergebnisse der größeren Arbeit bis zu den hier vorliegenden Kapiteln zusammenzufassen.

2. Historische Voraussetzungen.

Die Einheit der Eschatologie des Mittelalters beruhte auf der Transzendenz des teleologischen Endpunktes. In ihm wurden die Spannungen des axiologischen Verhältnisses, das sich in der paradoxen christlichen Forderung „zu besitzen, als besäße man nicht" spiegelt, gelöst. Mit dem Anbruch des Gerichtes ist für den einzelnen, für die Gemeinschaft (als Kirche) und für Natur („Verklärung") der Übergang in einen endgültigen, statischen Zustand erreicht. Schon im Mittelalter aber bedrohten neuplatonisch-gnostische Evolutions- und Apokatastasisideen das transzendente System, mit Joachim von Floris begann die entschiedene Immanentisierung des jenseitigen Reiches.[3] Die Reformation brachte spiritualistische und individualistische Tendenzen und verkürzte die Ideen der Natur- wie der Kirchenvollendung. Die entscheidenden Anstöße zur Neubildung aber brachte das mathematische Denken, die Forderung der logischen Durchdringbarkeit der Welt, die Entdeckung des Differenzials und im Anschluß daran die Idee der unendlichen Evolution. Dieser letzte Begriff bot einen Ersatz für die transzendente Vollendung. An die Stelle des plötzlich „wie der Dieb in der Nacht" einbrechenden Gerichtes tritt die endlose Zeitreihe als Entwicklung. Die Geschichte der Theologie vom Wolffianismus über die Neologie zum Rationalismus hat diese Ablösung zum Hauptthema.[4] Damit ist die Dialektik von Spannung (Axiologie) und Lösung (Teleologie) zur Dialektik von Spannung als Entwicklung (Teleologie) und Lösung im unendlich fernen und deshalb dem Werden entrückten „Augenblick" (Axiologie) geworden. Der „Besitz" wird außerhalb des Prozesses verlegt, die

[3] *Konrad Burdach*, Reformation, Renaissance, Humanismus. Zwei Abhandlungen über die Grundlage moderner Bildung und Sprachkunst, Berlin 1918, 45ff.
[4] Vgl. *Karl Aner*, Die Theologie der Lessingzeit, Halle 1929.

Utopie ist der dichterische Ausdruck dafür. So entsteht eine neue Dialektik von unendlicher Zeit und Zeitlosigkeit. Diese Dialektik als das Grundschema aller aufklärerischen wie idealistischen Eschatologie aufzuweisen, ist die Hauptaufgabe der ersten Kapitel. Es ist die Dialektik von „Vollendung und Unendlichkeit", aber nicht, wie *Strichs* kurzsichtige Typologie glaubt, auf zwei Gebiete, „Klassik" und „Romantik", aufgeteilt, sondern als das einheitlich-dialektische Problem der ganzen Epoche. Das Problem des Verhältnisses von „unendlicher Annäherung" und Vollendung im (zeitlosen) „Augenblick" ist das Thema *Kants* und *Schillers* ([ästhetische] Briefe), *Herders* und *Goethes* (Faust), *Schellings* und *Novalis'*, *Schopenhauers* und *Hegels*.

Aus diesem Grundproblem lassen sich alle Teilprobleme deduzieren. Wo die transzendente Einheit aufgegeben wird, enthält jede Teileschatologie Selbständigkeit, die Vollendung des einzelnen braucht mit der allgemeinen und Naturvollendung nicht mehr zu koinzidieren.

Aber wo die Teleologie primär wird, wird der Einzelne selbst zum Problem: die Vollendung wird zur Ichwerdung, die Person muß sich allererst bilden. Das führt zur Erneuerung der Lehre von der bedingten Unsterblichkeit. Jeder ist ewig nach dem Grade der Ichwerdung. Aber der Inhalt dieses Ich selbst wird notwendig, der Tendenz zum „Gesetz" gemäß, zur Idee des allgemeinen oder Ur-Menschen. Individualität wird so von Teleologie und Axiologie aus gleicherweise gefährdet. *Kants* transzendentales, *Fichtes* absolutes Ich, *Herders*, *Goethes* und *Novalis'* Idee der Ich-Werdung der Entelechie führen konsequent zur „Philosophie der Individualität", die radikalste Entindividualisierung ist, zu *Schleiermacher*, zu *Schopenhauer*, endlich zu *Hegel* und *Hebbel*. Das individuelle Eschaton wird systematisch von der „Vollendung" zur bedingten Unsterblichkeit und endlich zum Tod selbst immanentisiert. Das moralische Unsterblichkeitspathos *Kants* und *Fichtes* weicht einem ebenso demütig-moralischen Pathos der Sterblichkeit bei *Schleiermacher*, *Schopenhauer* und *Strauß*, *Feuerbach* und *Keller*.

Die allgemeine Eschatologie, die im Mittelalter in erster Linie religiös war, das Schicksal der Kirche betraf, wird durch die

Unterbindung der Übergänge von intelligibler Freiheit und „Werk", von Innerlichkeit und Ausdruck durch Luther, *Descartes* und den Okkasionalismus in steigendem Maße zur Kultureschatologie, die seit *Kant* in konsequenter Weise von der unerkennbaren inneren moralischen Geschichte getrennt wird. Sie wird zur Geschichte der Gattung, in der sich der Evolutionsgedanke in dem Maße stärker ausprägt, als er auf dem Feld der individuellen Eschatologie zurückgedrängt wird. Die Endsituation bildet eine Dialektik von absoluter Sterblichkeit des einzelnen und absoluter Unsterblichkeit und Vervollkommnung der Gattung und der Kultur.

Tendiert infolge des Entwicklungsschemas der Einzelne nach der Aufgabe der individuellen „Schranken", so muß in gleicher Weise infolge der Auflösung des statisch-überzeitlichen, hierarchischen Stufenbaues des mittelalterlichen Kosmos in ein zeitlichwertsteigendes Nacheinander die Natur zur „Vorstufe" des Geistes werden und spiritualistische Tendenz erhalten. Das ist trotz scheinbarer Gegentendenzen bei *[Leibniz]*, *Goethe* und *Schelling*, sowohl in der Aufklärung wie im Idealismus ein wesentliches Charakteristikum der neuen Eschatologie.

Die nächste Folge ist Relativierung und Negativierung des Übels und des moralisch Bösen. Das Böse wird zum Nochnicht, zum Ausstand des Guten. Dies verlangt die immanente Entwicklung als asymptotische Annäherung. Andrerseits wird gerade diese Asymptotik, das Unvermögen, das Ideal je zu erreichen, die Schöpfung eines Begriffes des „radikalen Bösen" ermöglichen; beide sind der christlichen Eschatologie völlig fremd.

Wenn aber die Natur als zeitliches Prius dem Geist gegenüber unvollkommen ist, führt dies zur Identifizierung ihrer mit dem Bösen schlechthin, wie es versteckt bei *Schleiermacher* und endlich offenbar bei *Schopenhauer* der Fall ist.

In der Geschichtsphilosophie tritt die Erfahrung der „Entartung" dem Evolutionsprinzip entgegen und fordert zunächst eine Diskussion über die historische „Protologie", den möglichen Urzustand. Der aufklärerisch-rousseauischen Idee des guten Urzustandes treten *Lessing* und *Kant* mit dem konsequenten

Gedanken des „chaotischen" Anfangs entgegen, aus dem sich allmählich die Ordnung entwickle. Das historisch-dialektische Schema *Schillers* versöhnt beides; der Entartungsgedanke wird seiner gefährlichen Radikalisierung enthoben und die allgemeine Evolution gerettet. Aber die Entmoralisierung des Begriffes des Bösen schreitet dadurch fort; die Negation wird förderlich – ja notwendig als Anhub der Transzendenz und der Verwirklichung des Guten, der „Sündenfall" wird zum glücklichsten Ereignis der Geschichte. Hier, am Ursprung des Begriffes der schöpferischen Negation, wird sowohl der Pantragismus des mittleren 19. Jahrhunderts wie *Nietzsches* und *Bakunins* Verherrlichung des Bösen erfaßbar.

Jetzt sind wir auch imstande, die doppelte Paradoxie der idealistischen Eschatologie bloßzulegen. Die Welt ist ein unendlicher Prozeß, der sich dem Göttlichen nähert. Der Mensch seine Spitze. Aber über dem Prozedieren ist das Ziel verloren gegangen. Schon *Lessing* setzt das Schreiten über das Ankommen. Wer aber schreitet, wenn nicht das Absolute, Gott selber? Die Entpersönlichung der Menschen ist ihre Gottwerdung. *Fichtes* Identitätsmystik der scintilla animae treibt fort zu *Schellings* und *Hegels* Historisierung des Absoluten und Absolutierung der Historischen. Denn die letztere folgt unmittelbar aus der Erkenntnis der Unendlichkeit des Weges. Weil das Ziel unerreichbar bleibt, ist jede Zeit ihm gleich nahe, ist in jedem Augenblick das Absolute faßbar. Dieser Übergang von der Teleologie zur Axiologie läßt [sich] sowohl als letzte Konsequenz der unendlichen Zeit wie als „Fluchtversuch" aus ihr deuten. Als Konsequenz erscheint er bei *Hegel*, wenn dieser die Differenz von Sein und Werden aufhebt. Als „Flucht" bei *Schelling* und *Schleiermacher*, wenn sie von der Verzweiflung des Nichterreichenkönnens des Absoluten in der unendlichen Zeit aus aller Zeit herausspringen und das Ewige „mitten im Endlichen", aber im zeitlosen Augenblick der intellektualen Anschauung, erreichen wollen.

Beide Lösungen des eschatologischen Problems sind ein Durchhauen des gordischen Knotens. Der ganze eschatologische Entwurf, der von der Teleologie zur Axiologie fortschreiten will, endet in der doppelten Paradoxie der Identität von Sein und Werden, Gott und Mensch wie des ausschließenden Verhältnisses von Zeitlosigkeit und unendlicher Zeit: Vollendung und Unendlichkeit.

Ein Symptom der Paradoxie dieser immanenten Eschatologie ist die Gefühlsdialektik, die zwischen Pantheismus und Materialismus schwankt und zugleich die tiefe Unsicherheit verrät, in die der Mensch durch die Problematik der werdenden Person gestoßen wurde. Dieser plötzliche Stimmungsumschlag, den *Klopstock*, der junge *Schiller*, Werther und Faust, *Tieck*, *Hölderlin* und *Jean Paul* kennen, wird gerade die eschatologische Dichtung des Idealismus kennzeichnen müssen.

Das 19. Jahrhundert bringt diese Gegensätze zur Entfaltung: Identität und Unvergleichbarkeit, Göttlichkeit und Menschlichkeit, Geschichte und Moralität. Da aber der Mensch der Identitätspunkt ist, ist er das Höchste und Niederste in einem *(Schopenhauer)*, absolute Gottferne und Gottnähe *(Schelling)*. Er ist als Gott ewig, als Person sterblich, als Geist geschichtszeugend, als Mensch moralisch-geschichtslos *(Hegel)*. Er schafft das Ewige und ist das Vergänglichste *(Feuerbach, Marx)*. Der Sozialismus enthüllt diese unselige Eschatologie, in der sich zugleich der völlige Bruch zwischen Einzel- und Allgemeinvollendung offenbart. Der Mensch ist das Ziel der Geschichte, seine Herrlichkeit wird „der Sprung der Notwendigkeit in die Freiheit" enthüllen, er ist zugleich das „lumpige Individuum" *(Engels)*, das Wertloseste und Ephemerste.

Das eschatologische Ziel stand für das Mittelalter als transzendente Zukunft vor der Wirklichkeit, für den Idealismus wird es zur paradoxen Einheit von zeitlich unendlicher Ferne (Utopie) und überzeitlicher Nähe (Augenblick als Ewigkeit), wird es in der Tiefe der Dinge als vierte Dimension erreichbar (transzendentale Freiheit, „der geheimnisvolle Weg geht nach innen"), nun aber sinkt es unter die Wirklichkeit und wird zur „schönen Illusion", *Heines* Bimini, *Mörikes* Orplid, *Spittelers* Land „Meon", „von dem man träumt, daß es wäre", können diese letzte Phase der idealistischen Eschatologie charakterisieren.

Nun ist die Zeit reif, der ersten der drei mythischen Figuren der christlichen Eschatologie den tiefsten Sinn zu geben: Ahasver wird zum adäquatesten Ausdruck für die Lage des Problems in der Mitte des Jahrhunderts. Er repräsentiert die unselige Einheit von Unsterblichkeit und Evolution der Gattung und Sterblichkeit des Einzelnen. Die Unvergänglichkeit wird zum Fluch des Sinnlosen, wo der Einzelne vergeht, und kehrt sich in Todessehnsucht um. Einer vergleichenden Mythengeschichte, die zugleich Problemgeschichte wäre, hätte die tiefste Einsinnigkeit aller großen Mythen des 19. Jahrhunderts auffallen müssen. Daß jetzt die Sagen vom Tannhäuser, vom Don Juan und Faust, vom fliegenden Holländer und Kain, vom Merlin und endlich vom ewigen Juden eine zentrale Bedeutung in der Geschichte erlangen, ist nicht Zufall, zumal alle von demselben geistesgeschichtlichen Punkt aus ihre Deutung erfahren: Fluch der Ewigkeit wie der Sterblichkeit. Sie alle sind die „Nachtseite" des zentralen idealistischen Mythos: Prometheus, in dem schöpferische Negation noch Segen und Glück war. Mit der Mitte des 19. Jahrhunderts ist eine ideengeschichtliche Einheit abgeschlossen, die mit dem Ende des Mittelalters einsetzt. Das eschatologische Problem ist zersetzt und kann nicht weiter entwickelt werden. Es galt daher, eine Neuschöpfung zu vollbringen, eine neue Alternative zu gewinnen, aus der sich frische Problematik und eine fruchtbare Aporetik entwickeln konnte.

3. Die Alternative: Kierkegaard und Nietzsche.

Die Entwicklung des eschatologischen Problems wurde als eine fortwährende Auflösung charakterisiert und die Gestalt Ahasvers als Symbol und Symptom des letzten Stadiums dieses Zerfalles betrachtet. Im Überblick läßt sich etwa das folgende feststellen: Die besondere und die allgemeine Eschatologie sind zu einer einheitlichen, göttlichen verschmolzen, die durch die Kategorien des unendlichen Fortschrittes und des zeitentrückten Augenblickes umschrieben ist. Dem spekulativen Resultat gegenüber drängen sich neue Formen aus der Empirie vor. Teils in Konsequenz aus der idealistischen Personauflösung, teils im Gegensatz zur Relativierung des Todes gewinnt die neue individuelle Eschatologie, deren einziger Inhalt der Tod selbst ist, an Bedeutung. In ähnlicher Weise gewinnt der neue Fortschrittsgedanke der Naturwissenschaften Einfluß auf die allgemeine Eschatologie, deren Fortschrittsprinzip in der Spekulation in verschiedener Weise gelähmt war. Neben diesen Gebieten erhält die Natureschatologie steigende Bedeutung, die Möglichkeit eines Konfliktes zwischen dem Absterben der Natur und dem Aufblühen der Kultur wird erstmals gesehen.

In diesem Konflikt wird ein neues eschatologisches Gefühl wieder frei, das der Idealismus, noch mehr die Aufklärung verschüttet hatten: Das Gefühl für historische Zeit, in der Erfüllung nie vorgegeben ist, für Zukünftigkeit, die eine Vereitlung des Endzweckes bringen könnte. Ein Absterben zu ewigem Tod kennt der Idealismus nicht, höchstens ein Auflösen der gestalteten Kräfte zu neuem Ansetzen der Teile. Das Leben vermag wohl im Eis der Materie zu gefrieren, aber in irgend einer Zeit schmilzt das Harte und das Lebendige regt sich.

Nun aber, da der Tod für den Einzelnen wie für die Natur ein Endgültiges werden kann, ist die Möglichkeit einer absoluten

Entscheidung im unwiederholbaren historischen Augenblick neu entdeckt.

Diese Entdeckung führte aber notwendig, wo die Linien des Lebens und der Natur abwärts wiesen und einzig die Gattung oder die Kultur zum Fortschreiten bestimmt war, zum Pessimismus. Die Selbstaufgabe des Einzelnen für die Gattung, die der Sozialismus verlangt, ist heroisch und verständlich, solange angenommen wird, das Ziel sei der Gattung absolut erreichbar. Wie aber, wenn die Natur störend in den Weg tritt? Und ferner: *Hegel* hatte die Moral von der Geschichte getrennt. Wie, wenn die Moral das eigentliche Geschehen wäre – so wollte es *Schopenhauer* –, gab es da noch eine Geschichte der Gattung? Wenn aber umgekehrt das geschichtliche Geschehen das eigentliche war, so verschwand die Bedeutung des Moralischen, der Einzelne war groß, nur soweit er Träger des Weltgeistes war: Das Problem der Marionette, eine der tiefsten Beunruhigungen der Romantik, wird vollends drängend. Was *Tieck* im Lovell verkündet hatte: Das Leben ist ein „bestandloses Schattenspiel", ein „nichtswürdiges, fades Marionettenspiel", das wird durch *Schopenhauer* wiederholt. Der Idealismus philosophiert vom Absoluten aus und nennt sich theozentrisch. Er wird dadurch zur theatralischen Weltanschauung, in der der Denker Akteur und Puppe zugleich ist. Aber als Gott sind alle identisch und, um Ausdruck des Einen zu werden, sollten alle Formen der individualisierten äußeren Welt sich nach dem Einen stilisieren. Die Idee des allgemeinen Menschen, den die Aufklärung konzipierte, *Kants* allgemeines Bewußtsein, *Fichtes* Postulat der Identität der Subjekte – das Ende dieses Weges war die Nivellierung. „Fabrikware der Natur, wie sie solche täglich Tausende hervorbringt", schilt *Schopenhauer* die Menschen. *Engels* sprach vom „lumpigen Individuum". Aber mit der Entpersönlichung des einzelnen hielt die Entpersönlichung des Absoluten Schritt. Nacheinander war es Ich, Intellekt, Gemüt, Wille gewesen. Wille war es für *Schopenhauer*, aber als Ding an sich ist es auch nicht eigentlich Wille. Wille war nur das Symbol, das ihm am nächsten kam, er ist „immer noch der Name . . . ein bloßer Hinweis auf ein an sich Unbenennbares".[5] Aber da es außer dem Absoluten nichts gibt, ist es unersättlicher „Drang nach . . .", „Streben zu . . .", ohne daß ein Ziel angebbar wäre; denn gäbe es ein solches, so müßte es längst erreicht sein.

Zwei auseinanderstrebende Bewegungen waren hier vorgenommen: Der Einzelne nivelliert zur Puppe. Gott über alle plotinische Entrückung hinaus entpersönlicht zum rein Formalen, zum Drängen. Die Extreme sollten sich berühren. „In dem Gliedermann oder in dem Gott" glaubt *Kleist* das Reine zu sehen, das in der Reflexion, in der Halbheit des Bewußtseins immerfort gestört ist, und diese Koinzidenz wäre „das letzte Kapitel von der Geschichte der Welt".[6] *Rilkes* vierte Elegie meint dasselbe:

> Engel und Puppe: dann ist endlich Schauspiel.
> Dann kommt zusammen, was wir immerfort
> entzwein, indem wir da sind . . .

Aber die Bewegung zur Puppe ist die Bewegung zum Quantitativen, zur Nivellierung, die Bewegung des Historismus. Mit nackten Worten hatte es *Hebbel* gesagt: Gott ist über alle Bestimmung entrückt und die Geschichte soll aus sich ein neues Ziel schaffen. Der Historismus ist diese Bewegung, dieses Sammeln alles Krams der Geschichte, das zugleich Nivellierung aller Differenzen, Einebnung allen Gefälles ist.

Von Rußland her hatten sich die ersten Stimmen der Warnung erhoben: Atomisierung der Gesellschaft und Entpersönlichung Gottes war als eine Tendenz erkannt worden. *Leontjew* faßt den Gedanken, man müßte Rußland „anfrieren lassen", um es vor der Bewegung des Westens zu schützen. „Alle (Staaten) gehen dem gleichen Ziele zu: irgendeinem mittleren . . . Typus und der Herrschaft irgendeines mittleren Menschen."[7] Er er-

[5] *Georg Simmel*, Schopenhauer und Nietzsche. Ein Vortragszyklus, 2. A., München und Leipzig 1920, 33.

[6] Ende des Aufsatzes Über das Marionettentheater, in: *Heinrich von Kleist*, Sämtliche Werke, Leipzig o. J. [ca 1925], 1142.

[7] *Konstantin Leontjew*, Die Nationalpolitik als Werkzeug der Weltrevolution, in: Östliches Christentum, Dokumente, I, hrsg. von *Hans Ehrenberg* und *Nicolai Bubnoff*, München o. J. [1922], 270.

kennt, daß „die Einförmigkeit . . . der Situationen, nach der Europa hinstrebt, der Untergang ist".[8] „Die Herrschaft der ‚mittleren Leute', ‚der mittleren Zustände' . . . ‚der mittleren Gewalt'" wird das Ziel sein, „bis daß der Punkt der Sättigung mit Gleichheit und Gleichartigkeit erreicht ist."[9] Diese Entropie allen Lebens ist der Nihilismus.

In diesem Zwielicht der Jahrhundertmitte, die neben der fort sich erbenden Eschatologie des Idealismus die neue des Nihilismus auftauchen sah, standen zwei Männer auf, die wie niemand die Krankheit der Zeit durchschauten und die, ohne daß sie sich gekannt hätten,[10] wie die zwei Zeugen des Endes gegen ihre Zeit sich stellten, sie zugleich deutend und richtend.[11] Sie fühlen den Boden wanken. *Kierkegaard* vergleicht die Zeit mit einem untergehenden Schiffe, das geschäftige Herumrennen der Menschen auf ihm wirkt komisch. (VII, 216.) *Nietzsche* aber verkündet: „Das Auseinanderfallen, also die Ungewissheit ist dieser Zeit eigen . . . Es ist alles glatt und gefährlich auf unserer Bahn, und dabei ist das Eis, das uns noch trägt, so dünn geworden: wir fühlen alle den warmen unheimlichen Athem des Thauwindes – wo wir noch gehen, da wird bald Niemand mehr gehen *können*!"[12] Auf dem sinkenden Schiff, auf der berstenden Scholle stehen sie und verkünden die Zeichen der Zeit. *Kierkegaard*, in paradoxem Mut oder Demut, wünscht keine Jünger: die Krisis,

[8] *Konstantin Leontjew*, Die Nationalpolitik als Werkzeug der Weltrevolution, a. a. O., 266.

[9] Ebd., 281, 288.

[10] S. w. u.

[11] Dieses Kapitel war im wesentlichen abgeschlossen, als mir *F. A. Vogts* und *Vetters* Vergleichung *Kierkegaards* und *Nietzsches* bekannt wurden und mich in der Bedeutsamkeit dieser Antithese bestärkten, auf die mich ein Wink *R. Guardinis* aufmerksam machte. *Sodeurs* Studie Kierkegaard und Nietzsche (Religionsgeschichtliche Volksbücher von Schiele, 5. Reihe, 14. Heft, Tübingen 1914) bringt nur wenig Bedeutendes; auch *Vogt* (s. Kierkegaard im Kampf mit der Romantik, der Theologie und der Kirche, Berlin 1928) ist von wahrer Durchdringung des Stoffes weit entfernt. *Vetter* (Frömmigkeit als Leidenschaft, Leipzig 1928) läßt seine tiefsinnige Deutung Kierkegaards auf sein Nietzschebuch folgen, ohne den Vergleich bis ins Letzte durchzuführen. Auch der vorliegende Versuch muß sich, im Rahmen des Themas, mit Andeutungen begnügen.

[12] *Friedrich Nietzsche*, Der Wille zur Macht. Versuch einer Umwerthung aller Werthe, erstes Buch, in: Gesammelte Werke, Musarionausgabe, 18. B., München 1926, 52.

die er verkündet, die „Märtyrerungeduld",[13] die er fühlt, sind schwer zu ertragen. *Nietzsche* aber glaubt, es werde sich einmal an seinen Namen „die Erinnerung an etwas Ungeheures anknüpfen – an eine Krisis, wie es keine auf Erden gab".[14] „Ich schwöre Ihnen zu, daß wir in zwei Jahren die Erde in Konvulsionen haben werden." „Den letzten Philosophen nenne ich mich, denn ich bin der letzte Mensch." *Schrempf* aber gedachte, der Biographie *Kierkegaards* den Titel „Der letzte Christ" zu geben.[15]

Dann verändert sich das Bild: die vereint gegen die Zeit stritten, kehren sich gegeneinander, wie Einzelkämpfer der Ilias, während das Heer ruht, nein, endlich wie die endzeitlichen Kämpfer der christlichen Mythe: „der letzte Christ" mit dem „Antichrist", sie wissen, um welches „Entweder – Oder" es geht, und kennen den andern als den einzigen Feind: tertius non datur.

Die Parallelität ihres Schicksals ist auffallend. Beide entstammen religiösen, ja puritanischen Kreisen. Tiefe religiöse Erlebnisse überschatten die Jugendjahre. *(Nietzsche:* „Mit zwölf Jahren sah ich Gott in seinem Glanze." *Kierkegaards* Stellung zu seinem Vater.) Sie wachsen einsam auf, bleiben einzelne im Leben, unbürgerlich, unverheiratet, unerkannt, immer vor dem Leben, skeptisch gegen Schüler und doch im Tiefsten sehnsüchtig ausblickend nach Mitwissern, Mitliebenden, Mitleidenden, indem sie erkannten, daß die pädagogische Passion dort erwacht, wo sich ein Leben schon „mit einem Fuße jenseits des Lebens" weiß. Es folgen die Jahre, wo sie sich an das ihnen Ungemäße, Fremde, mit der letzten Hingabe, deren sie fähig sind, verlieren, an die Philosophie *(Hegel, Schopenhauer)*, an die Musik *(Mozart, Wagner)*. Dann Flucht und Preisgabe dessen, was ihnen den unverwischbaren Stempel aufgedrückt hatte, der

[13] *Sören Kierkegaard*, Die Tagebücher, II, hrsg. von *Theodor Haecker*, Innsbruck 1923, 55.

[14] Ecce homo, in: Nietzsches Werke, Taschen-Ausgabe, Bd. XI, Stuttgart 1921.

[15] *Christoph Schrempf*, Sören Kierkegaard. Eine Biographie, I, Jena 1927, XII.

leidenschaftliche Kampf gegen die Ideale (Satire auf *Hegel* und *Wagner).* Zugleich die Flucht vor der Ehe und die Abwendung von der Frau überhaupt. *(Nietzsche* sagt, es gehöre zu seiner Natur, nicht Treue zu wahren; *Kierkegaard* bricht das Verlöbnis; beide wollen dem Höhern in sich treu bleiben.) Am Beginn der Produktion beider die griechische Antike, in neuer, ungewohnter Beleuchtung, und in fast nachtwandlerischer Sicherheit die Erfassung des kritischen Punktes: Sokrates,[16] der zur zentralen Figur im Denken beider wird. Dann eine rasende, fast rauschartige Produktion, anekdotisch im Stil, allem System fremd, und immer aufs eine und die Mitte drängend: „man soll nicht bauen, wo keine Zeit mehr ist". *(Nietzsche).* Beide unabhängige Schriftsteller, mehr Kritiker als Dichter und doch als Dichter ihr Bestes gebend, obwohl sie nichts mehr fürchten, denn als Dichter gewertet zu werden. Dieselben Mittel des Kampfes: die Überwindung des Feindes auf dem eigenen Feld: „Werdet klüger als der Klügste und – handelt gegen die Klugheit" *(Kierkegaard)*; in gewissem Sinn ist der Gegner erst in ihnen ganz entfaltet, sie sind beides, der Kampfplatz ist ihre Brust. Darum sind sie „Schauspieler" *(Nietzsche:* „Das Problem des Schauspielers hat mich am meisten beunruhigt"), sind unersättlich und unerschöpflich in Masken („Eine Maske, eine zweite Maske!"), die tiefsten, raffiniertesten Psychologen des Jahrhunderts, und beide reden von Verführung zu ihrer Philosophie. Und die vielleicht erschreckendste Parallele: ihr Ende: Verzehrte von der Flamme ihrer Leidenschaft, im Innersten Verwundete, raffen sie sich zur Hybris einer Übergröße empor, um mit dem letzten, schon geschwächten Schlag („Antichrist, Götzendämmerung, Ecce homo", „Der Augenblick") den Gegner zu fällen und im Schlage selbst zu fallen.

Dem gemeinsamen Schicksal gesellt sich, wenigstens im Negativen, der gemeinsame Wille gegen die Zeit. Beide sind eins im Kampf gegen den Historismus, die nivellierende, systematische

[16] *Sören Kierkegaard,* Der Begriff der Ironie mit ständiger Rücksicht auf Sokrates, München 1929. – Zur Vorgeschichte der Sokrates-Auffassung: *Benno Böhm,* Sokrates im achtzehnten Jahrhundert, Leipzig 1929. *Johannes Kupfer,* Die Auffassung des Sokrates in Hegels Geschichtsphilosophie, Diss., Leipzig 1927.

Allesbeachtung, die Auflösung aller Qualität in Quantität, die symptomatisch zunächst am Sozialismus sichtbar wird: *Kierkegaard:* „Das Vorwärtsstürmen des Begeisterten kann mit Untergang enden, aber der Sieg des Nivellierenden ist eo ipso sein Untergang."[17] *Nietzsche:* „Kein Hirt und Eine Heerde! Jeder will das Gleiche, Jeder ist gleich: wer anders fühlt, geht freiwillig in's Irrenhaus."[18] Oder eindeutiger: *Kierkegaard:* „Das vergötterte positive Prinzip des Sozialismus in unserer Zeit ist gerade das Verzehrende, das Demoralisierende, das in einer Reflexions-Sklaverei selbst Tugenden zu vitia splendida macht."[19] *Nietzsche:* „Ich weiß, woran diese Staaten zu Grunde gehen werden, an dem Non-plus-ultra-Staat der Socialisten."[20] Mit der Entropie der Gesellschaft ist das Ende jeder historischen Dynamik erreicht: „Die Erde ist dann klein geworden, und auf ihr hüpft der letzte Mensch, der Alles klein macht. Sein Geschlecht ist unaustilgbar wie der Erdfloh; der letzte Mensch lebt am längsten."[21] Das Ende jedes Gefälles, die Verwischung aller Qualitäten, ist der gleichmäßige Anstoß zu den Polemiken gegen *Hegel* und *Strauß.* Im Grunde kämpft auch *Nietzsche* gegen *Hegel* und die Dialektik,[22] so wie *Kierkegaard* gegen den „Bildungsphilister". Parallel zu diesen Nachteilen der Historie entdecken sie die Fragwürdigkeit dessen, was sich Christentum nannte, und hegelianisch *(Gruntvig, Martensen)* oder positivistisch *(Renan, Strauß)* die Gestalt einer zu nichts verpflichtenden Spekulation oder hausbackener Moralität angenommen hatte: diesem Gebilde galten die letzten Verwünschungen des „Augenblickes" und des „Ecce homo". Es ist nicht die Schuld Christi, auch für den „Antichrist" ist „Christus am Kreuz das erhabenste Symbol – immer noch", aber während *Nietzsche* sich diesen Titel: Anti-

[17] Kritik der Gegenwart, übers. von *Theodor Haecker*, Basel 1946, 35f, (1. A., Innsbruck 1914).

[18] Also sprach Zarathustra, in: Nietzsches Werke, Taschen-Ausgabe, Bd. VII, Leipzig 1922, 20.

[19] Kritik der Gegenwart, a. a. O., 34f.

[20] Aus dem Nachlaß (1880-81), in: Nietzsches Werke, Taschen-Ausgabe, Bd. V, Leipzig 1922, 390.

[21] Also sprach Zarathustra, a. a. O., 19.

[22] Wie *Alfred Bäumler*, Bachofen und Nietzsche, Zürich 1929, 17, bemerkt.

christ selbst beilegt, verleiht ihn *Kierkegaard* dem offiziellen Christentum. Dieses „gehört zum Triumph des Antichristlichen“:[23] „Lauter Sachen und Personen, statt Symbole, lauter Historie, statt ewiger Tatsachen.“[24] „Was Christus verneint? Alles, was heute christlich heißt.“[25] Der historische Beweis, darin sind sie einig, vermag nie und nimmer die heutige Gestalt zu legitimieren: „Die Wissenschaft von 1650 bis 1800 wollte die Weisheit und Güte Gottes *erweisen*. Das Umgekehrte war das Ergebnis“[26] „Wenn man uns diesen Gott der Christen bewiese, so würden wir ihn noch weniger zu glauben wissen.“ *(Nietzsche.)* Und *Kierkegaard:* „Wenn man auf diesem Wege fortfahren würde den Beweis für die Wahrheit des Christentums zu führen, so würde zuletzt das Merkwürdige geschehen, daß das Christentum gerade dann, wenn man mit dem Beweise für seine Wahrheit fertig wäre, aufgehört hätte als etwas Gegenwärtiges zu existieren.“[27] Dieses „objektivierende“ Element in Religion und Philosophie – gleichen doch, nach *Kierkegaard*[,] die heutigen Philosophen einer langen Reihe von „Handlangern, die von *Hegel* aus philosophische Backsteine von Hand zu Hand werfen“ – führt zum Untergang: Das historische System „als reine Wissenschaft gedacht . . . wäre eine Art von Lebens-Abschluß und Abrechnung für die Menschheit“,[28] und „eine Religion . . ., die in historisches Wissen . . . umgesetzt werden soll, . . . ist am Ende dieses Weges zugleich vernichtet“.[29] Genau dies ist *Kierkegaards* Meinung: „Der spekulierende Geist steht nicht außerhalb der Existenz. Nur vermöge einer wunderlichen Zerstreutheit, die ihn das vergessen läßt, ist er in der Lage, die Weltgeschichte als einen zu Ende gekommenen Prozeß zu betrachten und als ein Ganzes zu verstehen.“[30] Am Leben, dies wiederholen beide

[23] WW., XV., 299.
[24] Ebd., 169.
[25] Ebd., 259.
[26] XII., 167.
[27] Abschließende unwissenschaftliche Nachschrift, I., in: Gesammelte Werke, Bd. 6, Jena 1925, 125.
[28] *Friedrich Nietzsche*, Unzeitgemäße Betrachtungen, Zweites Stück: Vom Nutzen und Nachtheil der Historie für das Leben (1873/74), in: Nietzsches Werke, Taschen-Ausgabe, Bd. II, Stuttgart 1921, 118.
[29] Ebd., 163.
[30] *Arnold Gilg*, Sören Kierkegaard, München 1926, 165.

einmütig, hat das Verstehen, das System, die Philosophie ihre Grenze, das Leben wird vom Denken nie eingeholt, es flieht vor Zarathustra über Stock und Stein und es entwischt ihm immer wieder. Die Existenz ist nach *Kierkegaard* nur approximando zu verstehen, selbst wenn das Denken die „größte Geschwindigkeit“ entfalten würde. „Leben“, sagt *Nietzsche*, „ist höher als Erkennen“. „Vivo, ergo cogito“, „Memento vivere“. Das System ist unvollendbar. Dies hatte freilich auch der Idealismus gewußt. *Fichte* vor allen. Aber auch *Hegel*, und er hatte die Irrationalität des Lebens in sein System einbezogen, das offen blieb und doch geschlossen war. Vom Standpunkt des Einzelnen und der Geschichte aus gab es Zeit, Augenblick, Freiheit, Entscheidung, ungewußte Zukunft; vom Standpunkte Gottes aber Notwendigkeit, zeitlose Entfaltung, ewig am Ziel und ewig bewegt. Aber dies war unvereinbar: Das erste mußte schließlich weichen und das überzeitliche Ende zur Endgeschichte werden. Das „theozentrische“ Moment des Systems vernichtete die Anthropozentrik. *Hegels* Wollen war dies nicht, aber über seine Konsequenzen gießt *Kierkegaard* seinen unerschöpflichen Spott aus: Das System ist fertig, aber das Leben geht an ihm vorbei! Ist nicht das System am Leben vorbeigegangen? Das Fertigseinwollen, das prometheische Gott-sein-Wollen, das ist nach *Kierkegaard* die Krankheit unserer Zeit, eine „Krankheit zum Tode“, eine „wollüstige, weichliche, zerfahrene, zerflossene Verzweiflung . . ., in welcher die Individuen wie im Traum nach der Vorstellung von Gott tappen, ohne einen Schrecken dabei zu empfinden“.[31] „Die Melancholie alles Fertigen“[32] will *Nietzsche* vermeiden: Dies war die Ahasver-Tragödie, in der auch der junge *Kierkegaard* den Inbegriff der Verzweiflung findet. Und später, als er die „Krankheit zum Tode“ analysiert, bestimmt er sie als die „Qual der Verzweiflung . . ., daß man nicht sterben kann“,[33] als die Leidenschaft, „sich selbst zu verzehren“, ohne

[31] Abschließende unwissenschaftliche Nachschrift, II., in: Gesammelte Werke, Bd. 7, Jena 1925, 208.

[32] *Friedrich Nietzsche*, Jenseits von Gut und Böse, in: Nietzsches Werke, Taschen-Ausgabe, Bd. VIII, Leipzig 1922, 262.

[33] *Sören Kierkegaard*, Die Krankheit zum Tode, in: Gesammelte Werke, Bd. 8, Jena 1911, 15.

die Macht, „sich . . . zu verzehren“.[34] Ahasver aber war die letzte Konsequenz aus dem Idealismus, und *Kierkegaards* Analyse, wohl die genialste aller Psychoanalysen, sucht hinter die Voraussetzungen der Identitätsphilosophie zurückzugehen.

Zunächst galt es aber die Herstellung des Lebens, des anthropozentrischen Weltbildes, des konkreten Augenblicks, der Vorauswissen nicht gibt, aber die Freiheit der Entscheidung hat, [zu betonen]. Denn wie könnte die Vernünftigkeit der Geschichte aus dem Bisherigen erschlossen werden? Es könnte „ja plötzlich etwas so Entsetzliches geschehen . . ., daß mein bißchen Beweis vollends alles Sinnes bar würde!“[35] Ist die Entwicklung notwendig? *Kierkegaard* untersucht *Hegels* Begriff der Notwendigkeit, die die Einheit von Möglichkeit und Wirklichkeit ist: Aber: „Alles was wird, beweist eben durch das Werden, daß es nicht notwendig ist. . . . Alles Werden geschieht mit Freiheit.“[36] Das Agonale gilt es wiederherzustellen. Das war es, was *Nietzsche* (und zum Teil vor ihm *Burckhardt)* an den Griechen neu entdeckte, das für ihn mehr als das Dionysische, der Grundaffekt der Antike zu sein schien,[37] ein agonales Leben. Ein Leben in Agonie und aufs höchste gesteigerter Spannung, dies war auch *Kierkegaards* Ziel. Dies eine schätzt *Nietzsche* an *Hegel*: „*Hegels* Wert: Leidenschaft.“ Leidenschaft ist das innerste Wesen *Kierkegaards* – unaufhörlich spricht er von ihr – wie das *Nietzsches:* „Flamme bin ich sicherlich.“ In der Spannung, die die Weise des Existierens ist, die Quintessenz des Subjekts, besteht das Leben, darum verwirft *Nietzsche* jene ägyptischen Jünglinge, „welche nachts Tempel unsicher machen, Bildsäulen umarmen und durchaus alles, was mit guten Gründen verdeckt gehalten wird, entschleiern. . . . Wir glauben nicht mehr daran, daß Wahrheit noch Wahrheit bleibt, wenn man ihr den Schleier abzieht.“ „Eine Sache, die sich aufklärt, hört auf, uns etwas anzugehen.“ Die Objektivität, wiederholt *Kierkegaard,* ist die

[34] *Sören Kierkegaard*, Die Krankheit zum Tode, a. a. O., 15.
[35] Derselbe, Philosophische Brocken, in: Gesammelte Werke, Bd. 6, Jena 1925, 39.
[36] Ebd., 68ff.
[37] Vgl. *A. Bäumler,* a. a. O.

Unwahrheit: „Die Subjektivität ist die Wahrheit", „Die Leidenschaft ist eben das Spannende im Widerspruch. Wenn sie wegfällt, ist der Widerspruch eine Pläsanterie, ein Bonmot." Vom Widerspruch aber leben beide. *Kierkegaard* sieht seine Aufgabe darin, „Schwierigkeit zu machen". *Nietzsche:* „Erkenntnis ist für mich eine Welt der Gefahren und Siege." „Man hat auf das große Leben verzichtet, wenn man auf den Krieg verzichtet." Das Objektive wird von ihnen systematisch zerstört, um der Leidenschaft, der Existenz, die im Kampf besteht, Raum zu schaffen: „Ich will es so schwer haben, wie nur irgend ein Mensch es hat." „Absolute Schwierigkeit (ist) das einzige Merkmal dafür daß man sich zum absoluten Gut verhält." *(Kierkegaard.)* Denn erst im Wagnis enthüllt sich das Leben. *Kierkegaard* fordert „das Pathos, daß das Individuum existierend alles wage", „unendlich gemacht wird das Individuum erst durch das Wagnis", und eben die Ungewißheit des Objektiven ist die Voraussetzung dafür: „Wenn es gewiß ist, will er alles wagen. Aber was heißt denn das: wagen?"[38] Und *Nietzsche:* „Wir sind erst dort in unserer Seligkeit, wo wir auch am meisten in Gefahr sind." „Leben überhaupt heißt in Gefahr sein." Der Lebende „riskiert sich beständig", der Denker „fühlt die Lust und Pflicht zu Versuchen und Versuchungen des Lebens" – schon *Kant* hatte vom Abenteuer der Vernunft gesprochen – eine „Philosophie des gefährlichen Vielleicht" ist *Nietzsches* Ziel.

Das Subjekt ist die Wahrheit, weil in ihm die Spannung ist, „das Widerstreben ist die Form der Kraft" *(Nietzsche).* Darum sind beide erklärte Feinde des Fortschrittes („Der Teufel ist der Regent . . . des Fortschritts" [*Nietzsche*]) und jeder Vermittlung. Die Mediation ist der letzte Gegner *Kierkegaards, Nietzsche* nennt sich „von Grund aus allem feind, was in uns vermitteln und mischen möchte".[39] In sich selbst hat der einzelne die Richtschnur für das Verständnis alles Geschehens. So

[38] Abschließende unwissenschaftliche Nachschrift, II., a. a. O., 106f, 110f.

[39] Vgl. *Karl Joël,* Nietzsche und die Romantik, Jena und Leipzig 1905, 16-66. *A. Baeumler (Bäumler),* Hegel und Kierkegaard, in: Deutsche Vierteljahrsschrift für Literaturwissenschaft und Geistesgeschichte, 2. Jhg., II. Bd., Halle 1924, 116ff.

meint Taciturnus: „Daß Cäsar groß war, weiß ich nur, wenn ich in mir selbst weiß, was Größe ist.“ Und *Nietzsche:* „Das Rätsel, welches der Mensch lösen soll, kann er nur aus seinem Sein lösen, im So-und-nicht-anders-Sein, im Unvergänglichen.“

Indem sie jede Vermittlung ablehnen, streben sie, im vollen Gegensatz zum Idealismus, zur ganzen Heraustreibung der Gegensätze, zum Extrem: „Katastrophisch“ sagt *Kierkegaard,* müsse man die Kategorien anwenden. „Der Zauber, der für uns kämpft, das ist die Magie des Extrems, die Verführung, die alles Äußerste übt . . .“ *„Die kritische Spannung*: die Extreme kommen zum Vorschein und Uebergewicht.“ *(Nietzsche.)*[40] So hatte *Hamann* gesagt: „Nichts oder alles zu tun“ sei ihm natürlich. „Das Mittelmäßige ist meine Anthipathie; eher eines von dem Äußersten.“ So wollen sie auch wirken: sondernd, scheidend, beunruhigend, das unterscheidet ihren Individualismus vom sozialistischen. „Gegen den Strom schwimmen“, „gegen den Wind gehen“, wollte *Kierkegaard*, revolutionär sollten ihre Werke wirken: „Jedes Buch als eine Eroberung . . . zuletzt Katastrophe und plötzliche Erlösung.“ „Das Werk auf eine Katastrophe hin bauen.“ *(Nietzsche.)* Am Ende, nicht am Anfang steht der Widerspruch, vor den sie die Zeit zur Entscheidung stellen: „Ich habe das Glück, nach ganzen Jahrtausenden . . . den Weg wiedergefunden zu haben, der zu einem Ja und zu einem Nein führt.“ Die Botschaft kann aber nur an den einzelnen ergehen, denn gerade als Masse ist die Kultur dem Untergang geweiht. *Nietzsche:* „Man muß das Zu-Grunde-gehen so leiten, daß es den Stärksten eine neue Existenzform ermöglicht.“[41] *Kierkegaard:* „Und begeisternd für den einzelnen wird es sein zu fassen, dass gerade der Irrtum dem einzelnen, jedem besonders, . . . den Zugang zum Höchsten öffnet.“[42] Daher die Notwendigkeit des jetzigen Zustandes: *Nietzsche:* „Die Erscheinung der décadence ist so nothwendig, wie irgend ein Aufgang und

[40] *Friedrich Nietzsche*, Der Wille zur Macht, a. a. O., 14.

[41] Also sprach Zarathustra, Aus dem Nachlaß, in: Nietzsches Werke, Taschen-Ausgabe, Bd. VII, Leipzig 1922, 480.

[42] Kritik der Gegenwart, a. a. O., 38.

Vorwärts des Lebens."[43] *Kierkegaard:* „Aber die Nivellierung muss bestehen bleiben, sie gehört dazu, wie das Aergernis in die Welt kommen muss, . . ."[44] Deshalb ist nach *Nietzsche* der Sinn dieser *„Periode der Katastrophe*: die Heraufkunft einer Lehre, welche die Menschen *aussiebt*".[45] Zwei Bewegungen gehen also parallel: „Die eine Bewegung ist unbedingt: die Nivellirung der Menschheit, große Ameisen-Bauten u. s. w. Die andere Bewegung, meine Bewegung: ist umgekehrt die Verschärfung aller Gegensätze und Klüfte, Beseitigung der Gleichheit . . . Jene erzeugt den letzten Menschen, meine Bewegung den Übermenschen. Es ist durchaus nicht das Ziel, die Letzteren als die Herren der Ersteren aufzufassen: sondern: es sollen zwei Arten nebeneinander bestehn, – möglichst getrennt; die eine wie die epikurischen Götter sich um die andre nicht kümmernd."[46] So sagt *Kierkegaard:* „Das *‚sowohl als auch'* ist nicht das Ziel, das (etwa durch die Vermittlung) erreicht werden soll, sondern der Zustand, von dem aus der Existierende *entweder* das Eine *oder* das Andere wird."[47]

Kierkegaard kümmert die Zukunft nicht, er verfolgt nicht die fallende Kurve. Seine ganze Leidenschaft gilt der Wegbereitung des Einzelnen. *Nietzsche* aber folgt auch der ersten. „Unsere ganze europäische Kultur bewegt sich seit langem schon mit einer Tortur der Spannung, die von Jahrzehnt zu Jahrzehnt wächst, wie auf eine Katastrophe los; unruhig, gewaltsam, überstürzt; einem Strom ähnlich, der *ans Ende will*, der sich nicht mehr besinnt, der Furcht davor hat, sich zu besinnen." „Ich beschreibe, was kommt, was nicht mehr anders kommen kann: *die Heraufkunft des Nihilismus.*"[48] „Ein Zeitalter ungeheurer Kriege, Umstürze, Explosionen." „Die Revolution ist gar nicht zu vermeiden." So gibt er dem ersten Plan des „Willens zur Macht" den Untertitel: „Was da kommt, eine Prophetie."

[43] Der Wille zur Macht, a. a. O., 32.
[44] Kritik der Gegenwart, a. a. O., 38f.
[45] Der Wille zur Macht, a. a. O., 51.
[46] *Friedrich Nietzsche*, Also sprach Zarathustra, Aus dem Nachlaß, a. a. O., 488f.
[47] Abschließende unwissenschaftliche Nachschrift, II., a. a. O., 104.
[48] Der Wille zur Macht, a. a. O., 3.

Bis hier sind beide einig, in Schätzung und Gericht. Aber schon die Grundlagen, auf denen sie aufbauen, sind, so sehr sie sich zu gleichen scheinen, verschiedene, und je höher der Bau wird, um so mehr verraten sich ihre Intentionen als die entgegengesetzten. Vom unmittelbaren Leben, der Existenz gehen sie aus. Die Werte der Sinnlichkeit gilt es – wie es paradoxerweise die Aufgabe der größten religiösen Menschen des Jahrhunderts, *Hamanns, Baaders, Leontjevs,* war – gegen die Übergriffe des Spiritualismus zu verteidigen. Das „Musikalisch-Erotische" wird für beide zum Ausgangspunkt. Hier ist allererst die Möglichkeit gegeben, daß der Mensch er selbst wird, zu sich selbst sich verhält. Sogleich aber wird an der Grenze, die sie diesem Zustand setzen, die verschiedene Richtung klar. Sokrates, für beide der wichtigste Mensch der Geschichte, „Wendepunkt und Wirbel der sogenannten Weltgeschichte" *(Nietzsche)*, ist die Grenze der Unmittelbarkeit. Aber für *Nietzsche* ist dies das Ende, für *Kierkegaard* der Anfang. Er ist das Ende der Unmittelbarkeit, die Lösung aus dem unreflektierten, ästhetischen Leben, der „Zerstörer des Mythos", der Anfang der Krankheit, des Ressentiments, der Décadence, die Entfesselung des Geistes, der das Leben ist, „das selbst ins Leben schneidet", das Begreifen, das „ein Ende" ist, ein „schönes Mittel zum Untergang", er ist die Vorstufe zum Christentum, das die Unmittelbarkeit vollends zerstört hat. *Kierkegaard* hätte die meisten dieser Aussagen *Nietzsches* gebilligt, und doch erschien ihm Sokrates als der höchste Mensch, der letzte Exponent in der Richtung auf das Christentum. *Hegel* war in der welthistorischen Schätzung des Sokrates vorausgegangen. Auch für ihn ist er der Übergang von der Unmittelbarkeit zur Reflexion. Jetzt wird der Wertungsunterschied *Kierkegaards* und *Nietzsches* faßbar. Für *Nietzsche* zerstört Sokrates die Einheit der Unmittelbarkeit, indem er sie spaltet, für *Kierkegaard* offenbart er die schon in ihr gelegene Dialektik und führt damit zur eigentlichen Existenz. Für beide bleibt das zunächst Erstrebte aber im Gegensatz zu Spekulation und Geschichte. Die Unmittelbarkeit des Lebens *(Nietzsche)* wie das ästhetische und ethische Stadium *(Kierkegaard)* sind Bollwerke gegen das Historische. Tritt nun das Christentum hinzu, so wird die Stellung des Sokrates noch deutlicher. Mit dem Christentum ist für *Nietzsche* die größte Entfernung vom „Unmittelbaren", für *Kierkegaard* die tiefste Entfaltung der „Existenz" gewonnen.

Beide hatten das Agonale, die Spannung, das Wagnis, den Krieg in den Zustand gelegt, den sie gegen die Erschlaffung des Historismus verteidigten. Aber hier liegen die Wurzeln des Unterschiedes. *Kierkegaard* betont, daß im Unmittelbaren das Glück und das Unglück wesentlich unbegriffen sind und als Nemesis an das Leben herantreten. Dies gilt für *Nietzsches* Lebensbegriff. Das Leben ist Kraft, ist Entfaltung, und an seinen Grenzen bewährt es sich: „Alle unsere Kräfte wollen fortwährend kämpfen. Das Leben erfaßt Grenzen als *seine* Grenzen und überwindet sie. Das Wesen des Lebens ist Transzendenz."

Anders *Kierkegaard.* Für ihn enthüllt Sokrates das Innere der Unmittelbarkeit als ein Zwiespältiges, Widerspruchsvolles. Existenz selbst ist ein Differenzieren. Nicht von außen kommt der Widerspruch: Er liegt im Innern selbst, die Anerkennung dieses Widerspruches ist Existenz. Das Ich ist dialektisch.

Dialektik und Transzendenz sind die Grundformen, die innersten Strukturen dieser beiden Denker. Das Leben ist für *Nietzsche* unendliche, unmittelbare Kraft, die an ihren Schranken wächst, über sich hinausgeht. Hier zeigen sich Zusammenhänge mit *Fichte* und *Hegel.* Transzendenz hatte die Romantik verkündet: „Es ist der Menschheit eigen, daß sie sich über die Menschheit erheben muß." *(Fr. Schlegel.)* „Der Akt des sich selbst Überspringens ist überall der höchste." „Der Adel des Ich besteht in freier Erhebung über sich selbst" *(Novalis).* Und so *Nietzsche:* „Ein höheres Wesen, als wir selbst sind, zu schaffen ist unser Wesen." Aneignung des Hohen, Erweiterung der Macht im Überspringen der Schranke, das ist Leben. Nichts anderes meint die Formel des „Willens zur Macht". „Die Natur muß nach Analogie des Menschen vorgestellt werden, als kämpfend und sich überwindend", „die ganze Welt von innen gesehen, ist Wille zur Macht und nichts außerdem." „Und dies Geheimnis redete das Leben selber zu mir: Siehe, sprach es, ich bin das, was sich immer selber überwinden muß." Die Schwere, die die Kraft hemmt, ist das Böse, der Geist der Schwere ist der Teufel. „Und als ich meinen Teufel sah, da fand ich ihn ernst, gründlich, tief, feierlich; es war der Geist der Schwere – durch ihn fallen alle Dinge.“ Der Tanz und das Lachen Zarathustras, der Adler, das Weilen auf den Bergen, sind die Sinnbilder der Transzendenz. Dasselbe meint *Nietzsche* mit dem Wort: „Leben – das heißt, fortwährend etwas von sich abstoßen, das sterben will.“ So hatte es für *Hegel* keine Thesis ohne Antithesis gegeben. Die Transzendenz auf neue Widersprüche hatte er die „Unruhe des Lebens“ genannt. Dieser Prozeß war für *Hegel*, solange es Geist geben sollte, nicht endbar. Der Anfang mußte ins Ende zurückkehren: Ewige Wiederkehr. Immer stehen sich das Überwindende und das Zuüberwindende gegenüber, das Verwandelnde und das Starre, das Fliehende und das Unveränderliche. „Das Wahre“, sagt *Hegel*, „ist so der bacchantische Taumel, an dem kein Glied nicht trunken ist, und weil jedes, indem es sich absondert, ebenso unmittelbar sich auflöst – ist es ebenso die durchsichtige und einfache Ruhe“. Kein Satz kann den Zusammenhang *Nietzsches* mit dem Idealismus besser erhärten: Dionysos, der bacchantische Taumel, und Apollo, die durchsichtige und einfache Ruhe, sind die ewigen Phasen des Lebens, keins ohne das andere, beide das eine Leben. Im Prozeß liegt das Absolute. Damit wird die Rede vom Übermenschen durchsichtig. Er „ist nichts anderes als die Entwicklungsstufe, die über der jeweils von einer gegenwärtigen Menschheit erreichten liegt, nicht ein fixiertes Endziel, das der Entwicklung ihren Sinn gäbe, sondern der Ausdruck dafür, daß es keines solchen bedarf, daß das Leben in sich selbst, d. h. in dem Überwundenwerden jeder Stufe durch eine vollere und entfaltetere seinen Eigenwert besitzt“.[49] Aber *Nietzsche* ist nicht mehr *Hegel:* Nicht der Logos ist das Eine, das wird, außer dem nichts ist, sondern das Leben, „der unerschöpfte zeugende Lebenswille“.

Anders *Kierkegaard.* Auch für ihn gibt es Parallelen aus dem Idealismus. *Schopenhauer* und besonders *Baader* wußte er zu schätzen, aber *Kant* ist es, bei dem sein Ursprung liegt. Sokra-

[49] *Georg Simmel*, Schopenhauer und Nietzsche, a. a. O., 6.

tes, sagten wir, war ihm das Ende der Unmittelbarkeit als ihre Enthüllung. Denn auf ihrem Grunde bereits liegt der Zwiespalt. „Existenz ist zusammengesetzt aus Unendlichkeit und Endlichkeit",[50] wie das Selbst *Kants* ein transzendentales und empirisches ist. In diesem Selbstverhältnis entsteht allererst Existenz. „Das Selbst ist ein Verhältnis, das sich zu sich selbst verhält."[51] Das Selbst ist dies unaufhebbar, aus dieser inneren Dialektik ist es unerlösbar. Es ist aber keine dreiteilige Dialektik: Die Synthesis ist unvollziehbar, vielmehr bleibt es beim ursprünglichen Zwiespalt, und je tiefer dieser sich ausdrückt, um so wahrer ist die Existenz. In der Unmittelbarkeit ist sie verhüllt. Das Unendliche liegt im Endlichen verborgen; daß das Selbst in der unendlichen „pathetischen" Ausspannung liegt, worin das Endliche sich zum Unendlichen in sich verhält, weiß sie nicht. Diese Anspannung ist nur in einem Vorwärtsblicken auf das stete Noch-Nicht zu halten; die Unmittelbarkeit aber hebt sie in der phantastischen Einheit auf, als ob das Unmögliche verwirklicht wäre. Sokrates enthüllt diese Einheit als eine unwirkliche. Er enthüllt, daß die Wahrheit nicht gewußt, das Unendliche nicht schon verwirklicht ist, aber zugleich – und dies ist die Aporie des Menon – daß, indem sie gesucht wird, sie vorgegeben ist zumindest als rechte Richtung. Damit verweist er den Schüler auf die Immanenz der Unendlichkeit, die im Mythos der Anamnese verbildlicht ist. Jetzt ist der Zwiespalt des Selbst enthüllt, aber nicht, wohin der Vorwurf *Nietzsches* geht, von außen; der Augenblick, in dem Sokrates seinen maieutischen Wink gibt, ist kein schöpferischer, sondern ein zufälliger äußerer Anlaß für das Hervortreten des notwendig inneren Zustandes.

Das Leben hat stets etwas vor sich, das es noch nicht ist – darin ist *Kierkegaard* mit *Nietzsche* einig – und dies ist ein Mögliches, aber nicht Gewußtes. Dies wird der letzte Ertrag ihrer Eschatologie sein: Nicht mehr, wie der Idealismus es getan hatte, fordern sie ein Wissen des Endes: Die Bewegung, die

[50] *Sören Kierkegaard*, Abschließende unwissenschaftliche Nachschrift, II., a. a. O., 79.

[51] Derselbe, Die Krankheit zum Tode, a. a. O., 10.

Richtung allein ist gegeben, das Ziel ruht in der Nacht eines unerforschlich Zukünftigen. Beide stellen sich zunächst außerhalb der Geschichte auf: in die reine Unmittelbarkeit und reine Immanenz. Von hier aus wird der Blick von neuem auf die Zeit gelenkt. Ob der Mensch die Kraft haben wird, den Übermenschen zu verwirklichen, die Spannung haben wird, als Selbst zu existieren? Denn „es sind Glücksfälle nötig, damit ein höherer Mensch wird". Darum ist für beide die Unmittelbarkeit Angst. Die Verborgenheit des Unendlichen im Endlichen, die Möglichkeiten der Verwandlungen des Zagreus, die Tiefe der Welt, für *Nietzsche* müssen sie zum Wesen des Lebens gehören, eben weil es die Bewegung des Transzendierens ist; und Angst wird dadurch zum neuen Inzitament des Mutes und des Krieges. Zwischen der Beglückung des Erreichens und der Angst vor dem Möglichen pendelt das Leben. Auch für *Kierkegaard* ist Angst die Bestimmung der Unmittelbarkeit. „Glück", sagt *Kierkegaard,* „ist nämlich nicht Geist, ist Unmittelbarkeit, und alle Unmittelbarkeit ist trotz ihrer eingebildeten Ruhe und Sicherheit Angst, und darum ganz konsequent meist Angst vor nichts", Angst vor dem Nichts. *(Heidegger* hat hier weitergebaut und die „Un-Heimlichkeit" analysiert.) Während aber *Nietzsche* zum steten Wechsel von Angst und Glück gelangen muß, enthüllt *Kierkegaard* die Unmittelbarkeit als dialektisch: im Wissen um die unaufhebbare Spaltung des Ich weicht das dunkle Gefühl dem Leiden, Leiden wird zum „wesentlichen Ausdruck des existentiellen Pathos".

Das ist der Ausgangspunkt und die erste Trennung. Die Kluft wird im Weiterschreiten zum völligen Gegensatz. Der Sokrates *Kierkegaards* hat die Innerlichkeit als Leiden enthüllt. Dieses Leiden aber deutet weiter darauf, daß das Selbst sich nicht selbst gesetzt hat und hinter dem dialektischen Selbst ein undialektisch Vollendetes steht, zu dem es sich wieder in unbedingtem Sinne zu verhalten hat. Dies nennt *Kierkegaard* die Religiösität der Immanenz. Indem das Individuum vor dem Undialektischen steht, wird das Leiden zur Schuld. Alles dies führt nur tiefer in die Innerlichkeit und entfernt von der Geschichte, aber der Satz von der Wahrheit der Subjektivität muß verkehrt werden, wenn der einzelne vor dem Absoluten steht: „Die Subjektivität ist die Unwahrheit", „unmittelbare Gesundheit des Geistes gibt es nicht".[52] Von hier aus wird also der Geist in die Zeit und die Geschichte zurückgestoßen, denn indem der Existierende als solcher schuldig ist, *darf* er es „nicht riskieren", „von der Ewigkeit aus auf die Zeit (zurückzuschauen)".[53] Die Ethik hat das „Medium . . . des Werdens".[54] Aber auch in der Geschichte, im Werden kann er sich nicht helfen, denn eine „Annäherung" an das Absolute kann es nicht geben – das ist der entscheidende Fortschritt gegenüber dem Idealismus – und das (vom Ewigen aus gesehen) Komische ist, „daß der Religiöse, der sein ganzes Leben daranwendet sich des Verhältnisses zu einer ewigen Seligkeit bewußt zu werden, und ein anderer Mensch, der sich um seine ewige Seligkeit nicht kümmert – daß diese beiden, ewig gesehen, gleichweit kommen".[55]

Geschichte muß auch für *Nietzsche* zunächst in dem Augenblick bedeutungslos sein, in dem der Bewegung des Lebens absolute Bedeutung zugestanden wird: Denn für beide besteht das Paradox, daß die Bewegung notwendig ist, obgleich sie, da sie ja unendlich ist, zugleich stets und nie am Ziel ist. Übrig bleibt der Drang, die leere Bewegung, das Gehen schlechthin.

Beide streben über dieses Ergebnis hinaus und suchen der Geschichte wahre Bedeutung zu geben. *Kierkegaard* findet sie im Paradox des Christentums, einem zweiten, mit dem ersten nicht zu verwechselnden Paradox, daß nämlich in einem geschichtlichen Augenblick das Ewige historisch geworden ist, das Unendliche endlich, wobei die Möglichkeit der Aufhebung der Schuld gegeben wird. Der Einzelne, der selbst dialektisch ist, verhält sich jetzt zum Absoluten gerade dadurch, daß er sich zum Historischen verhält. Dies ist freilich nur noch Sache des „Glaubens".

Nietzsche wertet diese Lösung als die völlige Preisgabe des Unmittelbaren, eine Hemmung und Bindung des Fließenden

[52] *Sören Kierkegaard*, Die Krankheit zum Tode, a. a. O., 22.
[53] Derselbe, Abschließende unwissenschaftliche Nachschrift, II., a. a. O., 96f.
[54] Ebd., 104.
[55] Ebd., 238.

an einen Punkt. Macht aber er einen Versuch, sich über seinen ersten Standpunkt zu erheben, so verfällt er von neuem der Inkonsequenz *Hegels*, die Einheit von Werden und Sein in Endgeschichte umzuwandeln. Eindeutig hat *Nietzsche* dies nicht getan, aber er ist oft nahe daran, dem „Übermenschen" eine historisch-eschatologische Funktion zu geben und der vorgeschichtlichen Unmittelbarkeit der Griechen eine entsprechende endgeschichtliche gegenüberzustellen.

Die Schwierigkeiten häufen sich aber dort, wo die allgemeine Bestimmung der Unmittelbarkeit mit der Bestimmung des konkreten Menschen vertauscht wird, bei welcher *Kierkegaard* schon am Anfang eingesetzt hatte. Denn es zeigt sich, daß *Nietzsche*, was das Verhältnis der besonderen und der allgemeinen Eschatologie betrifft, nicht über den Idealismus hinaus gelangt. Der Einzelne geht über sich hinaus, auf den „Übermenschen" zu. Aber diese Selbstaufgabe ist nicht wie bei *Kierkegaard* eine ethische, wobei das identische Selbst in der „Übernatur" aufersteht, sondern „ein Übergang und ein Untergang", eine Identität besteht nur in der höheren Einheit des Lebens. Der Mensch ist die Brücke zwischen zwei Formen des Lebens. Dies und zugleich die eschatologische Funktion des Übermenschen deutet das Wort von der „Fernstenliebe" an. Denn indem der einzelne das Unendliche in sich liebt, liebt er den Übermenschen, die zeitlose Spannung im Selbst *Kierkegaards* wird zur zeitlichen, das Unendliche wird zum ewig Fernen: „Jeder ist sich selbst der Fernste." Darum schreitet *Nietzsche* zur Preisgabe der Individualität: „Das Ich ist nur eine begriffliche Synthesis. Das Subjekt nur eine Fiktion. Es gibt das Ego gar nicht." Die Brücke zwischen dem Unendlichen und dem Endlichen, die für *Kierkegaard* nicht erst gebaut werden muß und deren mögliche Überschreitung ethisch durch das Dasein des göttlichen Paradoxes in der Geschichte gewährleistet ist, ist bei *Nietzsche* für das Individuum, das das Ideal *aus sich* erzeugt, unvollendbar. Der einzige Bogen streckt sich über das Meer hinaus, bis er einstürzt.

Da entsteht der Widerspruch zwischen Ziellosigkeit der Transzendenz und Zielhaftigkeit der Entwicklung auf den Übermenschen. Als Telos wird er zum „Leitwahn“, zur eschatologischen Figur. Die ewig seinstranszendente Utopie der Aufklärung und die endzeitliche des Sozialismus verschwimmen in eins. „All unserer Entwicklung läuft ein Idealbild voraus“, aber für den einzelnen wird es nicht Wirklichkeit. *Kierkegaards* Pathos des „Absurden“ wird zum Pathos des „Utopischen“: „Ich weiß keinen besseren Lebenszweck, als am Großen und Unmöglichen zugrunde zu gehen“, „die wahre Sehnsucht muß gegen ein Unerreichbares gerichtet sein“. Die Idee des Übermenschen erhält damit den Charakter von *Kants* Idee und Postulat in einem, eine Seinsweise, die heute dem Wert zugeschrieben wird, dessen Verwirklichung *Liebert* als seine Profanation empfindet.

Die widerspruchsvolle Stellung, die der Übermensch als ein nicht Realisierbares und als ein durch Züchtung Erreichbares einnimmt, ist somit nur die Fortsetzung des Widerspruches *Hegels* und des Sozialismus. Mit dem letzten verbindet *Nietzsche* der utopische Glaube, der das Gegenstück zu *Kierkegaards* absurdem Glauben bildet.

Die Erscheinung des Göttlichen in der Geschichte, dort paradox, hier Utopie, dort als das Geglaubte, hier das Gehoffte oder aus der eigenen Kraft Geschaffene, die Erscheinung des Göttlichen, ist das Zentrum ihrer Geschichtsphilosophie. Für *Nietzsche* ist diese Erscheinung mythisch. Mythos ist die Schöpfung des einzelnen, die Vergöttlichung der Geschichte, die in der „Geburt der Tragödie“ wie in „Nutzen und Nachtheil“ gemeint ist. Der Mythos muß in *Kierkegaards* ästhetischem Stadium seinen Ort haben, und er unterscheidet wirklich die schöpferische, mythenbildende Kraft der „Erinnerung“ als Gestaltung der Geschichte vom bloßen „Sichentsinnen“.[56] Beide meinen dasselbe und haben sich des Mythos in der Darstellung der Geschichte bedient. *Kierkegaards* Abraham („Furcht und Zittern“), Sokrates („Brocken“), Lessing („Nachschrift“), Don Juan („Entweder-Oder“, „Stadien“) sind Mythen, im selben Sinne wie *Nietzsches* Sokrates, Paulus, Wagner und endlich Za-

[56] *Sören Kierkegaard*, Stadien auf dem Lebensweg, in: Gesammelte Werke, Bd. 4, Jena 1922, 9ff.

rathustra Mythen sind.[57] Aber *Kierkegaard* bedient sich ihrer nur als „ästhetischer“ Schriftsteller, er weiß sie zur Sphäre der Willkür gehörig: „Eine Gemeinschaft der Erinnerung gibt es eigentlich nicht.“[58] Das historische Paradox ist das Gegenteil des Mythos, da er nicht die Schöpfung des einzelnen, sondern des Himmels, vorgefundene Tatsache ist. Die Realität des Übermenschen aber ist im selben Sinn mythisch wie die anderen Gestalten *Nietzsches*, und wie er fordert: „Nur aus der höchsten Kraft der Gegenwart dürft ihr das Vergangene deuten“, so will er aus derselben Kraft die Zukunft formen. Für *George* hat sich dann das Utopische wirklich vollzogen.

Riß ich nicht ins enge leben
Durch die stärke meiner liebe
Einen stern aus seiner bahn?

Die Transzendenz des Lebens, die *Nietzsche* meint, ist hier vollkommen: Aus der Größe eines Einzelnen verwirklicht sich die Geburt des Göttlichen, das mehr ist als er, aber doch sein Kind und Sohn.

Kierkegaard kennt zwei Stadien, *Nietzsche* nur das erste. Was sich bei *Kierkegaard* im zweiten vollzieht, vollzieht sich bei *Nietzsche* im ersten. Aber die beiden Stadien *Kierkegaards* stehen unter derselben ethischen Bestimmung: „Leiden“. Die Immanenz ist Leiden, als die unaufhebbare Spannung von Unendlichkeit und Endlichkeit, aber die Erweiterung des zweiten Stadiums beim Eintritt des historischen Paradoxes ändert daran nichts. Das Leiden potenziert sich vielmehr zum schuldhaften Leiden, zur Sünde. Anderseits tritt die Liebe hinzu, aber auch die Liebe ist für *Kierkegaard* im wesentlichen Leiden, Selbsthingabe, Untergang für den Geliebten. Die Knechtgestalt Christi ist das göttliche Vorbild dieser Liebe, welche „königliche Bekümmernis“ ist, und wenige ahnen, „daß es im Himmel nicht nur Freude gibt, sondern auch Kummer“.[59] Denn dies ist das

[57] Vgl. *Theodor Haecker,* Christentum und Kultur, München 1927, 66ff.
[58] *Sören Kierkegaard*, Stadien auf dem Lebensweg, a. a. O., 14.
[59] Derselbe, Philosophische Brocken, a. a. O., 27.

Gebot für den Menschen wie es die Schranke Christi ist, daß das erste Stadium, die „Religion der Immanenz", nicht übersprungen werden darf. Von der Spekulation und der Historie her gibt es keinen Zugang zum Christlichen: „Wird das Dialektische übersprungen, so wird das ganze Christentum zu . . . der gefährlichsten Art von Aberglauben",[60] und *Nietzsche* behält recht. „Die Religiosität A muß beim Individuum erst zur Stelle sein, ehe davon die Rede sein kann daß es auf das dialektische B aufmerksam werde",[61] „und wer die Leidenschaft des Glaubens verliert, muß sich eo ipso an dem Paradox ärgern".[62] Was *Novalis* und die Romantik als Christentum bezeichnen, „eine ewige Geschichte, . . . ein ewiges Gottwerden in der Zeit . . . das sind nur Ausflüchte."[63] Das Leiden der Immanenz ist im Christentum nicht aufgehoben, und dies verhindert jeden Ausblick auf die eschatologische Vollendung. Das Christentum muß lebenslang das Unverständliche bleiben, nie das „nur noch nicht Verstandene".[64] Alle „verkürzten Perspektiven" und „lachende Aussicht auf bessere Zeiten" oder gar Schilderungen der ewigen Seligkeit sind Ästhetik,[65] der einzige Lohn ist Warten und Erwartung. „In der Beständigkeit des Verhältnisses . . . liegt ja doch alle Kunst der Existenz."[66] „Sobald sich das Individuum damit nicht begnügen kann, geht es zurück, zu weltlicher Weisheit, zu jüdischem Hängen an Verheißungen für dieses Leben, zu Chiliasmus."[67] Dies ist nun eben die Grenze des göttlichen Lehrers und seine Bekümmernis, daß er den Jünger nicht so erlösen darf, daß er das Leiden überspringen möchte, dies der Grund seiner Knechtsgestalt und der Notwendigkeit des Ärgernisses.

So stehen letztlich beide Stadien *Kierkegaards* unter der ethischen Kategorie des Leidens und der leidenden Liebe, des „Pathos". *Nietzsche* kennt nur ein Stadium, aber in ihm wider-

[60] *Sören Kierkegaard*, Abschließende unwissenschaftliche Nachschrift, II., a. a. O., 112.
[61] Ebd., 218.
[62] Ebd., 240.
[63] Ebd., 235.
[64] Ebd., 223.
[65] Ebd., 78, 80, 125.
[66] Ebd., 200.
[67] Ebd., 89.

streiten [sich] zwei ethische Kategorien. Leben ist Wille zur Macht, ist Transzendenz auf die immer wachsende Fülle; der Einzelne soll seine reichsten Möglichkeiten entfalten. Das ist zugleich, im Sinne *Kierkegaards* Immanenz, Präformation: Jeder hat aus sich selbst seine Kraft herauszustellen, „man hat nur spät den Mut zu dem, was man eigentlich weiß." „Deine wahren Erzieher und Bildner verraten dir, was der wahre Ursinn und Urstoff deines Wesens ist . . . Deine Erzieher vermögen nichts zu sein als deine Befreier." Zarathustra übernimmt die maieutische Rolle von *Kierkegaards* Sokrates: „Nun heiße ich euch gehen, mich zu verlieren und euch zu finden." Der Traum des Übermenschen ist der Traum der Macht ohne inhaltliche Bestimmung, wie denn auch die Eschatologie des Idealismus eine stets formalere wurde, der Traum eines Intensitätsmaximums. So hatte *Friedrich Schlegel* von einem nächsten Dasein geträumt, das „im Guten wie im Schlechten kräftiger, wilder, kühner, ungeheurer" sein würde. Es ist wiederum der Traum des ästhetischen Stadiums *Kierkegaards,* dessen äußere Form „Dämonie" ist. Nicht zufällig bringen hier beide die Musik in Einschlag. Don Juan und Carmen erscheinen als die Symbole dieser Haltung, die von Musik gestützt ist, als dem abstrahiertesten Medium reiner Intensität, die zugleich „Illusion" einer Größe ist, Zauber der Verwandlung, dionysischer Verzauberung und die Aufhebung von Gut und Böse.

Diese Form der Intensität, für *Kierkegaard* die Perversion des echten Pathos der Existenz, für *Nietzsche* das nächste Ziel, hat die „Melancholie alles Fertigen". Ist nicht aber jenes sich Entwerfen auf die fernste Möglichkeit Wesen und Lust des Lebens und die Aufgabe seines Selbst – ist sie nicht das Gegenteil der Macht: Liebe? Liebe und Hingabe ist die zweite und tiefere Ethik *Nietzsches.* Das Unendliche und sein Schweigen hat beide gefesselt, denn Dionysos schweigt „in der Art, die ihm eigen ist, nämlich versucherisch". Das Schweigen Gottes hat beide übermannt und wehrlos gemacht, den Traum der Macht in die Leidenschaft der Liebe verwandelt. „Ich liebe die, welche sich nicht bewahren wollen." „Ein Vorspiel bin ich", sagt Zarathustra, „was liegt an mir". „Ich liebe den, dessen Seele sich verschwendet, der nicht Dank haben will und nicht zurückgibt; denn er schenkt immer und will sich nicht bewahren." Dies erfuhr *Nietzsche* in seiner siebenten Einsamkeit: „Je freier und fester das Individuum ist, um so anspruchsvoller wird seine Liebe: endlich sehnt es sich nach dem Übermenschen, weil alles Andere seine Liebe nicht stillt."[68] Das ist die „Fernstenliebe" und der letzte Schrecken einer entgötterten Einsamkeit: „Immer einmal eins – das gibt auf die Dauer zwei."

Und Mittags wars, da wurde Eins zu Zwei . . .

Zarathustra, die Projektion der Sehnsucht, im Inzest der Einsamkeit geboren, wird zum eschatologischen Doppelgänger, zum neuen Gott, und die Einsamkeit mit Gott ist die Einsamkeit mit sich selbst, „die Religion der Immanenz". Der Gott erscheint messianisch geschmückt, er „hat seinen Hazar, sein Reich von Tausend Jahren", er hält das Neue Abendmahl, er singt das Lied der sieben Siegel, aber all das ist die Eschatologie des Einzigen, denn „im Menschen sind Schöpfer und Geschöpf vereint". „Man liebt zuletzt seine Begierde und nicht das Begehrte."

Es ist die Identität des Idealismus – mit höchstem Pathos erhoben: Mit Gott Mitleid haben, das forderte *Novalis. Schlegel* sprach selbst vom Gott-Verachten. *Nietzsche* hatte Gott getötet, dem Übermenschen geopfert; aber er hat auch den Menschen geopfert, der nichts mehr ist als Pfeil und Sehnsucht nach dem Übermenschen. Es gibt nur eine Eschatologie: die des Lebens, nur eine Bewegung: die Transzendenz, eine Verwandlung: die dionysische. In ihr sind das Endliche und Unendliche eins und nur Momente des Identischen.

Für *Kierkegaard* gibt es keine Identität. Wohl ist das Unendliche und Endliche dialektisch eins im Menschen, aber dieses Dialektische verhält sich zu Gott als dem Undialektischen. Freilich tritt im Christentum auch Gott in die Dialektik ein, indem er historisch wird. Aber der undialektische Gott wird damit

[68] *Friedrich Nietzsche*, Also sprach Zarathustra, Aus dem Nachlaß, a. a. O., 489.

nicht aufgehoben; vielmehr ist *Kierkegaard* unermüdlich in der Versicherung, zum Christentum gelange man nicht eher, als man sich zum überdialektischen Gott verhalte. Gott ist tot, ich habe ihn getötet, geopfert; das ist *Nietzsches* Konsequenz. Gott ist tot, er hat sich geopfert, aber er hat nie aufgehört zu leben; das ist *Kierkegaards* Paradox. Auch muß der Einzelne untergehen „in Selbstvernichtung vor Gott" und eine neue Kreatur werden, wozu Gott allein den Anlaß gibt. Doch er ist derselbe nach und vor: Natur und Übernatur sind ein Mensch. Mensch und Übermensch aber sind zwei.

Das Ringen *Kierkegaards* und *Nietzsches* ist die eigentliche Krisis des Jahrhunderts und wohl der Mythos, an dem es für spätere kenntlich sein wird. Sie vollzieht sich in der tiefsten Innerlichkeit. *Kierkegaard* erklärte, daß es keine unmittelbare Gesundheit des Geistes gebe und daß eben das, was sich dafür ausgebe, die verborgenste Verzweiflung sei, „die Krankheit zum Tode". *Nietzsche* deutet das Gewissen: „Dasselbe ist nicht, wie wohl geglaubt wird, ‚die Stimme Gottes im Menschen', – es ist der Instinkt der Grausamkeit, der sich rückwärts wendet, nachdem er nicht mehr nach außen hin sich entladen kann."[69] Aber gerade dies ist für *Kierkegaard* das Ärgernis, das Verzweiflung ist, und wie *Nietzsche* in der Mißgestalt des Christen Züge *Kierkegaards* zeichnete, so kündet dieser in der Figur des „Verzweifelten" den Zustand *Nietzsches:* „Das Selbst, das er verzweifelt sein will, ist ein Selbst, das er nicht ist (denn das Selbst sein zu wollen, das er in Wahrheit ist, ist ja gerade das Gegenteil von Verzweiflung), er will sein Selbst nämlich von der Macht, die es setzte, losreißen" und tendiert auf eins, „das er selbst erfunden hat".[70]

In der Innerlichkeit der Gewissensdeutung vollzieht sich die letzte Entscheidung, und in dem tödlichen Ernst dieses Nahkampfes scheinen sie wie Hamlet und Laertes die Waffen zu wechseln: *Nietzsche* spielt die Hingabe gegen das Christentum aus, *Kierkegaard* die Vergöttlichung gegen den Idealismus.

[69] Ecce homo, Genealogie der Moral, a. a. O., 364.
[70] *Sören Kierkegaard*, Die Krankheit zum Tode, a. a. O., 17f.

Aber *Kierkegaard* vermag es, die letzte innere Haltung *Nietzsches* ganz zu deuten, und auf die furchtbarste Weise: Sie ist *Schwermut.* „Was ist denn Schwermut? Nichts anderes als Hysterie des Geistes." Es ist die „Hemmung" und „Verdrängung"[71] des Drängens, sich selbst durchsichtig zu werden. Das Wesentliche aber ist, daß sie sich selbst nicht verstehen *darf*, denn könnte sie es, so wäre sie behoben. Sie maskiert sich in Lachen, in einer wahnsinnigen Heiterkeit, aber sie ist Verzweiflung, nicht über dies oder das, „sondern potentiell, an jeder Möglichkeit des Lebens".[72] Ihre Exaltation ist „das feinste Gift, das es gibt", „und sie kleidet gut". Sie ist die Hybris, „nur in der absoluten Unzufriedenheit" zufrieden zu sein.[73] Sie gibt vor, Unersättlichkeit zu sein, und doch haßt sie alle Wirksamkeit, denn sie setzt die Stimmung, in der die Persönlichkeit „nur dämmernd" zugegen ist,[74] an die Stelle der Entscheidung. Der Schwermütige hat sich nicht gewählt, sondern ist nur wie Narcissus in sich verliebt. „Das Christentum wagt es, darin eine Sünde zu sehen, daß die Persönlichkeit nicht zu sich selbst kommen . . . will."[75] „Schwermut ist Sünde, ist eigentlich die Sünde instar omnium; denn Schwermut ist die Sünde, nicht tief und innerlich zu wollen; und das ist die Mutter aller Sünden."[76]

Beide kämpfen gemeinsam gegen die Zeit: Nicht die Historie macht selig, das Wissen ist nichts, das Objektive ist die Unwahrheit. „Das Projekt des Christentums ist nicht schwer zu verstehen, die Schwierigkeit ist, daß es wirklich ist." *(Kierkegaard.)* Das Absurde, das Paradoxe, das Utopische mußte neu errichtet werden, die Leidenschaft und das Pathos, die Spannung, die Schwierigkeit, dies sind die Elemente ihres Denkens. Sie hatten die Spannung in sich und die Krise ging mitten durch ihr Herz: Das Ätherische und das Religiöse. Antichrist und Christ waren die Hemisphären ihrer Seele. *Kierkegaard* fand in der Schrift gegen *Adler* die Formel für ihre Wahl: „Genie und Apostel".

[71] *Sören Kierkegaard*, Entweder-Oder, II., in: Gesammelte Werke, Bd. 2, Jena 1922, 159.
[72] Ebd., 164.
[73] Ebd., 171.
[74] Ebd., 196.
[75] Ebd., 205.
[76] Ebd., 159.

Diese Ausführungen sind für das eschatologische Problem nicht müßig, sie bilden vielmehr die entscheidende Wende und damit die Voraussetzungen für die folgende Eschatologie. Zunächst ist es das endgeschichtliche Pathos, mit dem hier die Zeit betrachtet wurde, das Wandel schafft. Freilich, die allgemeine Eschatologie bleibt negativ und hypothetisch: „Wenn die Nivellierung fortschreitet, droht der Untergang." Aber eine positive war von diesen Denkern nicht zu erwarten: Keiner erfaßte die Möglichkeit und Bedeutung einer Gemeinschaft, eines überindividuellen, kulturellen oder religiösen Ziels. Aber zunächst galt es, die Mauern des Fortschrittsglaubens zu schleifen und das Individuum in seine Rechte einzusetzen, die es in der Nivellierung durch das Ideal des „Allgemein-Menschlichen" eingebüßt hatte: In der Neuschaffung der individuellen Eschatologie, die auf das Todesproblem eingesunken war, liegt das größte Verdienst dieser beiden Einsamsten. Das Transzendentale und Dialektische im Menschen verbürgt eine Bedeutung, für die die Äußerlichkeit der Lebensspanne kein Maß bietet. Denn der Mensch „ist in der Welt der Endlichkeit ein Fremder; aber er markiert das nicht durch eine ausländische Kleidung. Das wäre ein Widerspruch, da er sich dadurch ja von der Welt in der Weise der Welt unterscheiden wollte."[77] Aber das Inkognito der Innerlichkeit und Gottes, „die Maske, die um jeden tiefen Geist wächst" *(Nietzsche)*, verrät sich dem verwandten Wissenden durch ein transparentes Leuchten.

[77] *Sören Kierkegaard*, Abschließende unwissenschaftliche Nachschrift, II., a. a. O., 96.

4. Der dionysische Mythos.

Kommt! Kommt! Kommt! Laßt uns jetzt wandeln! Es ist die Stunde: laßt uns in die Nacht wandeln! Zarathustra.

Das Leben, das sich selber überwinden muß, die Transzendenz des Unmittelbaren ist die Weiterführung des idealistischen Prozesses, in welchem der absolute Geist wird, und dieser deutet auf den Entwicklungsgedanken *Leibniz'* zurück: Spontaneität und reine Akthaftigkeit sollte das Wesen der Monas sein, ein Gedanke, der dem Denken von *Leibniz* bis *Nietzsche* das einheitliche Gepräge verleiht. Indem *Goethe* diesen Monismus der Tätigkeit im „Faust" zu bilden unternimmt, erhält dieser die zentrale Stellung in der deutschen Dichtung, und in der Umdeutung des johanneischen Logos in die uranfängliche „Tathandlung" weist er auf die Nachbarschaft Fausts und *Fichtes* hin. Tätigkeit ist, wie die Schemata zum „Faust" zeigen, die Idee des Dramas, und Stufen ihrer Steigerung bestimmen seine Disposition. Von hier läßt sich endlich die Einheit in der Auffassung des Bösen in Aufklärung, Idealismus und Lebensphilosophie erkennen: Es ist für *Leibniz* die Schranke, zugleich das Inzitament des Handelns, für *Goethe* die Macht, die „reizt und wirkt und muß als Teufel schaffen", und eben dadurch der ewige Anlaß des Positiven. *Nietzsches* Verherrlichung des Bösen als der Kraft enthüllt die verborgene Wertung und zeigt damit zugleich den Zusammenhang mit der Hineinnahme des Bösen ins Göttliche bei *Schelling* und *Jakob Böhme.* Denn die Absolutsetzung der Spontaneität, deren Entstehung aus der Aufhebung der transzendenten Eschatologie hergeleitet wurde, entwertet das Böse als ein moralisches, indem es seiner als eines metaphysischen nicht mehr entbehren kann. Akt ist alles: so wird das Böse zur Hemmung und Ruhe, Akt ist die Fülle, so wird das Böse zur Leere.

„Ich liebte mir dafür das ewig Leere." (Mephisto.) Das Böse wird zunächst zu dem, was noch unbewältigt ist, und erst in zweiter Hinsicht zu einem Zustand des Bewältigenden, nämlich dem Sich-zur-Ruhe-setzen, zu dessen Umgehung Mephisto als Stachel des Tätigen beigesellt wird. Der Mensch kann daher als Tätiger nicht eigentlich schuldig werden, nur als Reflektierender hat er Gewissen, als Bewältigender ist er gewissenlos. Diesen Doppelsinn des Bösen enthüllen die Forderungen *Nietzsches*, böser zu werden und zugleich die ganzen Gut-Böse-Wertungen hinter sich zu lassen: Böse wird der Handelnde, indem er gewissenlos wird, und eben dadurch steht er jenseits der Moral im Wert der „Kraft" und der Spontaneität. „Ihr Schaffenden, an euch ist viel Unreines. Das macht, ihr mußtet Mütter sein." *(Nietzsche.)*

Diese Äquivokation verdankt also ihren Ursprung dem Monismus der Aktivität, der das Böse einmal als Schranke und Hemmung, dann aber als die Leere und die reine Potenzialität erscheinen läßt. Schöpferische Negation: in dieser Formel, die für *Leibniz,* den Prometheus-Mythus der Dialektik, für den Sozialismus und für *Nietzsche* gleichmäßig gilt, zeigt sich die Einheit der Begriffe vom Bösen in der deutschen Philosophie. Darum überträgt das deutsche Drama die moralische Problematik des Schuldig-Unschuldig, die auf solcher Grundlage unlösbar und zweideutig bleiben muß, ins Metaphysische und versenkt sie damit in eine bergende Tiefe. Im „Faust" ist jede Schuld zweideutig: „Durch seine schwere Schuld ist er innerlich gewachsen",[78] darum nämlich, weil „seine ‚Hölle' . . . im Grunde nur das Nichts sein" darf.[79] Und nicht die Voraussicht Gottes ist der Grund, warum die Wette zwischen Gott und Mephisto nichtig ist, sondern dieses Gesetz, daß das Gute allein positiv ist, das Böse ein Noch-nicht. Wie wenig Mephisto das moralische Böse ist, sondern vielmehr die Negation als Anlaß zur Tran-

[78] *Heinrich Rickert,* Fausts Tod und Verklärung, in: Deutsche Vierteljahrsschrift für Literaturwissenschaft und Geistesgeschichte, 3. Jhg., III. Bd., Halle 1925, 60.

[79] Ebd., 19.

szendenz, zeigt seine Verwandlung in Phorkyas, die Häßlichkeit, die als höhere Stufe der Antithesis die moralische ablöst.

Der Standpunkt, von dem aus der Mensch als reine Tätigkeit betrachtet wird, liegt zugleich jenseits des menschlichen: als Teil eines Prozesses wird das eine Leben zur Phase. Der Tod wird bei *Leibniz, Goethe* und *Nietzsche* im gleichen Sinn zum Abstoßen der harten Hülle, die Ausblicke ins Hinüber und Empor unendlich. Ewiges Streben und ewige Tätigkeit kennzeichnen in gleicher Hinsicht das aufklärerische, faustische und nietzschesche Pathos. Nur erfährt das Subjekt dieses Strebens in den Perioden der rationalistischen, dialektischen und dionysischen Eschatologie eine steigende Irrationalisierung und zugleich Entpersönlichung, indem die Einheit des Wirklichen und (eschatologisch) Möglichen von der einmaligen Person auf die „höhere" unpersönliche Macht des Lebens übertragen wird. „Das Ich stirbt, damit das Ganze lebt." *(Herder.)* Das Ganze aber ist das Leben, die Verwandlung. Die Situation Ahasvers kehrt sich zunächst um: Nicht der ewig umgetriebene Unsterbliche ersehnt die Ruhe des Unbewegten, sondern der in der Erstarrung des Lebens Gefangene wünscht sich das Zerbrechen der Form zu neuer Verwandlung. *Wilbrandts* „Meister von Palmyra" wollte Unsterblichkeit besitzen, aber die starre Versteinerung seines Lebens ward Strafe, und die verwandelten Gestalten des einen Lebens, denen er begegnet (Zoe, Phoebe, Tryphena), lehren ihn die Hingabe an die verwandelnde Macht des Todes.[80] „Die Auferstehung allen Fleisches" von *Max Dauthendey*[81] erzählt ähnlich wie *Wilbrandt* von einem Alten, der die äußerliche Unsterblichkeit zu erlangen wünscht – nachdem die christliche Botschaft innerlichen Wandels nicht eingetreten ist –[,] sich schminkt und hingeht, mit der Frau des Nachbarn zu tanzen. Freilich verwandelt sich dies Pathos des Todes, das dem idealistischen verwandt ist, wieder in das emotionale Gegenteil: *Nietzsches* Metaphysik des Lebens blieb nicht unvermischt mit

[80] Vgl. *Paul Bornstein,* Die Dichter des Todes in der modernen Literatur, Berlin 1899.

[81] In: Lingam. Zwölf asiatische Novellen, München 1909.

den Strömungen, die, von *Schopenhauer* und der Romantik angeregt, die indischen Religionen zu erneuern suchten und in dem Sansaragedanken eine der *Nietzsche*schen verwandte Anschauung zu Ansehen brachten. Was freilich die Tiefe des Gedanklichen betrifft, steht die Metempsychose, nach *Schopenhauers* Ansicht, hinter der Palingenesie zurück, in der er den esoterischen Gehalt des Buddhismus erblicken wollte. Aber die Dichtung mußte um der Anschaulichkeit willen der ersten Lehre als der ihr gemäßeren und zur Darstellung geeigneteren den Vorzug geben. Abermals wurde damit der im poetischen Realismus gewonnene Sinn des Todes als des Endes eines einmaligen unwiederholbaren Lebens gefährdet, zumal unter den Händen geringerer Denker, die einen kosmischen Roman mit den Mitteln des alten Erziehungsromans schreiben und auf die Problematik der Personidentität nicht achten zu müssen glaubten. Heinrich von Ofterdingen hatte sich zuerst als kosmischer Erziehungsroman dem irdischen *Goethes* an die Seite gestellt. *Fouqués* Trilogie „Helgi" führt die Darstellung der Seelenwanderung ins Drama ein. Hier freilich war bereits eine Form gegeben, die mehr auf die ewige Wiederkunft analoger Situationen als auf eine Steigerung und einen Weg zur Erlösung Gewicht legte.

Für *Nietzsche* war die Kairos-Idee das Primäre und die Wiederkunft nur ihre gewaltige Projektion: Leben als Gegenwart, das Konkrete als das Essentielle: dies war der Ausgangspunkt und die Multiplifizierung des Kairos und des Ich, keinesfalls eine Quantifizierung, sondern der Ausdruck für den unendlichen Wert des Einmaligen. „‚War *Das* – das Leben?' will ich zum Tode sprechen. ‚Wohlan! Noch Ein Mal!'" (Zarathustra.) Die fast dröhnende Hymnik des „Phantasus" von *Arno Holz*[82] bewegt sich im selben Gefühl: Mit dem Gefühl der Unendlichkeit des Lebens und seiner Verwandlungen verbindet sich die Bemühung um das verlorene Einzelne, der gleichmäßige Wert alles Seienden. Doch ist das Sansaramotiv und damit das der

[82] Erste Gedichte, 1886. Hauptausgabe Leipzig 1916. Letzte Fassung Berlin 1925.

Erlösung auch bei *Holz* nicht fern, der Kreis zur Spirale umgedeutet.

Damit beginnt die angedeutete Gefahr der Rationalisierung, die in der Theosophie sich zeigt. Die konkreten Aussagen über das Wesen des Karma und die Bahnen des Jenseits verhalten sich zu den zurückhaltenden Äußerungen *Schopenhauers* wie der positivistische zum spekulativen Fortschrittsgedanken. Die theosophische Eschatologie bedeutet einen weiteren Schritt in der Richtung auf ihre Verwissenschaftlichung: Was *Goethe* und der Idealismus als die Hoffnung der Sehnsucht noch keuscher verhüllten, – jeder sollte, nach *Goethes* Forderung, diesen Glauben für sich behalten und sich darauf nichts einbilden, – das wird nun lernbar und lehrbar und, wenn auch in höherer Schau, demonstrierbar. Zugleich erhält der Spiritualismus neue Bedeutung: die Materie ist das Böse und zu Überwindende, womit die Idee der Selbstselektion des Guten verbunden ist. Bei *Christian Morgenstern* ist diese Wissenschaftlichkeit durch eine weichere Mystik gedämpft, die Evolution des „Ich" bleibt das Zentrum seiner Weltansicht: „Ich möchte nicht leben, wenn ‚Ich' nicht lebte."

In den Seelenwanderungsromanen ist das Geheimnis, das Zarathustra dem Leben ins Ohr raunt, zum Stadtgespräch geworden, die tiefe Beglückung des Transzendenzgedankens mit der Spannung der „Fortsetzung" verwechselt oder verquickt. *Gjellerups* Schriften („Der Pilger Kamanita", [1907], „Das Weib des Vollendeten", 1907, und vom Mystischen ins Modern-Realistische und darum zugleich Märchenhafte gewendet „Die Weltwanderer", [1920]), wurden die Vorbilder dieser Gattung von Romanen und Novellen, die dem Allzubürgerlichen den Kosmos öffnen und erotische Verhältnisse in die unangemessensten Dimensionen zu potenzieren und mit buddhistisch-tristanischer Eschatologie zu verbrämen lieben. Statt nach vorwärts eröffnen sie, wie die Novellen *Will Verspers* „Die ewige Wiederkehr" (1922),[83] oft Perspektiven nach rückwärts: *Goethes* Gedicht an

[83] Vgl. *Isolde Kurz,* Seelenwanderung, in: Gedichte, 2. A., Stuttgart 1891, 99-103; *Julius Maria Becker,* Das letzte Gericht. Eine Passion in 14 Stationen, Berlin 1919, s. w. u.

Frau von Stein konnte für diese Weise, des Augenblicks Bedeutung zu steigern, vorbildlich sein. Diskret und nur wie unterirdisch geht das Motiv durch die Novellen *Willy Seidels:* „Die ewige Wiederkunft“[84] und wird deutlicher erst in der letzten und wertvollsten: „Der Garten des Schuchân“, die das Zarathustrawort von der wachsenden Wüste paraphrasiert.

Dieses Hintergründliche behält der Gedanke bei *Stefan George*, der wie keiner die Einmaligkeit des Lebens betont hat. So scheint er die Metempsychose nur als Deutung des Kairos, der Wirklichwerdung eines Göttlichen anzuerkennen:

> Daß unfaßbar geschehn in vorgeburten
> Beschlossen lieg ist schöner sinn von dichtern –

Der folgende Vers aber scheint in die menschlichen Grenzen zurückzurufen und die einzig erlaubte Deutung zu geben:

> Du folg in jedem werk dem frühsten traum![85]

Nicht anders in dem Parsifalgedicht,[86] wo die Vertiefung in die Gesetze, die das Leben übergreifen, abgewiesen wird:

> Denk nicht zuviel von dem was keiner weiß!
> Unhebbar ist der lebenbilder sinn:

Die Macht, die hinter der Konkretion steht, der sich *Schopenhauer* mit dem Sinnbild des Willens am meisten zu nähern glaubte, die *Nietzsche* das Leben nennt, bleibt für *George* ein Arrheton:

> Geheimste quelle innerlichster brand:[87]

So bleibt die göttliche Gestalt ein Transparent, aus dem das Unsagbare leuchtet, anders als in Gestalt nicht faßbar:

> Wer ist dein Gott? All meines traums begehr,
> Der nächste meinem urbild, schön und hehr.[88]

[84] Die ewige Wiederkunft (Exotische Schicksale), Berlin 1924.

[85] *Stefan George*, Der Stern des Bundes, Berlin 1914, II, 6. Im folgenden bedeutet die römische Ziffer das Zehen, die arabische das Gedicht innerhalb eines solchen.

[86] Ebd., X, 6. [87] Ebd., I, 9. [88] Ebd.

Und die „Biographie“ im achten Teil des „Stern des Bundes“ endet wie der Helena-Akt im Preis des Dionysos, des „Ungebornen“, der eins ist in allen seinen Formen:

Ich weiß von Einem nur der vielgestaltig
Sich auswächst will daß er vernichtet werde
Und auflebt jedesmal durch neue flamme.
Erst einer füllt er seine vielen formen
Anders und gleich in gleicher herrlichkeit
Entstiegen aus der nacht der reinigung.

Hier läßt sich der dionysische Mythos vom dialektischen abgrenzen: Die Gestalt, die aus dem Ungrund der Verwandlungen auftaucht, ist göttlich, sie ist absolut für ihre Zeit:

In jeder ewe ist nur ein gott,

aber die Gestalt erstarrt und verliert ihr transparentes Leuchten, sie wird starr und vergeht und eine neue taucht auf. Wo der Geist Ziel ist, ist der Mythos „aufgehoben“, wo das Leben, wird er zerstört.

Haftet ihm jetzt von vornherein etwas Ephemeres an, so wird er vollends, unter den Händen bewußter Mythenschöpfer problematisch. Was *Alfred Momberts* dunkle theogonische Phantasie, der Charonkreis, *Otto zur Lindes* „Charontischer [Mythus]“ (1913), „Die Kugel“ ([1909]), „Die Hölle“ (seit 1921), *Röttger* in seinen Christus-Mythen und vollends *Rudolf Pannwitz* mit seinen aus allen Mythologien zusammengerafften Mythien zu gestalten hoffen, nimmt sich tot aus im Vergleich zu der einen lebendigen Kraft *Nietzsches* und *Georges,* die in „Übermensch“ und „Maximin“ einen aller Reflexion entrückten, lebendigen, aus der Tiefe der Sehnsucht geborenen Mythos erstellt haben.

Seine genaue theoretische Ergänzung erhält der dionysische Mythos in dem, was *Rickert* als „Lebensphilosophie“ darstellte. Entscheidende Antriebe kamen aus der Biologie, *Nietzsche* selbst kannte und benützte *Rolphs* „Biologische Probleme“ ([1882, 1884]), der neue Vitalismus verstärkte diese Tendenz. Aber nicht dies charakterisiert diese Philosophie, sondern die

Überordnung des Lebens über den Geist, entsprechend der des Dionysos über Apollo und entgegen dem Verhältnis des Geists und der Natur bei *Hegel.* Nicht wird das Irrationale in die Ratio hineingenommen, vielmehr geht die Morphe im Amorphen unter. *Diltheys* Weltanschauungstypen, *Simmels* Metaphysik des Lebens und *Troeltschs* Lebensethik wurzeln im dionysischen Mythos. Die Formen des Geistes und der Kultur sind Kristallisationen des fließenden Lebens, Staudämme, die es sich aufrichtet, um sie zu überfließen. „Immer wieder rauscht der Strom des Lebens auf und weiter." „Die Aufgabe der Dämmung und Gestaltung ist also ihrem Wesen nach unvollendbar und unendlich und doch im einzelnen immer wieder lösbar und praktisch gestellt. Eine radikale und absolute Lösung gibt es nicht . . . "[89] *Otto Flake* hat das Wort von der „Unvollendbarkeit der Welt" geprägt. Die „Gehäuse" *(Jaspers),* die Verkrustungen sprengt das Magma des Lebens immer wieder als zu eng gewordene Hüllen. Als Philosophie verfällt diese Ansicht freilich dem Gericht *Rickerts*, denn das Behauptete muß selbst dem Relativierungsgesetz unterstellt werden, und dasselbe gilt für die Kulturmorphologie *Oswald Spenglers*, der vergeblich versucht, seine Betrachtungsweise von der biologischen fernzuhalten, Wertungen in wertfreie Gebiete hineinträgt, und die zwei Bedeutungen von Telos: Ende einer Entwicklung und Zweck, nicht unterscheidet: „Es gibt", sagt *Rickert*, „keine Philosophie des Lebens, die nicht Wahrheit *über* das Leben als gültig voraussetzt, und ihre Wahrheit läßt sich nur als etwas verstehen, was mehr als Leben ist". Der Geist ist in dem Sinn freilich auch Widersacher der Lebensphilosophie.

Eschatologisch ist diese Lehre nur insoweit, als das Zerbrechen der Form berücksichtigt wird, auch Spenglers mit so viel endzeitlichem Pathos vorgetragene betrifft nur das Ende eines „Gehäuses". Ein Nu in der allgemeinen Systole und Diastole des Lebens. Fraglich bleibt nur die Länge der Perioden: umfaßt sie eine Kultur oder die ganze Geschichte des menschlichen Geistes? Schon *Nietzsche* hatte die Entgegensetzung von Geist

[89] *Ernst Troeltsch*, Der Historismus und seine Überwindung, Berlin 1924, 60.

und Leben, die mit Sokrates einsetzt und sich im Christentum vollendet, als den großen Irrweg der Kultur gedeutet, die nun zu Ende dränge und aus deren Auflösung neue Schöpfung kommen müsse. *Theodor Lessing*[90] spricht von einem „Ausbruch des Geistes" und von abgeschnürtem, bewußt gewordenem Leben.[91] Kultur ist „der Weg zum Ende".[92] „Die Sintflut wächst."[93] Aber die Zeit des Bewußtseins ist nur eine Periode zwischen Vor- und Über-Bewußtsein und geht so seiner Aufhebung entgegen. Denn „jede Vollendung . . . ist negativ. Sie kann nur münden ins Weltende."[94]

Es ist einsichtig, daß sich diese Gedanken mit solchen, die aus dem Gefolge *Schopenhauers* stammen, unmittelbar berühren. Beiden gilt die Welt als eine Gestalt, die vergeht, das Bewußtsein als eine Protuberanz, die ins Unbewußte zurückfällt. Aber der Pessimismus *Bahnsens, Hartmanns, Mainländers* stammt noch aus dem unmittelbaren Zusammenhang mit dem Ende des Idealismus, wo der Einzelne das Werkzeug des Prozesses sich aufzugeben hatte und das Ethos der Unsterblichkeit in eine Moral der Sterblichkeit, des Untergehenwollens umgedeutet wurde. Das Individuum hat, nach *Hartmann*, „nur eine Sehnsucht": „frei zu werden von der schweren Pflicht der Mitarbeit am Processe, wieder unterzutauchen in das Brahm, wie die Blase in den Ocean".[95] Die Stellen der indischen Philosophie, die die Unsterblichkeit als Strafe auslegen, werden zur Stützung herangezogen, zugleich eine reine Pflichtethik gebaut: „ . . . der Idee zu dienen ohne jede Hoffnung auf dadurch zu erreichende Glückseligkeit",[96] als der höchste Grad der Sittlichkeit geprie-

[90] Die Geschichte als Sinngebung des Sinnlosen, 3. A., München 1920. Die verfluchte Kultur. Gedanken über den Gegensatz von Leben und Geist, München 1921. Untergang der Erde am Geist (Europa und Asien), geschrieben 1914, 1. A., o. O. 1916, 3. A., Hannover 1924.

[91] Untergang der Erde am Geist (Europa und Asien), 3. A., a. a. O., 78 und 131-135.

[92] Ebd., 133.

[93] Ebd., 452.

[94] Ebd., 455.

[95] *Eduard von Hartmann*, Die Selbstzersetzung des Christenthums und die Religion der Zukunft, Berlin 1874, 115.

[96] Derselbe, Zur Geschichte und Begründung des Pessimismus, Berlin 1880, 98.

sen, aber nicht verhehlt, daß der Pessimist „am feinsten die höhere Lust des Lebens zu geniessen vermag".[97] Der versteckte Endämonismus und das Pathos der Hingabe der Person verbindet *Hartmann* mit dem Sozialismus und mit *Nietzsche.* Der Einzelne ist berufen und, wie bei *Schopenhauer*, befähigt, die Erlösung zu beschleunigen. Die Kultur aber soll, wie bei *Hegel*, vollendet werden, denn sie ist der Heilsweg des Absoluten. „Darauf wird dann eine Weltuntergangsmythe, eine Lehre von den letzten Dingen, errichtet, die zu den phantasiereichsten und abenteuerlichsten Entwürfen der Philosophie zählt."[98] Daß es zu solchen eschatologischen Plänen und Entwürfen kommen konnte, beweist nur das Unverständnis für das Historische überhaupt, das einen dem Sozialismus analogen Zukunftsplan auszubauen unternahm. Der „Sieg des Logischen über das Unlogische muss also mit dem zeitlichen Ende des Weltprocesses, dem jüngsten Tage, zusammenfallen".[99] *Hartmann* ergeht sich in der Ausmalung „jener erhabenen Melancholie der letzten Zeit": „Die Illusionen sind todt, die Hoffnung ist ausgebrannt; ... Die todesmüde Menschheit schleppt ihren gebrechlichen ... Leib mühsam von Tage zu Tage weiter." „... die Menschheit sehnt sich nach dem Nichts."[100]

Philipp Mainländer, der unversöhnliche Feind *Hartmanns*, schilt diese Eschatologie „bengalische Weltbeleuchtung", aber auch er setzt das Sterben der Welt ans Ende und entdeckt in der Menschheit die „unwiderstehliche Sehnsucht nach der Ruhe des absoluten Todes",[101] die „Bewegung nach der völligen Vernichtung, die Bewegung aus dem Sein in das Nichtsein". Die Gesamtbewegung ist genau die umgekehrte wie bei *Hegel*, sie strebt vom absoluten Sein oder Übersein, dem Reich des Vaters,

[97] *Eduard von Hartmann*, Zur Geschichte und Begründung des Pessimismus, a. a. O., 128.

[98] *Leopold Ziegler*, Das Weltbild Hartmanns. Eine Beurteilung, Leipzig 1910, 132.

[99] *Eduard von Hartmann*, Philosophie des Unbewussten, 3. A., Berlin 1871, 747.

[100] Ebd., 735.

[101] *Philipp Mainländer*, Die Philosophie der Erlösung, I., Berlin 1876, 3. A., Frankfurt a. M. 1894, 215.

über das Reich des Seins, das Kampf und Zersplitterung ist, dem Reich des Sohnes, zu dem des Geistes, dem Nichtsein. Das Transzendente wird zum Immanenten und endlich zum nihil negativum.[102] Gott muß sich durch die Welt seinen Untergang erkämpfen, seine Zersplitterung ist die Vorstufe seiner Auflösung. Die Nivellierung in der Entropie ist die äußere Parallele des inneren Prozesses.[103] *Mainländer*, der sich für den Heiland hielt und von seiner Lehre glaubte, sie sei „im eminentesten Sinn des Wortes Abschluß aller philosophischen Systeme“, hielt das zweite Reich für vollendet: „Trügen die Zeichen der Zeit nicht, so stehen wir am Anfang des Endes. Denn wenn die Gesellschaft nivelliert, die Heerde eine einige geworden sein wird – was soll dann noch Anderes kommen als Erlösung?“[104] „Wenn einmal die absolute Philosophie gefunden wird, dann ist die rechte Zeit für den Jüngsten Tag“, ruft *Riehl* scherzend aus. „Wir heben das kecke Wort mit Ernst auf.“ – Dieser äußerste Pessimismus war eben um die Zeit verbreitet, als *Nietzsche* den Mythos des Dionysos verkündete. Sammlungen pessimistischer Lyrik wurden veranstaltet: *Otto Kenner* gab ein Pessimistengesangbuch (1884) heraus, *Max Seiling* die „[Perlen der pessimistischen] Weltanschauung“, 700 Aphorismen (1886). Endlich *Zdenko Fereus* „Stimmen des Weltleids“ (1887).[105]

Die Differenz der Stimmung zwischen *Nietzsche* und den Pessimisten ist eine totale. Dennoch sind die Übereinstimmungen zwischen dem dionysischen Mythos und dem letzten Ende des dialektischen bedeutsam und die gemeinsame Herkunft aus *Schopenhauer* ist dafür verantwortlich. An die Stelle der absoluten Vernunft und des gesicherten Ganges zu ihr war dort schon der unsagbare Ungrund und die Sehnsucht nach ihm getreten, der Ungrund, der vom hellen Schein der Welt aus betrachtet, das Nichts war. Die Gestalt, der Mensch wird zum

[102] *Philipp Mainländer*, Die Philosophie der Erlösung, I., a. a. O., 341-345.
[103] Ebd., 323-330.
[104] Derselbe, Die Philosophie der Erlösung, II., Berlin 1876, 2. A., Frankfurt a. M. 1894, 205.
[105] Vgl. *Pero Slepčević*, Buddhismus in der deutschen Literatur, Diss., Fribourg 1919/20, ersch. Wien 1920.

Übergang, für die Pessimisten zum Nichtsein, für *Lessing* zu unbewußtem Übersein, für *Nietzsche* und *George* zum erneuten Untergang im Ungestalteten, Dionysischen. *Scheler* sagt: „Der ‚Mensch' . . . *ist*, richtig gesehen nur die Bewegung, die *Tendenz*, der *Übergang* zum *Göttlichen* . . . Sein Wesenskern . . . ist . . . jener geistige Akt des Sichtranszendierens!"[106] Der Mensch ist daher die höchste Spitze des Vegetationskegels der Welt, der ins Unbekannte, ins Niebetretene vorstößt: Mit der Transzendenz steht das Leben stets vor dem absolut Neuen, vor dem Nichts. Zwar hatte der Idealismus den Aufbau des Göttlichen zeitlich-einmal in der Geschichte und im einzelnen sich vollziehen lassen und auch dort stand der Mensch vor dem „Unerhörten". Aber das Wissen um Geborgenheit, das aus dem Vertrauen auf die Vernünftigkeit des Geistes floß, ließ jenes Erlebnis absoluter Transzendenz nicht aufkommen, das in der Todesidee des poetischen Realismus für den einzelnen wieder lebendig wurde und jetzt sich zur allgemeinen Formel erweiterte und auch die allgemeine Natur-Eschatologie, die ehemals durch Präformation und Evolution gesicherter erschien, zu bestimmen begann. Ins Nichts gehen, ins Unbetretene transzendieren, das ist der Nenner, auf den sich *Nietzsche*, der Pessimismus und die Philosophie der letzten Lebensepoche *Schelers* bringen lassen. Und wenn diese Position auch von der christlichen Eschatologie am entferntesten scheint, da ein bestimmtes „Ende der Welt" nicht erwartet wird, der alte Gott gestorben ist und der einsame Mensch auf nie begangenen Wegen wandert, so war solche Weltansicht doch wie keine geeignet, das verlorene Gefühl der unendlichen Bedeutung des Augenblicks, der Zerbrechlichkeit und Gefahr der äußersten Situation, die in einem bisher unbekannten Sinn eine eschatologische genannt werden kann, zu erwecken.

Nietzsche und *Scheler* so gut wie *Hartmann* und *Mainländer* vollenden das Gegenwartsgefühl, das seit der Renaissance in steigender Weise herrschend wurde: Die Renaissance, die Auf-

[106] *Max Scheler*, Der Formalismus in der Ethik und die materiale Wertethik, 2. unveränderte A., Halle 1921, 298f.

klärung, der Idealismus, der Sozialismus und Positivismus des 19. Jahrh. sind eine fortwährende Steigerung dieses Bewußtseins der Einzigartigkeit der letzten Periode, der eschatologischen Exponiertheit der „letzten" Zeit. Die Werke der Naturwissenschaft und der Technik waren geeignet, dieses Bewußtsein zu stützen.

So steht der Mensch in der äußersten Einsamkeit, im Rücken der Welt, die ihm nicht helfen kann, das Unerhörte zu verwirklichen, vor sich die Aufgabe und das Nichts. Die Religionen wollen über die heroische Einsamkeit dieser Lage täuschen, in ihnen sucht der Mensch „etwas von Schutz und Hilfe ‚hinter sich' zu bekommen, da er im Grundakt seiner Naturentfremdung . . . ins pure Nichts zu fallen schien".[107] Aber *Nietzsche* und *Scheler* heißen dieses Schwindelgefühl überwinden und den Mut aufbringen, alles zu verlassen und sich selbst einzusetzen. Hier ist *Kierkegaard* nicht mehr ferne: Der Sprung ins Ungewisse hinaus, absolute Transzendenz, Ausfahrt ohne Gewähr jenseitigen Landes, von dessen Existenz der Idealismus von vorneherein überzeugt war: Dies ist das Merkmal des Christentums *Kierkegaards* wie des Atheismus *Nietzsches* und *Schelers.* Man suche „in letzter Linie nie theoretische Gewißheiten, die diesem Selbsteinsatz vorhergehen sollten. Erst im Einsatz der Person ist die Möglichkeit eröffnet, um das Sein des durch sich Seienden auch zu ‚wissen'".[108] Was bei *Kierkegaard* die Sache der Innerlichkeit war, wird bei *Scheler* zum Gesetz, auch der Gemeinschaft, des Geschlechtes. Die Philosophie hat den Gedanken dieser „Lage im Kosmos", dieses Stehens vor dem Nichts gefunden, sie gibt keinen Trost: „Zu solchen Zwecken giebt es . . . Erbauungsbücher. . . . Die Philosophie ist hart, kalt und fühllos wie Stein" *(Hartmann).*[109] „Man wird mir sagen und man hat mir in der Tat gesagt, es sei dem Menschen nicht möglich, einen unfertigen Gott, einen werdenden Gott, zu ertragen! Meine

[107] *Max Scheler*, Die Stellung des Menschen im Kosmos, Darmstadt 1928, 108f.
[108] Ebd., 113.
[109] *Eduard von Hartmann*, Philosophie des Unbewussten, a. a. O., 736.

Antwort darauf ist, daß Metaphysik keine Versicherungsanstalt ist für schwache, stützungsbedürftige Menschen." *(Scheler.)*[110] So sagt *Mainländer:* „Der Weise aber blickt fest und freudig dem absoluten Nichts in's Auge." Die Gottesvorstellung ist rührender als das Leere, aber „das ist völlig Nebensache".[111]

Soll sich der Mensch entwickeln können, so darf es keine übergeordnete Teleologie der Natur, keinen Gott geben. Sonst verfällt er den treibenden Mächten, dem Karma der Theosophie und wird zum unfreien Produkt seiner Vorwelten, wie er bei *Hegel* zum Werkzeug des höheren Willens wurde. *Bleibtreus* indische Dramen („Karma", „Der Heilskönig") sind Symptome für solche dem Schicksalsdrama verwandte Auffassung der Zwangsläufigkeit. *Scheler* und *Nicolai Hartmann* verzichten zugunsten der menschlichen auf die göttliche Teleologie.[112] *Scheler* beruft sich auf *Freud*, der den Fortschrittsglauben „ungezwungen aus Triebverdrängung" ableitet. Aber „der große Psychoanalytiker der Historie ist noch nicht erschienen, der den geschichtlichen Menschen von dieser Angst des Irdischen frei und ledig gemacht" hätte.[113]

Diese Angst der Einsamkeit ist die stets drohende „Nachtseite" des dionysischen Mythos, zu der ein kürzerer Weg war als vom Dialektischen [her]. Denn dort war noch Geborgenheit in einem verständlich oder in Anschauung erkannten Gute, in einer glücklichen Synthese, zu der über alle Umwege zurückgekehrt wird. „Nachtseite" entstand im Idealismus erst aus der Ferne des Zieles, aus der Umklammerung durch das Schicksal und die Angst, daß Natur den Geist gefangen halten könnte. Hier aber war das Ziel nicht gekannt, nur geliebt, die Ekstase des Lebens ekstatisch bejaht und gegen die Einsicht in das Paradoxe akzeptiert: Das Grauen ist nahe, wo vor dem Menschen das Nichts droht und hinter ihm alle Brücken abgebrochen sind, denn es ist nach *Simmel* „das Schicksal des Lebens: die Brük-

110 *Max Scheler*, Die Stellung des Menschen im Kosmos, a. a. O., 112.
111 Die Philosophie der Erlösung, I., a. a. O., 358.
112 *Nicolai Hartmann,* Ethik, Berlin und Leipzig 1926, Kap. 21.
113 *Max Scheler,* Mensch und Geschichte, Zürich 1929, 18.

ken, die es für seine Wege gebaut hat, hinter sich abzubrechen und dieses Abbrechen selbst als . . . die letzte Vollstreckung seines Gesetzes der Selbst-Transzendenz anzuerkennen."[114]

Von zwei Seiten konnte die Lage erleichtert werden: Sie war einmal „von rückwärts" zu stützen, was die Idee der Präformation leisten konnte. Der Bund mit der Naturwissenschaft, der Biologie und der Entwicklungstheorie bot eine Stütze, die Richtung der Ekstasen schien gesichert. Nichts ist dem Pathos Ahasvers fremder als die Schilderungen, die *Bölsche* und sein Kreis vom bacchantischen Siegeszug des Lebens entwirft, alle Eschatologie scheint im Rücken zu liegen und der Weg in immer blühendere Schöpfungstage hineinzugehen. Wird eine Menschheitsgeschichte wie die von *[H. G.] Wells* dazugenommen, so erhellt, daß solchem Optimismus die vielfach tragischen Situationen seiner apokalyptischen Romane[115] nichts anhaben können, die oft wörtlich genommene Züchtung des Übermenschen („Der Unsichtbare"), der Glaube an die Wesenwandlung des Menschen zum Besseren („Der Traum") entfernen sich weit genug von dem utopischen Standpunkt *Nietzsches.*

„Weltuntergang",[116] ein allegorisches Spiel von *Makár Morskóy*, zeigt diese Siegesgewißheit, daß kein Ende des Lebens, das hier mehr biologisch als metaphysisch gefaßt wird, denkbar ist.

> Nur wie der Pflug der Erde Brust zerreißt,
> So wird der jüngste Tag die Welt zerstören,
> Und aus den Furchen wachsen Kinderfrüchte.

Erst wird das niedere Volk vom Untergang ereilt. Zuletzt sterben König und Königin, aber Zephyr findet ihr kleines Kind, das letzte lebende Wesen, hebt es auf und weht mit ihm zu neuen Sternen hinüber.

[114] *Georg Simmel*, Über die Liebe (Fragment), in: Fragmente und Aufsätze, München 1923, 84.

[115] *Herbert George Wells*, Der Luftkrieg. Roman, Leipzig 1909; Im Jahre des Kometen. Phantastischer Roman, Stuttgart 1908; Wenn der Schläfer erwacht, Minden i. W. 1906. Vgl. *Maurice Renard*, Der Doktor Lerne. Ein Schauerroman, München 1909.

[116] Weltuntergang, Pygmalion, München 1902.

Es dorrt ein Baum, doch weit vom Stamme fällt
Ein winzig Körnlein nieder, lebt und wächst,
Und neu beginnt ein neuer Lebenskreis.

Diese bewahrende und entwickelnde Macht, die geheime Kraft der Präformation oder der alte Glaube an die Evolution ist die erste Erleichterung, die den Menschen *Nietzsches* „von rückwärts" stützt.

Aber auch „von vorn", von der Zukunft her konnte die Spannung erleichtert werden. Fausts immer reinere Tätigkeit läßt ihn Erlösung finden, aber von oben hilft die neigende Liebe, die ihn hinanzieht. Dies Bewußtsein des Höheren, seis „Idee" oder „Imperativ", hatte den Gang des idealistischen Menschen gesichert, ohne dieses höhere Erbarmen wäre er im Abgrunde verzagt. Der dionysische Mensch hat Gott getötet, aber von neuem verwandelt sich die Leere vor ihm in ein geheimnisvolles, zugleich lockendes und bergendes Mysterium, der Heroismus, der die Wiederkunft nur um der Erhabenheit ihrer Konzeption willen erträgt, wandelt sich in die Hoffnung, daß jenseits der endlosen Schöpfungen und Untergänge ein Ort sei, wo sich das Schöne erhalte, wo die Gestalt sich verewige: „Où vont nos pensées? Elles vont dans la mémoire de Dieu."

Dauthendey sieht das Phantom der ewigen Wiederkehr:[117] „Die Tage lassen keine Spur",[118] aber immer wieder[119] sucht er nach dem Ort, wo die Liebe überdauert und sich verewigt.

Der Menschen Kartenhäuser leicht ein Blitz umweht,
Doch ihre Sehnsucht wandelt fort, kein Tod die Sehnsucht niedermäht.[120]

Rilke ist der Sehnsüchtige, der in allem diesen archimedischen Punkt außerhalb der Verwandlungen gesucht und in den „Elegien" von ferne erblickt hat.

[117] *Max Dauthendey*, Weltspuk. Lieder der Vergänglichkeit, München 1910, 126.
[118] Ebd., 69.
[119] Ebd., 72, 76, 83, 113.
[120] Derselbe, Lusamgärtlein. Frühlingslieder aus Franken, Berlin und Stuttgart, 1909, 114.

Aber auch *George*, der größte Verkünder des „Kairos", läßt eine tiefere Metaphysik ahnen. Zwar scheint sein „Stern des Bundes" in kleinern Dimensionen die kosmisch-transzendentale Weltdichtung *Dantes* in die Immanenz *Nietzsches* zu übertragen, *Dante* ähnlich bis in den äußeren Bau, die hundert Gesänge, die Dreiteilung. Das erste Buch überträgt die Hölle ins Historisch-Gegenwärtige. Denn mit *Dante*schen Farben und in eschatologischen Symbolen ist die Zeit gesehen und mit Mitleid und Verachtung die vergeblichen Bemühungen der Verlorenen, ihr zu entrinnen. So entspricht die Läuterung des zweiten Buches dem Purgatorio, die Entfaltung des Neuen Reiches im dritten dem Paradiso. Und wie Beatrice auf der Höhe des Fegefeuers, erscheint am Ende des zweiten Buches eine Gestalt, zum Reich hinüberleitend, die wie jene zwischen dem Irdischen und Göttlichen schwebt und vermittelt, dem Göttlichen, das sich „der trunkene Herr des Herbstes" nennt. Überall scheinen die transzendenten Mächte in den Menschen verlegt, und das Böse die Ohnmacht zum Guten, oder, wie bei *Nietzsche*, die selbstgeschaffene Schranke zu sein, an der das Leben wächst.

Schilt nicht dein leid du selber bist das leid . .[121]
Schweigt mir vom Höchsten Gut: eh ihr entsühnt
Macht ihr es niedrig wie ihr denkt und seid . .[122]
So will der fug: von außen kommt kein feind . .
Wird er bedurft müßt ihr aus euch ihn schaffen
Im gegenstoß versieht er seinen dienst.[123]

So ist es, entsprechend dem dionysischen Mythos, nicht das Wissen, sondern der Zauber, der Verwandlung und Erlösung schafft.

Wer schauen durfte bis hinab zum grund
Trägt ein gefeiter heim zu aller wohl
Den zauber als Begehung und als Bild.

[121] *Stefan George*, Der Stern des Bundes, a. a. O., II, 5.
[122] Ebd., III, 6.
[123] Ebd., IX, 3.

Bringt er nur zeichen: tilgt er sie und sich
Ein übersichtiger dem ein auge fehlt.[124]

Denn Wissen hat sich Wotan um das Auge erkämpft, aber das Wissen reicht nicht an das Geheimnis, das stets entgleitet, wo es in Worte geprägt wird.[125] Besitzt einer es aber, so wird er unverwundbar, im Hinweis auf den Zagreus-Mythos sagt *George*:

Bangt nicht vor rissen brüchen wunden schrammen,
Der zauber der zerstückt stellt neu zusammen.[126]

Aber nicht dies ist der Mittelpunkt der Verkündigung *Georges*, sondern der Kairos, das „wunder dieses jahrs", und von der Fülle des Augenblicks wird der Gedanke des dionysischen Wandels verdrängt. Das Gedicht VIII, 9, redet erst von dem Gesetz des Wechsels, um dann fortzufahren:

Uns bedrückt nicht solches wissen
Unser jahr ist uns die grenze
Unser licht die glut im ringe
Und ihr dienst uns ziel und glück.[127]

Aber hier schon zeigt sich, daß das Apollinische mit dem Dionysischen nicht mehr im Wechsel ist, die endgültige Gestalt nicht transzendiert wird, sondern die Gestalt transparent ist und das Bild des Geheimnisses. Freilich, und dies ist zu merken, nicht *mehr:* der Gott ist nur „der nächste meinem Urbild",[128] und

Die tiefste wurzel ruht in ewiger nacht . .[129]

Dieses Tiefste bleibt unbehebbar, ein Tremendum, mehr als das Grauen. Auch *Nietzsche* war „in den vielen, fernen, entsetzlichen Welten bekannt, von denen ihr nichts wißt". So sagt nun auch *George* noch inmitten der Verklärung des letzten Buches:

[124] *Stefan George*, Der Stern des Bundes, a. a. O., X, 2.
[125] Ebd., II, 7; II, 8; IX, 7; IX, 9.
[126] Ebd., III, 10.
[127] Ebd., VIII, 9.
[128] Ebd., I, 9.
[129] Ebd., I, 7.

Keiner der wahre weisheit sah verriet:
Die menschen griffe lähmendes entsetzen
Den mutigsten vereiste blut und same
Sie brächen nieder wenn vor ihrem blick
Das Andre grausam schreckhaft sich erhübe.[130]

Das „Ganz andere“ der Mystik[131] wird hier zum dionysischen Geheimnis. Aber *George* erhebt sich darüber und verläßt damit die Kreise *Nietzsches*. Das Tremendum ist vielmehr für ihn, wie für *Goethe*, die göttliche Kraft, die im Innern schafft, vor der zwar, als vor dem Ungeheuern, die seligen Knaben sich ängstigen, die aber dennoch die große Güte bleibt, in der der „Erlöste“ sich geborgen weiß:

Und preis die allmacht deren wirbel
Nie DICH zum abgrund reißt.[132]

Dies unterscheidet *George* von *Nietzsche* und *Scheler* und läßt ihn *Goethe* näher stehn: Daß jene über sich nichts haben, daß sie stets Schaffende und Schenkende sind („Nacht ist es; ach, daß ich Licht sein muß!“ „Oh, Unseligkeit aller Schenkenden!“ Zarathustra), *George* aber „von oben“ beschenkt wird, daß er betet und anbetet, daß er „empfangen“ kann.[133] Die Sehnsucht Zarathustras steht zu *George* wie der Durst der Propheten zu dem Neuen Bunde. Eben dies, daß der neue Gott als Gnade empfunden wird, vor der Gedanken schweigen und die Seele betet,[134] weist auf den veränderten Charakter des Absoluten. Diese wunderbare Einheit von Aktivität und Empfängnis, die sich in VII, 1, ausdrückt, ähnelt der Einheit von Tätigkeit und Liebe des Faustschlusses mehr als dem einsamen Schaffen *Nietzsches*, ja selbst die gottmenschliche Einheit *Hegels* steht *George* noch näher. *Nietzsches* Kunst gebiert sich aus dem Geist der Musik: Verwandlung überwiegt die Ruhe. *Georges*

[130] *Stefan George*, Der Stern des Bundes, a. a. O., X, 2.
[131] Vgl. *Rudolf Otto*, Das Heilige. Über das Irrationale in der Idee des Göttlichen und sein Verhältnis zum Rationalen, Breslau 1917, 17. bis 20. A., Gotha 1929.
[132] *Stefan George*, Der Stern des Bundes, a. a. O., VI, 3.
[133] Vgl. „Gebete“ und „Empfängnis“ im Siebenten Ring.
[134] *Stefan George*, Der Stern des Bundes, a. a. O., VII, 1.

„Form" aber ist im Augenblick ewig, ist Kern und Zentrum wie die Goethes: „der mitte gesetz."[135] „Bleibt nur das Ewige jeden Augenblick gegenwärtig, so leiden wir nicht an der vergänglichen Zeit." So hatte *Goethe* gesagt, ohne zu vergessen, daß dieses Ewige selbst nur im Existieren erfahren wird und in Worte nicht eingefangen wird: „Das Höchste, das Vorzüglichste am Menschen ist gestaltlos, und man sollte sich hüten, es anders als in edler Tat zu gestalten."

Der geist der bleibt reißt an sich was vergänglich
Er denkt er mehrt und er erhält das Schöne
Mit allgewalt macht er es unvergänglich.[136]

Eine Eschatologie *Georges* läßt sich daher kaum anders als die Goethes denken, wenn man von des letztern Naturspekulation und Evolutionismus absieht. Wie *Goethe* gebraucht er eschatologische Symbole dort, wo er die Zeit richtet: den wiederkehrenden Christ, den Widerchrist, den Weltabend, die Rückkunft der Toten, den letzten Aufruhr der Götter. Aber diese Symbole sind, ähnlich wie für *Goethe*, nur Bilder, um der Kritik Gestalt zu leihen, wo sie aber positiv sind, ist es axiologische Eschatologie: die Unmittelbarkeit des Augenblickes zum Göttlichen, der Kairos, der sie beschäftigt. Freilich ist bei *George* ausschließlicher als bei *Goethe* das eine Leben vom Tod begrenzt, über den hinauszuspähen Vermessenheit wäre.

So bezeichnet *Georges* Gott die zweite Möglichkeit, die Stellung des Menschen zu stützen. Von „rückwärts" hatten dies Präformation und Vitalismus getan, nun begegnete die Sehnsucht einer entgegenkommenden Gnade, von oben geschenkten Form.

Wenn aber auf diese Wege wirklich verzichtet wurde, dann geriet der neue Mythos in dieselbe Dialektik wie der alte, die Dialektik der emotionalen Gegensätze *Werthers, Schillers, Tiecks, Jean Pauls*, in der das leidenschaftliche geliebte Leben sich in die Verfratzung des Todes, das göttliche Universum in

[135] *Stefan George*, Der Stern des Bundes, a. a. O., VIII, 3, vgl. IX, 10.
[136] Ebd., VII, 9.

die Hölle der Einsamkeit verwandelte. *Nietzsche* hat diese Dialektik wohl gekannt:

> Und jüngst noch so stolz,
> Auf allen Stelzen deines Stolzes!
> Jüngst noch der Einsiedler ohne Gott,
> Der Zweisiedler mit dem Teufel,
> Der scharlachne Prinz jedes Übermuths! . . .
> Jetzt –
> Zwischen zwei Nichtse
> Eingekrümmt,
> Ein Fragezeichen,
> Ein müdes Räthsel –
> Ein Räthsel für Raubvögel . . . [137]

Der Übergang läßt sich vielleicht am besten an *[Sigmund] Freuds* „Jenseits des Lustprinzips" (1920)[138] aufzeigen. Die Berührungen der neuen Psychologie mit der Lebensphilosophie sind bekannt, die Neuerweckung von *Carus, Schubert, Bachofen* bezeugt ihrerseits von neuem den engen Zusammenhang zwischen dialektischem und dionysischem Mythos. Das Verhältnis von Unbewußtem und Bewußtsein ist dem von empirischen und transzendentalen Ich, wie dem von Leben und Geist analog. Bewußtsein ist „nicht der allgemeinste Charakter der seelischen Vorgänge, sondern nur eine besondere Funktion derselben", und „muß an der Grenze von außen und innen liegen, der Außenwelt zugekehrt sein und die anderen psychischen Systeme umhüllen",[139] ein „Reizschutz" gegen die einströmenden Affizierungen der Welt und so nicht zu Unrecht jenen „Verkrustungen" des Lebens vergleichbar, die als Geist dem Leben entgegengesetzt sind.

Ohne auf die subtilen Entwicklungen, die *Freud* selbst als reine Spekulation bezeichnet und denen auch er zweifelnd gegenübersteht, einzugehen, sei nur ihr Resultat angegeben: Zunächst

[137] *Friedrich Nietzsche*, Dionysos-Dithyramben, 2, Zwischen Raubvögeln.
[138] In: Gesammelte Schriften von Sigmund Freud, Bd. 6, Leipzig, Wien, Zürich 1925, 190ff.
[139] Ebd., 211.

stellt er neben dem früher als das ursprünglichste betrachteten Lustprinzip einen Wiederholungstrieb fest, verbindet diesen mit allen Ichtrieben, die den Sexualtrieben entgegengesetzt und konservativ, auf die Wiederherstellung des ersten Zustandes bedacht sind. Da aber der Ausgangspunkt des Lebens das Leblose war, können diese Ichtriebe als Todestriebe bezeichnet werden, denen die Sexualtriebe und die potentielle Unsterblichkeit der Keimzellen entgegenwirken. Alles Leben wäre dann nur eine gewaltige, in immer kompliziertere Systeme gedrängte und auf immer weiteren Umwegen den Tod suchende Protuberanz des Leblosen. *Freud* sucht in der Biologie nach Argumenten gegen die Abwegigkeit dieser Gedanken, findet aber auch dort gewisse Analogien zu dieser Todesauffassung. Und „etwas anderes können wir uns nicht verhehlen: daß wir unversehens in den Hafen der Philosophie *Schopenhauers* eingelaufen sind, für den ja der Tod ‚das eigentliche Resultat' und insofern der Zweck des Lebens ist, der Sexualtrieb aber die Verkörperung des Willens zum Leben". (S. 241.) Er weist zum Schluß auf die Teilungstheorie des Aristophanes im Symposion (und ihr Urbild in der Bṛhad-Aranyaka-Upanishad), wo das Verlangen zusammenzuwachsen und das Bedürfnis der Wiederherstellung des ersten Zustandes den Sexualtrieben zugeschrieben wird, so daß auch diese, nur in anderer Weise, dem Drang des Lebens folgten.

Die Ähnlichkeiten des Grundgedankens mit dem des Pessimismus ist unverkennbar. *Mainländer* hatte gesagt: „Die chemische Idee will den *Tod*, kann ihn jedoch nur durch den Kampf erlangen, und deshalb lebt sie: sie ist in ihrem innersten Kern *Wille zum Tode*."[140] Der Gang der Idee geht in der Tat „vom Himmel durch die Welt zur Hölle", wenn anders diese letzte als das reine Nichtsein gefaßt wird. Dies besagt für den dionysischen Mythos: Wenn das Leben das Unendliche und Amorphe ist, so gehen die Gestaltungen, die aus ihm aufsteigen, zugrunde, jeder Schöpfung ist ein Untergang gleichzeitig, jedem Auftauchen ein Untertauchen.

[140] *Philipp Mainländer*, Die Philosophie der Erlösung, I., a. a. O., 330.

Die Liebe der Menschen heftet sich dann allein noch an die herrlichen Gestalten und die Farben der aus dem Schwarz auftauchenden Blasen (wie für *Nietzsche* die Welt nur ästhetisch zu rechtfertigen ist) und überdeckt den grauenhaften Grund mit Schweigen. „[Olympischer] Frühling“ von *Carl Spitteler* hat dieses Weltbild am vollendetsten ausgeprägt. Erwachen und Aufstieg der Götter aus dem finstern Erebos ins Reich des Lichtes und das Sinken der anderen Waagschale, den Sturz der Mächtigen des verflossenen Aeons: in ewiger Wiederkehr. In diesem reifen Werke ist der kosmische Hintergrund alles Lebens bereits in tiefster Resignation im furchtbaren Bilde des „Automaten“ begriffen, der sinnlos und tosend im Kreise stampft und das erblühte Leben wieder vernichtet. Hinter ihm hat sich Ananke, die Notwendigkeit, verschanzt, um die lästigen Fragen nach dem Sinn des Daseins abzuhalten. Darum sind nur noch drei Haltungen möglich: Der Tanz Aphrodites über dem Abgrund, der Haß Heras, die sich um jede Hoffnung betrogen sieht, oder der würdige Trotz des Herakles und sein Mitleid mit der Kreatur. Frühere Werke jedoch wagen sich näher an Ananke heran und suchen nach dem Sinn dieses Weltgrundes, nach dem Ursprung des Übels und den Möglichkeiten einer Eschatologie.

Schon der zweite Entwurf des jugendlichen Dichters versuchte einen eschatologischen Mythos zu gestalten: „Atlantis“. *Spitteler* sagt darüber: „Der bekannte Sagenstoff von einem im Ozean untergehenden Erdteil. Meine Behandlung des Stoffes war folgende: Die Voraussicht des nahenden Unterganges versetzt die Menschheit in einen ekstatischen und orgiastischen Seelenzustand, nicht sinnlicher oder frivoler Art, wie in Pestzeiten, sondern umgekehrt: Es erfolgt eine allgemeine Erhebung und Vergrößerung der Stimmung. Alles Kleinliche, zum Beispiel Stand und Rang, fällt dahin, es erfolgt ein täglich sich erneuendes und stetig sich steigerndes Fest der Liebe ...“ So hatte *Nietzsche* gesagt: „Wichtig nehmen wir alle das Sterben, aber noch ist der Tod kein Fest.“ Dieses Motiv wird später in den „Balladen“ ([1896]) in das Sterbefest zusammengedrängt, die Atlantisidee fallen gelassen und dafür (als Ausdruck des Wiederkehrgedankens, aber auf Kosten der Natürlichkeit) ein periodisches Sterben der Menschen angenommen, auf das sie sich durch das Fest der Verbrüderung und Liebe vorbereiten. Dieser erste Versuch, dessen Interesse sich noch lediglich an die „Psychologie des Weltendes" ohne metaphysischen Ausbau knüpft, zeigt schon in vollem Maße die Differenz des dionysischen Weltgefühls gegenüber dem des Idealismus. Wird die Haltung dieser Menschen im Angesicht des bevorstehenden Endes mit derjenigen des Volkes verglichen, dem der Nachtwächter Bonaventura das ausbrechende Gericht verkündet, so wird klar: In der Romantik erweckt der tragisch-ironische Zwiespalt zwischen dem geistigen Ziele der Menschheit und ihrem wirklichen Zustand ein vernichtendes Ohnmachtsgefühl; bei *Spitteler* indes erhebt sich der Mensch als die Spitze der Welt im Augenblick der Rückkehr ins Chaos zu übermenschlicher Größe, ohne jedoch die Möglichkeit zu besitzen, vor einem anderen Zuschauer als sich selbst groß zu sein.

In den „Extramundana" (1883) vollzieht *Spitteler* die Wendung von der psychologischen zur metaphysischen Deutung des Endes, der Welt überhaupt. In immer neuen mythischen Bildern soll das Verhältnis der Natura naturans und naturata ausgedrückt werden. Nach seiner Aussage bilden auch die entworfenen kosmogonischen Mythen nicht den Inhalt des ganzen Planes: „Ich hatte mir eine Reihe von Möglichkeiten in der Phantasie ausgedacht, wie ein Dichter die Weltentstehung und den Weltuntergang mythisch darstellen könnte: 63 über Weltentstehung, später sollte dann ein Gegensatz kommen: Mythen über den Weltuntergang." Das eigentlich eschatologische Werk *Spittelers* blieb ungeschrieben, die ganze Welt der „Extramundana" ein Übergang zu Dichtungen, die den hier nicht immer glücklich verbundenen Haltungen von ernstem Pathos und schmerzlicher Ironie reineren Ausdruck verleihen und aus den bunten, von allen Religionen und Völkern entlehnten Mythen immer klarer den eigentlich dionysischen Mythos abstrahieren sollten. Zunächst steht also das kosmogonische Problem im Mittelpunkt, mit dem sich die Theodizeefrage verbindet und [das] mit einer an *Strindberg* gemahnenden Leidenschaft gestellt wird.

Welche Bosheit hat uns hintergangen,
Daß wir um ein schmerzenvolles Dasein
Möchten tauschen die geliebte Heimat?

„Die Weltenkugel“ und die „Kosmoxera“ legen das Übel in die Materie: Satan hat die Welt mit Unrat gefüllt, Gott sie verstoßen und mit seiner Lanze durchbohrt. Der Mythos von der „Weltlaus“ faßt, in überraschender Ähnlichkeit mit den entwikkelten Gedanken *Freuds*, das Leben als ein sich millionenfach vermehrendes Ungeziefer, eine Krankheit der leblosen Materie. Zugleich eschatologische Bedeutung gewinnt das Problem in dem bedeutendsten der Mythen: „Der verlorene Sohn“. Eine der drei Personen Gottes ist auf der Weltwanderung vor Erschöpfung umgesunken und von Weltenwüstensand bedeckt worden. Im Grabe stöhnt sie und ringt nach Erlösung. Leben sproßt aus ihr und befruchtet die Erde. Diesen Gedanken durchkreuzt ein zweiter, wie *Spitteler* zugibt, nicht ganz harmonisch. Der Gedanke einer immer weitern Auswanderung der Kinder jedes Geschlechtes, die immer tiefer in die Wüste geraten,

Und an einer schlimmern Schmerzenshöhle
Gründen eine neue liebe Heimat!
Wo die Jungen vor der großen Trauer
Werden tragen nächtlich schwarze Kleider.

Man erinnert sich der pessimistischen Geschichtsphilosophie in *Platons* Politeia, wo die Staatsformen allmählich von der höchsten monarchischen zu tiefsten, tyrannischen zerfallen. Einer solchen zeitlichen Entwicklung scheint die des vorliegenden Mythos vergleichbar zu sein, viel eher als dem überzeitlichen Prozeß einer neuplatonischen Emanation, in welcher das „’Ev“, der ewige Urquell auch ewig neue Kraftwellen aussendet, die an den fernen Ufern des Nichts anschlagen. Die ganze Welt verliert sich bei *Spitteler* in die Sackgasse des äußersten Leides, in der sie nicht weiter kann. Dann wird, nunmehr in Analogie mit dem Perioden-Mythus von Platons „Philebos“[141] und damit

[141] Vgl. *Isolde Kurz*, Zukunftsgedanken, in: Gedichte, a. a. O., 138-140. „Müßt die Last nicht ewig tragen, Denn im Kreise geht die Bahn: Hat die Zeituhr ausgeschlagen, Fang’ die Urzeit wieder an.“ (140).

dem dionysischen näher, Ajescha, „die Gottheit in Person einer himmlischen Frühlings-Jungfrau“ über die Welt schreiten und alle die traurigen Gräber der Wüste eins nach dem andern öffnen, und die allgemeine Umkehr, die Apokatastasis hapanton stattfinden.

> Wenn nun auch dies letzte Grab erbrochen,
> Ziehn wir rückwärts nach dem Freiherrnschlosse;
> Von dem Freiherrnschlosse nach der Altburg,
> Von der Altburg nach der Himmelsheimat ...

Diese Rückkehr deutet auch die Humoreske „Die Algebristen“ an:

> Doch besteht uns eine kleine Hoffnung,
> Daß wir dann die Welt vernichten,
> Rückwärts rechnend, mit gebrochnen Zahlen,
> Ziehn den differenten Integralen.

Diese restitutio in integrum, wie sie *Plotin* und *Scotus Eriugena* schildern, kennt auch die Eschatologie der Inder als Theorie der Weltperioden (Kalpa) wie es hier *Spittelers* Eigentümlichkeit ist, zwischen dem Weltbild *Plotins* und dem der Samkhya-Philosophie zu schwanken. An die letztere erinnert völlig der Mythos von Propheten und der Sibylle. Gott und Natur (Puṛusa und prâkṛti) stehen sich seit ewig gegenüber: Gott ohne Bewußtsein, die Natur in Liebe zu ihm entbrannt. Die Lieder der Sehnsucht gehen von einem zum andern. Er erwacht, und ihre Vereinigung ist Erfüllung und Weltende.

Mehr platonisch ist der Mythos „Lucilia“, wo Lucilia gleich der Minerva in *Goethes* Prometheusfragment die Welt mit den Wassern des Lebens tränkt. Zu beiden Systemen, die beide in der Materie das Böse, Mâyâ sehen, steht ein drittes in Widerspruch, das die eschatologische Verklärung der Materie, des Leibes annimmt. Darauf deutet das „Antithema“.

> Nicht in Geist wird einst die Welt sich wandeln;
> Würde sie in Geist sich wieder wandeln,
> Wär umsonst die Müh des harten Daseins.

Sondern, daß vielleicht aus festen Körpern
Einst in vielen tausend Weltenjahren
Uns gedeih ein lebenskräftiges Stark-Glück:
Dies ist unser Ziel und unsre Hoffnung.

Die theoretischen Widersprüche dürfen nicht gelöst, sondern nur aufgezeigt werden. *Spitteler* selbst, der das ganze Werk als „abstrakt und abstrus" verwarf, anerkannte sie, wollte aber „die Poesie als seine einzige Führerin und Richterin" betrachtet wissen. Die sich wandelnde Auffassung der Eschatologie hängt in diesen Mythen durchaus von der jeweiligen „Protologie" ab, d. h. von der Auffassung der Urschuld und des verderblichen Prinzips. Doch zeigt sich hier schon *Spittelers* spätere Abneigung, den Prozeß der Welt moralisch zu deuten und sein Mißtrauen gegen eine Geschichtseschatologie, die dem letzten Akt eines Rührstückes gleicht.

Dachte Polytecteles der Pfuscher:
Jegliche Vollendung ruht im Drama,
Weil man da die innere Entwicklung
Und das Schicksal und den Wert der Unschuld
Kann vor Augen stellen und beweisen,
Daß der Himmelsbürger nach dem Schauspiel
Selbstzufrieden sich zu Bette legt;
So geläutert durch die Seelenspannung,
Als erhoben von der Sünden Strafe.

Es ist die Abneigung *Nietzsches* gegen die Verquickung von Moralität und Fortschrittsenthusiasmus, die auch *Jacob Burckhardt* teilt: „Das große Unheil ist im vorigen Jahrhundert angezettelt worden, hauptsächlich durch Rousseau mit seiner Lehre von der Güte der menschlichen Natur." „Die einzige denkbare Heilung wäre: daß endlich der verrückte Optimismus bei Groß und Klein wieder aus den Gehirnen verschwände."[142]

Spittelers „Extramundana" sind noch nicht der Ausdruck einer geklärten Weltansicht; gegenüber *Nietzsches* Bejahung des

[142] *Jacob Burckhardts* Briefe an seinen Freund Friedrich von Preen, 1864-1893, Stuttgart und Berlin 1922, 35f.

Lebens beginnt in ihnen aber der Pessimismus, als die Nachtseite des dionysischen Mythos überhand zu nehmen, wiewohl der Weltstoff noch, meist als eine unerfreuliche Mischung des Schlimmen und Guten betrachtet wird:

Bittersüß ist die Welt und ihr Gleichnis, die Seele. *(Borchardt.)*

Ähnlich verhält es sich in dem grotesken, in Form und Inhalt den „Extramundana", besonders dem „Weltbaugericht", sich nähernde Gedichte „Weltgericht" von *Isolde Kurz.*[143] Auch hier heißt es von der Welt: „Ein mächtiges Fragment ist sie – Voll großer Intention", aber es fehlt ihr der letzte Pinselstrich. Der pedantische Teufel als Kritiker verdarb dem Herrn die Schöpferlaune. Gott Sohn will die Welt vollenden, geht auf die Erde und stirbt aus Liebe zu den Menschen. Allein es fruchtet nichts. Vater und Sohn beschließen daher, die Welt zu zerstören. Das Getöse des Unterganges weckt den heiligen Geist, der nun, nach *Hegel*, beweist: „Was ist, das muß vernünftig sein."

Doch weil, was nun so lang sich dreht,
Beweist, daß es zu Recht besteht,
So mag sich's weiter drehen . . .
Ihr könnt's nicht korrigieren.

Unter dieser skurrilen Form verbirgt sich die tiefe Weltliebe zu allem Gewordenen, wie sie auch *Spitteler* eignet. Davon zeugt ihr Gedicht: „Am Jüngsten Tag". Die Liebe selbst zum Tragischsten in der Welt läßt sich nicht verführen, in eine harmonische Hinterwelt hinüberzugehen. Iwan Karamasow weist das Eintrittsbillett zur ewigen Seligkeit zurück, das durch die Leiden der Erde erkauft ist.

Eine wendet sich zur Seit',
Will nicht sehn noch hören:
Zu verschlafen Erdenleid
War zu kurz die Ewigkeit;
Laß dein Kind nicht stören.

[143] In: Gedichte, a. a. O., 148-160, bes. 151, 159, 160. Die Form beider Gedichte weist übrigens auf Goethes Knittelvers, zumal den „Ewigen Juden", zurück.

Es ist dasselbe Motiv, das *Heine* verwendet hatte. Aber dort war das Grab noch grauenhaft, das Verschlafen der Auferstehung Ausdruck der Angst und des verzweifelten Unglaubens. Hier ist aber eine Versöhnung mit dem Leiden der Welt erreicht, die erst aus dem Ethos der dionysischen Weltanschauung erklärlich wird.

Doch erscheint schon bei diesen, in der Wertung des letzten Grundes der Welt unentschiedenen Werken ein großer Abstand zur Lebens- und Weltekstase der früher betrachteten. *Spitteler* aber schreitet weiter. Die vordergründige, verwirrende Buntheit des „Olympischen Frühlings“ ließ den düstern Hintergrund mehr ahnen, als erkennen. Sein letztes Werk aber, „Prometheus der Dulder“ (1924), ist mehr als jedes frühere auf die letzten ethischen und weltanschaulichen Normen hin gebaut. Das Spiel der bunten Mâyâ verblaßt, der Schleier ist weggezogen und der schwarze Weltgrund erscheint nackt und furchtbar. Der Schöpfer ist hier nicht mehr Ananke jenseits von Gut und Böse, sondern – noch energischer als der Gott des ersten Prometheus ethischen Kategorien unterstellt – ein Sünder, der die beschworenen Geister nicht mehr bannen kann. Wie der Malchus-Ahasver der spätmittelalterlichen Sage:

Jahraus, jahrein in ruheloser Füße Flucht
Tritt endlos er auf einem nämlichen Geleise
Um einen selben Mittelpunkt die gleichen Kreise.
Eh daß des wilden Weltenwirbels Kreisel steht,
Eh daß der letzten Klage Laut im Raum verweht,
Eh daß der letzte Haß im Aug des letzten Bösen
Vergrinst, gibts keine Macht, kein Mittel, mich zu lösen.

Epimetheus, der seine Seele gegen ein fremdes Gewissen verschachert hat (nach *Schelers* Wort: „Um etwas von Schutz und Hilfe ‚hinter sich‘ zu bekommen“), wird König, Prometheus, der seiner Seele treu bleibt, in Finsternis und Einsamkeit geschleppt, wo er in langem Dulden langsam reift. Die ferne Seele gaukelt ihm utopische Bilder der Zukunft vor:

Der Glaube hat erzählt, die Hoffnung hat vernommen,
Dereinst am Schluß des Weltlaufs wird die Stunde kommen,
Da wird von einem bessern, edlern Stoff, befreit
Von Schmerz und Qual und roher Körperwirklichkeit
Das sämtliche vergangne Erdenweltgeschehn
Geläutert und verschönert wieder auferstehn ...

Und als nach endlosem Warten an den fast Zerbrochenen der Ruf ergeht, die Welt aus der Verwirrung zu retten, da kann die gesammelte Kraft vollbringen, was keiner vermochte: Den kranken Gottesknaben, das Göttliche in der Welt, zu heilen. Alles in diesem Epos ist in höchster Zucht auf den einen Gedanken hingebaut, daß ein einziges Ethos dem unendlichen Leid der Welt gemäß ist: jenes nämlich, das im äußersten Schmerz das „ideale Ich" die „Göttin Seele", die „Deitas" *Schelers* nicht preisgibt, jenes, mit dem am Ende des „Olympischen Frühlings" Herakles zu den Menschen hinabgeschritten war. Damit ist in der Tat die „Stellung des Menschen im Kosmos", die *Nietzsche* und *Scheler* ihm gaben: „Zwischen zwei Nichtse Eingekrümmt, ... Ein Räthsel für Raubvögel", zum eindrucksvollsten Bild geworden.

Ähnlich steht „der göttliche Dulder" Odysseus in *Albrecht Schaeffers* Dichtung[144] der ewigen Wiederkehr des Gleichen gegenüber. Milder, mit der Geste unendlicher Sehnsucht, ist hier gesagt, was dort herber von der Spaltung in die bunte Welt des Olymp und das schaurige Schwarz des Automaten verkündet ist. Bei *Spitteler* das stille Sammeln der prometheischen Kraft, hier das unendliche Ausgegossensein über alle Länder und Meere, das ewige Weiter des pflügenden Schiffers, hinter dem sich die Wellen schließen, und endlich, als er zum Lethe gelangt, das Sträuben, das den Schmerz mehr liebt als das Vergessen. *Spitteler* und *Schaeffer* brauchen den Mythos der Kirche als Sinnbild für die ewige Wiederkehr: unlösbare Verzauberung. Doch über dem Ganzen liegt als gewaltigstes Symbol allen Geschehens: das Meer, das „langsam immer wieder schwoll ... "

[144] Der göttliche Dulder, Leipzig 1920.

Zusammenbruch, und rasselnd dumpfer Sturz, und schon
Erhob sichs wieder, rollte, schwoll und stürzte um ...
... Es war Dasein, weiter nichts.

Eine letzte Schau öffnet dem Seher den Olymp der sorglosen Götter:

Von Osten aber fegte ein Posaunenstoß
Zornigen Donners: Schicksal! schreiend durch die Welt,
Und wie ein leichtes Halmefeld, in ihrem Schein
Vornüber sank der Seligen Häupterschar,
Und tief gebeugt verharrend sie entschwand.

Es ist dieselbe Trauer, wie sie in den mythologischen Gedichten „Elysium" *Rudolf Alexander Schröders* lebt. Das Reich des Hades: das wesenlose und schattenhafte Nachspiel des Lebens überhaupt wird zu einem der wichtigsten Symbole der dionysischen Eschatologie. Die nächtige, regnerische Tiefe, aus der die Götter *Spittelers* aufsteigen, in die sie zurücksinken, muß verglichen werden mit der Nekyja in *Schaeffers* Odysseus, mit dem Elysium *Schröders:* Bei *Spitteler* und *Schaeffer* ist das Land hinter Lethe der Hölle ähnlicher als einem Orte der Seligen – der Tod wird zum Trank aus dem auslöschenden Fluß des Vergessens. Wie Odysseus zögert, ehe er trinkt und die Süßigkeit der durchfahrenen Bahn noch einmal sieht, so bitten die Seelen bei *Schröder* den Charon:

Wir zittern alle, Herr, ein dürrer Schwarm im Winde,
Sei, da du selig bist, der Seelen Not gelinde.
Gib uns die karge Frist. Ein Lächeln deiner Brauen
Gewähre uns die Gunst, noch einmal umzuschauen
In jenes süße Land, des Sterne uns versinken.
– Da winkt der goldne Stab; und alle müssen trinken.

Es ist aber auch nicht die Qual, die ihnen bevorsteht, sondern die Entleerung vom Sinn, von allem Erkennen, allen Grenzen und aller Gestalt, oder, wie im „Eupalinos" *Valérys*, in *Borchardts* „Grabschrift der Schwalbe",[145] ein Verblassen des farbi-

[145] In: *Rudolf Borchardt*, Vermischte Gedichte, Berlin 1924, 26.

gen Lebens, ein Schicksal, das am ehesten dem vergleichbar wäre, an das die ungestalteten Seelen für *Goethe, Fichte, Rothe* verfallen. Aber hier sind alle diesem Gesetz untertan, und nichts kann die Person wahren.

So kreist die Mannigfaltigkeit der Mythen um den einen Mittelpunkt: das dionysische Geheimnis. Freilich läßt die Weise, in der neuerdings die Mythik neu erweckt wird, wenn sie auch von den geschmacklosen Kompilationen, von denen ein Ahasver-Kapitel handeln müßte, entfernt ist, neue Bedenken an der Fruchtbarkeit solches Unternehmens wach werden. Es gibt keine Gemeinschaft der Erinnerung, hatte *Kierkegaard* gesagt, *Nietzsche* aber die Gemeinschaft der Kultur und des Lebenskreises zur Voraussetzung einer neuen Mythik gefordert. Wenn jedoch das Sagengut aller Völker der Willkür von Mysten, wie sie ein *Pannwitz* und die Schule *Keyserlings* darstellen, ausgeliefert wird, scheinen die Bedingungen zu fehlen und die Bewegung selbst zum Symptom der Dekadenz zu werden.

Angesichts eines Werkes wie der „Völker-Dämmerung" des Spitteler-Nachfahrs *Emil Hügli*,[146] erhalten solche Befürchtungen volle Berechtigung. Hier zieht im Tempel Schiwas das Weltschauspiel in endlosen Kriegen, Zerstörungen, Untergängen an den Völkern vorbei, während zum Schluß Tschandala, die Vertreterin der Menschheit, zwischen den Göttern Jesus, Buddha und Dionysos zu wählen hat und sich für den letzten entscheidet, mit dem vermählt sie den „neuen Menschen" zeugen wird.

Von dieser Gefahr weiß freilich *Josef Wincklers* „Irrgarten Gottes oder die Komödie des Chaos";[147] aber gerade das Wissen um den unaufhaltsamen Untergang drängt den Dichter, sich aller Schätze an Bild, Gestalt und Legende zu bemächtigen, alle Mythen heidnischer und christlicher Zeit heranzuziehen, um das eine furchtbare Erlebnis auszudrücken: den Tod Gottes und die Sinnlosigkeit der Welt.

Faust: „Wer wird begraben? Wen schleppen wir alle hin?"
Mephisto: „Dies ist das ewige Begräbnis Gottes in der Welt . .

[146] Leipzig 1926.
[147] Irrgarten Gottes, Jena 1921.

Nach seiner Fäulnis riecht jahrtausendelang die Welt
Und dennoch schleppt die Menschheit, nie von ihr befreit,
Gottes Leiche ruhlos bis in Ewigkeit.“ (17).

Gott ist in sein Werk verloren und verstrickt und unerlösbar wie *Spittelers* Demiurg, ein Dionysos, der selbst unter Ananke steht.

Gott ist noch selber Unhold, der nach Erlösung schreit.
Darum muß er schaffen, zerstören, schaffen, zerstören,
fort, fort, fort. (18)
Christus, Pan, Ahasver, Meister nenne mich:
In jedem offenbar ich dir ein andres Stück –
Ich bin Proteus – Geist der Welt.

Ein Müllwagen kreischt durch die Welt und sammelt die zerfressenen Ideale (29). Oder: die Welt als eine ewig pendelnde Uhr ohne Zifferblatt (33), ein Karussell der Wanderungen und Schiffbrüche.

Aber keine Küste, nirgendwo zerschellt
Mein Kahn. (32)

Daneben das fieberhafte Treiben der Erde, der Technik, das doch ziellos und ohne Sinn bleibt:

Ist eine Stunde vor Weltuntergang, und muß im Flug
Viel Werk noch fertig, eh der grause Richter naht?
Tobt immer noch der Babel-Unruh nicht genug?

Nietzsche hatte gesagt: „Ich habe im vierten Akt alle Götter getötet, was soll jetzt im fünften folgen?“ Nun müsse er wohl über die komische Lösung nachdenken. *Winckler* beschließt seine tragische Komödie mit einer „metaphysischen Burleske“: Saturn versteigert die Welt:

Die ganze Welt samt allem Hausgerät
Als Nachlaß Gottes! Kirchen-, Weltgeschichte
Mitsamt dem Himmel und der Trinität . . .
’ran Herrschaften, kauft, kauft, kauft! Attraktion!
Und feilschte wie der Billige Jakob auf der Auktion.

Nachdem sich aber kein Käufer fand und Saturn die Sache schon aufgab, ersteht sie sich der alte Momus, der Gott des Spotts.

Dies ist das Ende des „neuen Mythos", der völlige Ausverkauf dieser wertlos gewordenen, jedermann käuflichen Güter. Es ist die Kehrseite auch jener ekstatischen Philosophie des Lebens und der Beweis, daß die Menschen in ihrer heutigen Not der von *Scheler* geforderten Haltung nicht gewachsen sind und den werdenden Gott nicht, zumindest noch nicht ertragen können.

Wenn aber die Menschheit noch so sehr nivelliert und in Atome zerspalten ist, so ist ihr doch gerade diese Not heute das Gemeinsame, und aus dieser Gemeinsamkeit hat sich etwas wie ein Mythos losgerungen, der freilich in seiner Schrecklichkeit wie ein letzter Schrei verklingt: Der Mythos von Gericht über den Schöpfer. Zum ersten Male klingt er aus in *Quinets* „[Ahasverus]" ([1834]), wo beim Jüngsten Gerichte die Völker den Schöpfer höhnen. So ähnlich heißt es bei *Bert Brecht* im dritten Mahagonnygesang: Gott kommt nach Mahagonny, um zu richten und die Menschen zur Hölle zu schicken. Aber sie höhnen:

An den Haaren kannst du uns nicht in die Hölle ziehen,
Weil wir immer in der Hölle waren.

Und ähnlich heißt es bei *Strindberg:* („Das tausendjährige Reich"): „Übrigens wenn es (das Gericht) kommt: Schlimmer als wir es im Leben gehabt haben, kann der Tod es uns nicht bieten. Ich habe immer gefunden, wir sind in der Hölle gewesen." *Mainländer* hatte gesagt: „Das Leben ist die Hölle"[148] und *Nietzsche* selbst die Ewigkeit verflucht:

„Fluch, Fluch dem Schlunde
Der Ewigkeit!"
Welt – ist von Erz:
Ein glühender Stier, – der hört kein Schrein.[149]

[148] Die Philosophie der Erlösung, I., a. a. O., 216.
[149] Lieder des Prinzen Vogelfrei, Rimus remedium, in: Nietzsches Werke, Taschen-Ausgabe, Bd. VI, Leipzig 1922, 383.

Winckler leiht endlich der Verzweiflung, nachdem im leeren und stummen Raum der Schrei der Kreatur ohne Antwort verhallt war, diesen Fluch:

In diesen Abgrund, der bald voll geschwolln,
In den wir am Tage der Verzweiflung Ihn ertränken wolln . . .
Hinab, hinab mit Hohn und Racheruf,
Der *das* erschuf.

Auch die Philosophen des werdenden Gottes, *Scheler* und *Ernst Bloch*, erwägen den Gedanken: „Gott könnte vereitelt werden – das wäre das letzte Gericht über ihn."[150] Endlich verdichtet sich diese Vorstellung in *Spittelers* letztem Epos zur perversen eschatologischen Szene, die zugleich das Gericht des dionysischen Mythos über sich selbst ist. Bevor die Göttin Seele ihren treuen Diener verläßt, verkündet sie ihm das letzte eschatologische Mysterium, das zu tragen der Leidende nun stark genug sein muß:

Allein am jüngsten Tage, der geschehen mag,
Am Tage des Gerichts, am Allerseelentag,
Wenn durch den Schöpfungsgraus der Schrei
　　„Erlösung" läutet,
Die Pest des Daseins heilt, die kranke Welt sich häutet, . . .
Und rings im ungeheuren Raum, von Weltstoff rein,
Nichts übrigblieben als der Schöpfer Gott allein –
Dann werd ich alle Seelen, die auf Erden je
Gelitten Leibeslebensnot und Todesweh,
Um mich versammeln und in langen Reihenschnüren
Vor ihres Peinigers erbleichend Antlitz führen:
„Halt da! Jetzt stehst du Rede! Flucht wird dir
　　　　nicht glücken!"
Und werd am Arm ihn packen und zu Boden drücken:
„Sieh da die Opfer deiner Schöpfung! Sieh sie

[150] Vgl. die in ihren Voraussetzungen auf solche Weltansicht ruhende Skizze Das jüngste Gericht von *Franziska Gräfin zu Reventlow*, in: Gesammelte Werke. In einem Bande, München 1925, 1011-1022; erstmals erschienen in: Simplicissimus. Illustrierte Wochenschrift, Jhg. 1, Nr. 41 (9.1.1897), München 1897, 2f.

Gekommen, dich zu richten. Erstens auf die Knie!"
Dann zu den Seelen ruf ich: „Euer Urteil weist!
So grüßt doch euren Schöpfer! Dankt ihm! jubelt! preist!"
Doch siehe da die Seelen sich im Kreise wenden,
Den Weltraum mit den Augen prüfen aller Enden,
Und wenn kein Leben mehr zu schauen um und um,
Nichts als der körperlose Luftraum, tot und stumm –
Vermag ein schaurig Murren, grollend aus den Reihen,
Zu dem am Boden: Geh und ziehe! Wir verzeihen.

Karl Kraus hat diesem Gedicht ein anderes, ebenso „perverses" entgegengestellt in seinem Nachspiel „Die letzte Nacht",[151] den Versuch einer Kontrafaktur des Jüngsten Tages durch eine tollgewordene Menschheit – bis Gott der lächerlichen Szene durch einen Steinhagel ein Ende bereitet und über dem Schweigen des Todes seine Stimme spricht:

Ich habe es nicht gewollt.

Auch *Spittelers* und *Wincklers* Gott hat es nicht gewollt, aber aus Ohnmacht, während *Kraus* die ganze Schuld dem Menschen aufbürdet oder den teuflischen Mächten, die ihn zur Selbstvergottung trieben.

[151] In: *Karl Kraus*, Die letzten Tage der Menschheit, 2. A., Wien und Leipzig 1922, 782-792; s. u. das Kapitel 9. Krieg und Apokalypse.

5. Psychologie.

„Magie des Extrems", dies ist das Geheimnis des dionysischen Menschen. Wenn auch der Mythos der Gemeinschaft Ausdruck verleihen sollte, *Nietzsche* und *George* haben die Hoffnung nicht gehegt, das Volk retten zu können, die Größe der Wenigen, Göttlichen, ist ihr Ziel.

Stammlos wachsen im gewühle
Seltne sprossen eignen ranges
Und ihr kennt die mitgeburten
An der augen wahrer glut.[152]

Aus dem Untergang der Kultur sollen sich die wenigen retten: *George* sieht im 4. Zyklus des „Stern", also am Ende des „Inferno", die verloren nach Licht und Lösung Ringenden und führte sie aus der apokalyptischen Zeit heraus. „Es sollen zwei Arten nebeneinander bestehen – möglichst getrennt; die eine wie die epikurischen Götter sich um die andere nicht kümmernd." *(Nietzsche.)* Wie sehr aber die neue Gemeinschaft Geburt aus der Einsamkeit war, zeigten die letzten Ausführungen: Zarathustra und Maximin sind die Kinder der einsamen inzüchtigen Sehnsucht:

Und beinah einer schwester angesicht
Erwiderte dem schauenden ein spiegel.[153]

In dieser Verdopplung des Ich entsteht zugleich eine Welt: zwischen dem am Ziel des Weges aufgestellten Standbild des idealen Ich und dem daraufhin schreitenden „wirklichen" liegt das Leben. Die Bedingung der Möglichkeit solcher Eschatologie, in der das Ich die Welt zwischen seiner idealen und empirischen

[152] *Stefan George*, Der Stern des Bundes, a. a. O., VIII, 4.
[153] Derselbe, Hymnen, Pilgerfahrten, Algabal, 7. A., Berlin 1922, 107.

Gestalt einklammert, liegt natürlich in der Dialektik des Idealismus, der mystischen Identität und ewigen Annäherung, in der Berührung von Pantheismus und Solipsismus. So kann die platonisch-gnostische Lehre der Persönlichkeitsspaltung, die *Böhmes*che Lehre der Einwohnung der Jungfrau Sophia, die das mystische Denken des 17. und 18. Jahrhunderts, *Baader* und noch heute die russische Theosophie beschäftigt, hier zu neuer Bedeutung kommen. Prometheus liebt bei *Spitteler* die Göttin Seele, die Begegnung mit ihr ist der Angelpunkt seiner Geschichte, und um ihrer Parusie willen leidet er das äußerste Leiden: „Von Berg zu Berg ist's ein naher Blick, und was verschlägt das Tal."[154] Nicht anders verfolgt *Nietzsche* das stets fliehende Leben, und erwartet den großen Mittag, an dem Zarathustra die Höhle verläßt. Und solche Zweisamkeit ist auch der Inhalt von *Georges* Vorspiel. Die Gestalt des Engels, der Bote des schönen Lebens, erscheint ihm in der Fülle der Zeit, um ihn in die Einsamkeit zu rufen und alles fernere Leben spielt sich zwischen dem Menschen und seinem Dämon ab.

So ring ich bis ans end allein? so weil ich
Niemals versenkt im arm der treue? sprich!
„Du machst, daß ich vor mitleid zittre, freilich
Ist keiner, der dir bleibt, nur du und ich."[155]

Analogien finden sich im Idealismus: so liebt der Prometheus *Goethes* die Göttin Minerva, die ihm den Lebensquell eröffnet, so sucht im Märchen des *Novalis* Eros die Psyche und so findet in den „Lehrlingen" Hyazinth seine Geliebte, und der letzte Sinn des ganzen idealistischen Systems ist das Sichsuchen und -finden des Geistes. Aber bei *Spitteler, Nietzsche, George* ist das Kosmische durchaus ins Individuelle verengt: deutlich bleibt die „äußere Welt" vom Gehalt des eschatologischen Moments ausgeschlossen: Es ist eine extreme Möglichkeit individueller Eschatologie, die ihresgleichen bisher nicht hatte. Nirgends

[154] *Carl Spitteler*, Prometheus und Epimetheus. Ein Gleichnis, Aarau 1882, 3. A., Jena 1911, 29.

[155] *Stefan George*, Der Teppich des Lebens und die Lieder von Traum und Tod mit einem Vorspiel, 9. A., Berlin 1920, XXII.

freilich ist die solipsistische Folgerung gezogen, aber zu einer solchen drängt ihre theoretische Struktur: *Schopenhauers* Prinzipialkoordination nähert sich ihr vielleicht am meisten: mit dem Ende des Willens verschwände aller Schein der äußeren Welt ins Nichts. *Hartmann* und *Mainländer* übernehmen diese Eschatologie: Mit der Aufhebung des Bewußtseins ist der Jüngste Tag gekommen.

Sowie aber die spekulativ-metaphysische Betrachtung der Lage zu einer Dialektik zwischen einem Pantheismus und einer materialistischen Nachtseite führte, so auch die psychologische: Mochte aus der siebenten Einsamkeit sich eine Göttin, ein Engel gebären, so konnte in diesem Stehen vor dem Abgrund und Nichts aus der Angst sich ein Teufel und Versucher gestalten, wie der, dem Iwan Karamasov gegenübersitzt. Dies führt nun freilich an die Grenzen der Pathologie. Gerade diese aber kennt seit langem ein ausgesprochenes und abgrenzbares „Weltuntergangserlebnis", und wenn es hier auch ferne liegt, solche Erscheinungen unmittelbar zur Interpretation dichterischer Werke heranzuziehen, so lehrt doch ein Blick auf das Pathologische, das oft genug die reine Struktur eines in der Sphäre des „Normalen" schwer deutbaren psychologischen Phänomens aufweisen kann, daß die Übergänge im Quantitativen liegen.

Eine Arbeit von *A. Wetzel:* „Das Weltuntergangserlebnis in der Schizophrenie"[156] schildert uns in der Tat Vorgänge, die in analoger Form in Dichtungen sich wiederfinden. *Wetzel* meint: „Was die Religionspsychologie an besonderen Stimmungen und Gefühlen . . . apokalyptischen Einschlags . . . verarbeitet, das gehört . . . zu einem Teile sicher den Auswirkungen der Schizophrenie an." Das Typische dabei ist eine allgemeine Veränderung der Welt, sei es im euphorischen Sinn als eine Verklärung, die Erwartung einer „höheren Welt" in glücklicher Spannung, sei es im dysphorischen als ein Unheimlichwerden, Fremd- und Grauenvoll-Erscheinen alles Erlebten, als das Nahen einer Katastrophe oder allgemeinen Vernichtung, und dabei das Gefühl

[156] In: Zeitschrift für die gesamte Neurologie und Psychiatrie, 78. Bd., Berlin 1922, 403-428, bes. 411, 410, 407, 427.

einer grenzenlosen Vereinsamung. „. . . die Kranken flehen dann, sie nicht ‚hinauszustoßen', sie nicht ‚in der Öde', in ‚Eis und Schnee' allein zu lassen." Dies alles kann vorsichgehen, ohne daß die sinnlichen Wahrnehmungen verändert wären, „und doch ist alles ‚verändert', . . . so ‚unheimlich' . . .". Das Weltuntergangserlebnis kann primär sein und daran können sich affektive Zustände reihen, oder es kann umgekehrt „als letzte Steigerung häufig inhaltloser, oft auch schon an besondere Wahrnehmungen und konkrete Befürchtungen oder paranoide Einstellungen geknüpfte Angst- und Unruhegefühle" auftreten. Zuletzt wird festgestellt: „Es ist kein Zweifel, daß die akuten Psychosen seit 1918 stärker von der Weltuntergangsidee durchsetzt sind als die früheren." Freilich müsse unterschieden werden zwischen Fällen, wo das Thema „als einfallsmäßig gesetzter Inhalt . . . als Inhalt einer pathetisch verworrenen Verkündigung" auftrete, und solchen „eines besonderen unmittelbaren Erlebens. *Diese letzteren* haben wir vor dem Kriege ebenso gekannt, wie jetzt." Auch wir werden die in Frage kommenden Dichtungen mit dem letzteren Fall vergleichen, wo das Erlebnis völliger Desorientierung in der Welt der Anlaß zu den eschatologischen Phantasien wird. Als ein Prototyp dieses Falles kann das Ende König Lears angesehen werden, der, die tote Cordelia im Arm, in seinem Schmerze so befangen ist, daß er mit seinem Untergang das Weltende identifiziert. *Werfels* Gedicht „Der [rechte] Weg" (in dem Zyklus „[Letzte] Dinge") gibt dieser plötzlichen Befremdung in der eben noch vertrauten Welt den besten Ausdruck:

Verwandelt alles! Tausend Auto jagen, . . .
Die Straßen blitzen endlos, Schnur um Schnur,
Und alle führen, alle, in die Irre.

Es ist dasselbe Erlebnis, das *Max Herrmann* im Gedicht „Weltuntergang" ausdrückt:

Die Gestorbenen begannen unter den Schollen zu wandern,
Nirgends war ein Obdach im Aufruhr der Tiefe gewiß,
Fremd das Gleiche, unheimlich ein Bruder dem andern.

Die Vernichtung begann: durch die Welten
ging mitten der Riß.

Die Unheimlichkeit der Welt steigert die Angst zum Gefühl der äußersten Verlassenheit: „Der letzte Mensch“[157] spricht:

Im Schweigen harr ich wie verbannt,
Nur Traumbild, Schnee und Latern,
Ich bin allein im toten Land:
Der letzte Mensch auf letztem Stern.

So ist auch in dem grotesken Stimmungsbild „Der letzte Mensch“ desselben Dichters der Alltag in die apokalyptische Atmosphäre getaucht: über dem Untergang, der jedoch seltsam unwirklich ist, da er sich in den Geistern vollzieht, während die äußere Welt unverändert bleibt, ruft ein Kind „auf dem Chaos tanzend“ mit dünner Stimme: „Ich bin der letzte Mensch, ich werde glücklich sein.“ Ähnlich in dem „Traum“ *Turgenjeffs* „Das Ende der Welt“.[158] In unsäglicher Beklemmung erwarten die Menschen etwas und wissen nicht, was kommen wird. Plötzlich springt der Knabe ans Fenster und schreit mit derselben kläglichen Stimme: „Seht! Seht! Die Erde ist eingesunken!“

Eine Novelle von *Siegfried Trebitsch*, „Weltuntergang“,[159] zeigt den Übergang einer alltäglichen Neurose in die Psychose: Der Bürger Hilsekil führt ein Doppelleben: Ist er werktags fleißig und gewissenhaft, so ist der Sonntag für ihn eine unheimliche Ausnahme des glücklich eingedämmten Lebens: er wird maßlos, spiel- und genußsüchtig. Ein heißer Sommersonntag verwirrt ihn völlig, blind stürzt er ins Vergnügen und überträgt seinen „Ausnahmezustand“ auf die ganze Welt. Am Rennen verliert er sein ganzes Vermögen, kehrt heim und erwartet den Weltuntergang. Als der Montagmorgen aufdämmert, sieht er sich um alles betrogen und erhängt sich am Fenster. Eine bis in Einzelheiten ähnliche Fabel kehrt bei *Georg Kaiser* wieder („Von [Morgens

[157] In: *Max Hermann*, Einsame Stimme.
[158] In: *Ivan S. Turgenjeff*, Gedichte in Prosa, Insel-Bücherei Nr. 259, Leipzig um 1927.
[159] Berlin 1903.

bis Mitternachts]", 1916), jedoch ohne das eschatologische Motiv so stark zu betonen. *Trebitsch'* Novelle, in Aufbau und Stil zwar keineswegs hervorragend, veranschaulicht in genügender Weise den von *Wetzel* gemeinten Vorgang. Denselben Übergang von der „normalen" Welt in eine neue pathologische, deren Gesetze unheimlich sind und die einem Untergange zustrebt, schildert der Roman „Die andere Seite"[160] von *Alfred Kubin*, wo er bildlich als eine phantastische Reise in ein unheimlich-grauenvolles, dunkles Reich gefaßt ist, das einer inneren Auflösung entgegengeht. Ungeziefer überflutet die Stadt, zernagt und unterhöhlt die Mauern, die Häuser zerbröckeln und auch die Menschen scheinen stufenweise zu zerfallen, bis die untersten Triebe bloßgelegt sind und allein noch herrschen.

In solcher Weise entsteht eine Psychologie des Weltendes, der eschatologischen Zeiten und Zustände. *Kant* hatte die Tiefen des Subjekts in seiner Erkenntnisanalyse zu erforschen gesucht und die Erkenntnis der Romantik, daß der geheimnisvolle Weg nach innen gehe und eine dunkle Welt in den Abgründen des Ich liege, allererst möglich gemacht: hier sollte eine neue Eschatologie sich entfalten. Die Psychoanalyse und verwandte Bestrebungen konnten diese Erkenntnis bestärken, daß das „empirische Ich" nur der kleinste und uneigentlichste Teil des Menschen sei, in den Tiefen und in „seines Innern Wildnis" aber entsetzliche und doch ihm unendlich vertraute Geheimnisse schlummern.

. . . Liebend
stieg er hinab in das ältere Blut, in die Schluchten,
wo das Furchtbare lag, noch satt von den Vätern. Und jedes
Schreckliche kannte ihn, blinzelte, war wie verständigt.
Ja, das Entsetzliche lächelte . . . [161]

In der eigenen Tiefe die Welt entdecken, zugleich vertraut und entsetzlich: dies ist dem neuen Menschen gegeben und damit der Vorstoß zur Kenntnis der „letzten Dinge": einer Vertrautheit mit dem Zustand des Todes, der Toten, wie sie in *Rilkes*

[160] München und Leipzig 1909.
[161] *Rainer Maria Rilke,* Duineser Elegien, Leipzig 1923, 16 (3. El.).

erster Duineser Elegie sichtbar wird und mehr ist als Spielerei und selbst als Einführung: eine Art „Ausrechnen" aus dem psychologischen Wissen, das sich aus den Zisternen des Innern schöpfen läßt. Eine eigentümliche Transzendenz, die derjenigen der Kantischen Idee über die Erfahrung gleicht, läßt mehr ahnen und gestaltlosere Gefühle noch begreifen, als es vielleicht antiken Menschen gegeben war:

> . . . Denn das eigene Herz übersteigt uns
> noch immer wie jene. Und wir können ihm nicht mehr
> nachschaun in Bilder, die es besänftigen, noch in
> göttliche Körper, in denen es größer sich mäßigt.[162]

In diesem Sinn läßt sich eine Psychologie der Auferstehung, des Jüngsten Gerichtes oder eines Weltunterganges begreifen. Erinnert sei aus der Menge solcher Gedichte an die „Sintflut" von *Paul Boldt*,[163] die „Vier apokalyptischen Lieder" von *Julius Maria Becker*,[164] an *Ruth Schaumanns* Gedicht „Am jüngsten Tag",[165] endlich an „Das Jüngste Gericht"[166] von *R. M. Rilke.*

Freilich kommt zum innern Wissen die Erfahrung und der Anblick einer vergehenden Zeit hinzu: Die Geste, mit der *Anton [Hanaks]* „Letzter Mensch" die Arme breitet, ist eine mögliche Geste des heutigen Menschen, das eschatologische Gefühl in *Else Lasker-Schülers* „Weltende" ein mögliches in der gegenwärtigen Zeit:

> Es ist ein Weinen in der Welt,
> Als ob der liebe Gott gestorben wär,
> Und der bleierne Schatten, der niederfällt,
> Lastet grabesschwer.
>
> Komm, wir wollen uns näher verbergen . . .
> Das Leben liegt in aller Herzen
> Wie in Särgen.

[162] *Rainer Maria Rilke,* Duineser Elegien, a. a. O., 13 (2. El.).
[163] Bücherei Der jüngste Tag, Bd. 11, Leipzig 1914.
[164] In: Ewige Zeit. 60 Lieder, [Würzburg 1929].
[165] In: Der Rebenhag, München 1927, 92.
[166] In: Der neuen Gedichte anderer Teil, Leipzig 1920, 25.

Du! wir wollen uns tief küssen
Es pocht eine Sehnsucht an die Welt,
An der wir sterben müssen.

Aber nicht nur das eigene Ende, auch das Verhalten der Menschen angesichts des Untergangs oder des Gerichtes kann im selben Sinn Gegenstand psychologischen Interesses werden. Wie, wenn die Vollendung, die Reifung nicht gelänge, an deren Erreichung der Idealismus nie gezweifelt hatte: Wenn sich ein äußerer Einbruch vernichtend dazwischen schöbe, nicht nur als das fingierte Gesicht eines romantischen Nachtwächters, sondern als wirklicher Untergang? Schon *Hebbel* hatte das Weltende als psychologisches Problem gesehen – mit der Bedeutung der physikalischen Endtheorien wachsen die Versuche, die tragisch-groteske Situation einer unvorbereiteten Menschheit angesichts des Endes zu schildern. So ist in *Victor Auburtins* Schauspiel „Das Ende“[167] die ganze Lage nur um des psychologischen Experiments willen gebaut. In das hastende Treiben der Zeit fällt das Gerücht einer nahenden Weltkatastrophe. Ein Redaktor: „Gerade jetzt kommen Sie mir da mit Ihrem Weltuntergang dazwischen?“ (S. 16.) Der Pastor: „Es steht in der Schrift, daß das Ende kommt, wenn ein Hirt und ein Schafstall ist. Nun? Ist schon ein Schafstall? Na, also . . .“ (S. 53.) Der Poet: „Wir sind ganz einfach noch nicht so weit!“ (S. 54.) Aber die Observatorien bestätigen es. Da bricht die Anarchie an. Die Arbeiter verlassen die Fabriken. Das Licht erlischt. (Der Redaktor: „Aber, ich bitte Sie, in zwei Stunden wollen wir doch zu drucken anfangen! Das geht doch nicht!“) Die Lakaien triumphieren, die Liebe durchbricht alle Schranken. Dann steigen die Fluten infolge der Anziehung des nahenden Sterns. Verzweifelte Flucht in die Berge, die nur für kurze Zeit Schutz bieten. Roheit, Egoismus, Nivellierung, Rückkehr zur Primitivität oder letzte Liebe und Versöhnung wie in der Groteske von *C. F. Haas* „Weltende“[168], in *[Bergers]* „Sündflut“, *Strindbergs* „Das

[167] Das Ende. Ein Schauspiel in 3 Akten und 1 Schlußszene, München 1910.
[168] München 1925 (Uraufführung November 1923).

tausendjährige Reich"[169] sind die stets wiederkehrenden Motive dieser psychologischen Analysen. Verwiesen sei auf die später zu besprechenden Romane von *Noëlle Roger* („Le nouveau Déluge"), *Ramuz* („La présence de la mort", „Les signes parmi nous"), *Karl Kraus* („Die letzte Nacht"), *[Gerhart] Hauptmann* („Till Eulenspiegel"), *Meyrink* („Das grüne Gesicht"), *Arnold Ulitz* („Ararat"); eine große Zahl von Werken wäre hier noch anzuschließen, zumal wenn die Psychologie der Gefahr oder kleinerer Katastrophen, an die die Psychologie der Eschatologie grenzt, beigezogen würde.

Die romanhafte Konstruktion der Eschatologie behält stets etwas Phantastisches und läßt sich noch am besten dann durchführen, wenn in der Gegenwart die eschatologischen Züge aufgedeckt und zur Vision des wirklichen Endes gesteigert werden. An einer anderen Quelle aber konnte auch eine Zeit schöpfen, deren Gegenwartsgefühl nicht erschüttert war: der Realismus und der Naturalismus, einer Quelle, die zugleich erlaubte, eschatologische Psychologie zu treiben, ohne den gesicherten Standpunkt auf der fest gegründeten Erde zu verlieren. Diese Möglichkeit war in der Enderwartung früherer Zeiten, die sich als trügerisch erwiesen hatte, gegeben. Schon die Aufklärung hatte an den chiliastischen Bewegungen ein psychologisches In-

[169] Das Motiv der plötzlichen Versöhnung hatten schon *Bonaventura, Iffland, Bäuerle* benützt. Als Grotesken, Schwänke, Komödien wurden eschatologische Szenen gerne gebraucht. Auf Analyse dieser Stücke kann hier verzichtet werden. Genannt seien: *Christian Groenewald,* Der Weltuntergang. Studentenposse in 1 Aufzug, Bonn 1904; *H. Th. Scheuten,* Die Welt geht unter! Lustspiel in 1 Akt, Dilettanten-Theater. Sammlung leicht ausführbarer Theaterstücke ernsten und laun. Inhalts zum Gebrauch für gesell. Kreise, 55. Heft, Paderborn 1899; *R. J. Kreutz,* Der vereitelte Weltuntergang. Satiren und Skizzen, Wien 1919; *Friedrich Schare,* Der Weltuntergang. Zur Erinnerung an den Durchgang der Erde durch den Schweif des Halley'schen Kometen am 18.V.1910. Lustspiel in 1 Aufz., Recklinghausen 1910; *Carl Krieg*, Der Untergang der Welt. Schwank in 1 Akt, Humoristische Gaben für Vergnügungs-Vereine, Heft 23, Zwickau 1896; *W. Jacoby* und *H. Werner-Holzmann*, D' Welt geht unter! Oberbayrischer Bauernschwank, Leipzig 1909; *Josephine Caspar,* Die Weltuntergangsprophezeiung. Dramatisierte Episode in 2 Aufz., Dorn's leicht aufführbares Vereinstheater, Nr. 2, Ravensburg 1911. Am ehesten wäre noch Der Weltuntergang, Eine Phantasie aus dem Jahre 1900, Stuttgart 1897, von *Vincenz Chiavacci* zu erwähnen, der das Ende und die allgemeine Panik in einem Traume miterlebt.

teresse genommen.[170] *Lessing* und *Hegel* betrachteten aus einer ähnlichen Distanzierung diese Phänomene als unentwickelte Vorstufen ihrer eigenen Gedanken. Ähnlich sieht der Sozialismus in ihnen unreife Versuche, das „Reich Gottes" zu verwirklichen, deren Absicht zwar löblich, deren Mittel aber noch ungenügend waren.[171] Eine weitere Quelle bildet die Jesus-Psychologie, die seit *Reimarus* in wissenschaftlichen oder romanhaften Werken die Enderwartung Jesu zu „erklären" sucht. *Reimarus* selbst meinte, das Christentum bestehe auf Trug, soweit das Nichteintreffen der Eschatologie darin nicht eingestanden sei. Die Romane *K. F. [Bahrdts]* ([12] Bde., 1784-[1793]) und *K. H. Venturinis* (1806), später *Renans* (1863) und die Briefe *Ghillanys* (1863) führen diese Bemühungen fort.[172] Während aber nach Aussage *Albert Schweitzers* gegen Ende des Jahrhunderts „die öffentliche Meinung für alle Erscheinungen auf diesem Gebiete fast indifferent"[173] wird – denn das Schauspiel der Selbstzersetzung in der Bibelkritik war in der Tat das unerfreulichste – greifen eben zur selben Zeit die Neugier und die pathognomischen Interessen der naturalistischen Psychologie nach dem Stoff der historischen Enderwartung. Das ganze Interesse der folgenden Analysen besteht darin, den Übergang von dieser „objektiven" und sich distanzierenden Psychologie, die sich in historischer Haltung zwar an der Vielfalt des Geschehens freut, aber zu ihren Vorwürfen stets im Abstand des Experimentierens stehen bleibt, zu jener neuen, die im Gefolge *Nietzsches* die Geschichte mythisiert und die Gegenwart eschatologisiert, zu verfolgen. An der Wandlung in der Behandlung desselben historisch-eschatologischen Stoffes muß die Wandlung im eschatologischen Zeitbewußtsein am einleuchtendsten aufzeigbar werden. *Gottfried*

[170] *Heinrich Corrodi*, Kritische Geschichte des Chiliasmus, Frankfurt und Leipzig 1781/1783.

[171] Die Geschichte des Sozialismus in Einzeldarstellungen von E. Bernstein, C. Hugo, K. Kautsky, P. Lafargue, Frz. Mehring, G. Plechanow, 1. Bd., 10.-28. Heft, Stuttgart 1895.

[172] *Albert Schweitzer,* Von Reimarus bis zu Wrede. Eine Geschichte der Leben-Jesu-Forschung, Tübingen 1906, 22ff, 165ff.

[173] Ebd., 209.

Kellers Novelle „Ursula“,[174] noch durchaus dem poetischen Realismus angehörig, benützt das Motiv der Züricher Wiedertäufer-Unruhen als den diskreten, psychologischen Hintergrund, vor dem die Hauptgestalten spielen. Zwar greifen jene Ereignisse in die Handlung ein, aber doch lediglich als ein Anlaß, psychologische Beobachtungen zu entwickeln. Die leichte Ironie, mit der *Keller* das Schwärmertum beschreibt, steigert sich in *Felix Dahns* Roman „Weltuntergang“[175] zu jener, der Aufklärung nicht unähnlichen, Prätention von Objektivität, wie sie durch den Historismus und Psychologismus bestimmt ist. Der Weltuntergang spielt hier nur die Rolle eines Vehikels zur Intensivierung und Beschleunigung der Handlung, nämlich einer Staatsaktion und einiger Liebesaktionen. In den Kulissen des traditionellen Mittelalters stehen die bekannten Figuren: ein kriegsfroher Bischof, ein alter Heide, ein launiger Trinker, ein heiteres und ein schmachtendes Liebespaar. Diesem rosenroten Leben tritt von Italien her die Nachricht vom baldigen Weltende entgegen, verkündet durch hagere, knöcherne, gelbe Mönche und Dunkelmänner. Aber auch eine alte heidnische Tradition hat Muspilli und Weltbrand für denselben Tag prophezeit. Der letzte Kampf, die apokalyptische Schlacht wird erwartet, – die Gemeinde ist in der Kirche versammelt - und da wendische Banden die Stadt überfallen, stürzen sich Christen und Heiden vereint auf sie und kämpfen bis zum Morgen: Das Ende ist nicht gekommen. Der Autor triumphiert mit dem alten Supfo über den finsteren Aberglauben: „‚Supfo – ist es möglich? – ihr habt – während des Unterganges der Welt . . .?‘ ‚Na, ist sie untergegangen?‘ ‚Und die ganze Zeit verschlafen?‘ ‚Das ist Verleumdung. Nur die zweite Hälfte . . . Nun, der Griechenwein ist zu Ende. Wer war nun der Klügste in Würzburg?‘ Und er lacht, daß ihm das runde Bäuchlein bebt.“ – Wichtig scheint nur der Versuch einer Verbindung von heidnischem und christlichem Mythos, aber auch diese wurde lediglich zur Entwirrung belangloser In-

174 In: Züricher Novellen, Stuttgart 1878.

175 Weltuntergang. Geschichtliche Erzählung aus dem Jahre 1000 nach Christus, Leipzig 1889.

trigen benutzt. Das dankbare, naheliegende und von den meisten späteren Dichtern verwendete Motiv der Spannung vor dem Ereignis und des psychologischen Moments der Peripetie und Desillusion, da das Ereignis nicht eintritt. ist hier kaum entwickelt, ja es konnte wegen der fehlenden Ernsthaftigkeit und der Diskrepanz zwischen der Bedeutung des Ereignisses selbst und der Nichtbeachtung, die ihm die Hauptpersonen schenken, gar nicht entwickelt werden.

Die Psychologie, die *Paul Heyse* in „Weltuntergang"[176] gibt, ist kaum tiefer als diejenige *Dahns.* Der Knittelvers trägt dazu bei, dem Ganzen einen possenhaften Ton zu geben, der sich mit der Prätention, ernste Probleme zu behandeln, nicht verträgt. Im Jahre 1649 hat ein Astrologe, in der Hoffnung den konfessionellen Zänkereien in seiner Stadt durch die religiöse Erschütterung ein Ende zu bereiten, das nahe Gericht angesagt. In zwölfter Stunde häufen sich die Versöhnungen, drei Ehen werden geschlossen. Doch steigt die Ausgelassenheit des Volkes. Die Motive erdrücken sich gegenseitig, weder die Peripetie des Gefühls beim Nichteintreffen des Endes, noch die Idee des Astrologen ist psychologisch ausgewertet. Die Gestalten bleiben marionettenhaft.

Ähnliches gilt von *Max Halbes* Drama „Das tausendjährige Reich".[177] Mit den Mitteln des ausgebildeten Naturalismus schildert es den Konflikt von christlichem Chiliasmus und neuem Kommunismus. Die Handlung spielt im Jahre 1848 auf einem Gute. Ein sektiererischer Schmied verheißt das nahe Ende und will mit seinen Gläubigern, die alles zu verlassen bereit sind, dem „Reiche" ostwärts entgegenziehen. Da er aber dazu Frau und Tochter, die in Liebeskonflikten mit dem Gutsherrn stehen, preisgibt, die Frau sich darauf das Leben nimmt, wird er als Mörder verschrien und verliert den Glauben an sich und seine Sendung. Das „Reich" ist nicht gekommen, und er schlägt sich zu den Kommunisten. Als deren Anschlag auf das Gut mißlingt, ertränkt er sich, in Reue über diesen Abfall vom „Reiche".

[176] Weltuntergang, Volksschauspiel in 5 Akt., Berlin 1889.
[177] Das tausendjährige Reich, Drama in 4 Aufz., Berlin 1900.

Wertvoller ist die Novelle von *Paul Schreckenbach* „Der [jüngste] Tag".[178] Die Erzählung ist schlicht und die Motivierung überzeugender gestaltet. Michael Stiefel, Pfarrer von Lochau, hat das Ende der Welt verkündet, die Menschen strömen zum festgesetzten Tag dorthin und erwarten in der Kirche die Ankunft Christi, darunter auch Skeptiker. Den von der enttäuschten Menge verfolgten und von der Obrigkeit in Haft gelegten Propheten nimmt Luther in Schutz, dessen überragende Gestalt sowie eine glücklich beendete Liebesgeschichte gegen Schluß vom Titelproblem wegführen.

Denselben Ton ironischer Distanzierung hält auch *Ricarda Huch* in der Erzählung „Der Weltuntergang"[179] inne, wo sie eine groteske Schilderung der Weltendpsychose von 1599 gibt, die durch die Ankündigung eines „verderblichen Schweifsterns" von einem Astronomen hervorgerufen wurde. Die Reichen geben ihr Geld zum Schmelzen, zum allgemeinen Erbauen wird ein goldenes Kalb errichtet, das jedoch die Kinder der Welt zum Mittelpunkt ihrer Feste erwählen. Indessen erwarten die Andächtigen betend am Strand das Ende. Da es nicht eintritt, wird der Pfarrer getötet, das Kalb geschmolzen. Es ergibt sich, daß nur eine dünne Goldhaut einen bleiernen Wanst verdeckte. Der Bildhauer jedoch war entflohen. – Die launig erzählte Geschichte stellt, wie die vorhergehenden, das psychologische Problem in den Vordergrund.

Fast alle Dichtungen, die die *Wiedertäufer* zum Thema haben (sie sind in zwei Dissertationen von *Hugo Hermsen* (1913)[180] und *Wilhelm Bauch* (1912) gesammelt), befassen sich, soweit sie nicht rein anekdotisch sind, mit den psychologischen Problemen, wobei das eschatologische Motiv nirgends eine wesentliche Rolle spielt. Es kann daher, zumal es mit Ausnahme von *Hamerlings* „König von Sion" durchwegs unbedeutende

[178] Der jüngste Tag. Eine Erzählung aus der Zeit Luthers, Leipzig 1919, 6.-10. Taus., Leipzig 1922.

[179] In: Erzählungen I, Leipzig 1919.

[180] Die Wiedertäufer zu Münster in der deutschen Dichtung, Stuttgart 1912. Vollständig erschienen in: Breslauer Beiträge zu Literaturgeschichte N. F., Heft 33, Breslau 1913.

Werke sind, von einer erneuten Analyse abgesehen werden. Auch das 1925 erschienene Drama von *Bernhard Kellermann* „Die Wiedertäufer [von] Münster", das gegenüber den dort gesammelten doch den Anspruch auf Beachtung verdient, weil es zum erstenmal die psychologischen Vorgänge in diesen Propheten glaubhaft zu machen versteht, läßt das eschatologische Motiv im Hintergrund.[181]

Die Distanz, die diese Werke zum Problem einnehmen, kann seiner Existentialität nicht gerecht werden. *Nietzsches* Forderung, die Geschichte nur aus der höchsten Kraft der Gegenwart zu deuten und ihr nicht in einfühlender, sondern schaffender Geste entgegenzutreten, verlieh die Bedingung einer grundsätzlichen Wandlung: Der historische Stoff mußte zur Selbsterkenntnis und Deutung der Zeit dienen und sie in Spiegeln und Gleichnissen darstellen. Die Mythen des Prometheus, Fausts, Ahasvers und Dionysos', um die wichtigsten zu nennen, hatten diese aktuelle Bedeutung schon erhalten. In ähnlicher Weise konnte nun auch die Enderwartung früherer Zeiten mythisch und zur Selbstbiographie der Gegenwart werden.

Der erste, der in großem Maße die Probleme der Gegenwart in die Historie projizierte, war *Strindberg*. Daß diese existentielle Geschichtsschreibung an psychologischer Erfassung nicht ärmer werden, sondern daran nur gewinnen mußte, da die Voraussetzungen der Erfassung wahrhaft eschatologischer Stimmung erst in der Selbsterfahrung möglich wird, zeigt eben *Strindbergs* Beispiel. Mit dem Ernst, den die Situation erhält, steigt die Plastizität der Gestalten. Seine Novelle „Das tausendjährige Reich" hat zum Schauplatz das Rom des Jahres Tausend. Die grausame Strafe der römischen Aufrührer unter Crescentius hat Otto III. vollstreckt. Indessen verbreiten sich unruhige Erwartungen des Weltendes. Im Gegensatz zu Otto, der von den Zeichen fasziniert ist und büßt, glaubt der überlegene Papst Silvester nicht daran, denn er weiß, daß das irdische Reich der

[181] Das jüngst erschienene Drama *Ernst Lissauers* Luther und Thomas Münzer. Drama in 5 Akten und 1 Vorsp., Berlin 1929, konnte nicht mehr beigezogen werden.

Geschichte leise in das Reich Christi hinüberwachsen wird. Das Volk jedoch ist wie verwandelt: „Niemals hatte Menschenliebe und Barmherzigkeit sich so gezeigt, seit den ersten Tagen des Christentums nicht." „Es war wie im goldenen Zeitalter oder so, wie sich die Kirchenväter das tausendjährige Reich vorgestellt hatten." Als der Papst die letzte Messe gelesen hat und nichts geschieht, triumphiert er, und sucht weiterhin durch Politik das „Reich" herbeizuführen. „Alles das in fünf Jahren und unter Roms Ägide. Ist das nicht Christi Wiederkehr, und verstehst du jetzt, was die Vorsehung mit dem tausendjährigen Reiche meint?" Otto wird von der Witwe des Crescentius vergiftet. – Das Problem des Verhältnisses von Macht und Liebe im Gottesreich, um das es hier geht, das Problem *Nietzsche-Kierkegaard* ist *Strindberg* eigenstes, und aus dieser innern Not griff er zum historischen Stoff.

Einen andern, aber verwandten Gehalt gibt ihm das „dramatische Gedicht" „Das Jahr Eintausend" des Grafen *von Schack*,[182] das in der Form einer epischen Szenenfolge die Kämpfe der Parteien um Rom schildert. Das Motiv des Weltunterganges erlangt erst gegen Ende Bedeutung, dort wirkt aber der Zusammenprall der Orgien der Büßenden und der Genießenden überzeugend. Der Papst Silvester hatte anfänglich die letzten Geheimnisse in der schwarzen Kunst zu ergründen gesucht, aber die Geister decken ihm nur ein ewig leeres Nichts auf. Dem langsam von den dunklen Gesichten genesenden Einsiedler versinkt das fruchtlose Wissen, und er verkündet, abermals Papst, daß nicht der Untergang, sondern die Führung zu ungeahnten Aufstiegen Gottes Plan mit der Menschheit sei. Dies bedeutet die Entscheidung des Problems „Transzendenz oder idealistische Immanenz der Eschatologie" zugrunsten der letzteren. Auch der Stil und die Szenerie deutet auf Nachwirkungen der idealistischen Periode, aber der Ernst, mit dem das eschatologische Problem gestellt ist, rückt ihn der modernen Zeit näher als dem Naturalismus.

[182] In: *Adolf Friedrich von Schack*, Gesammelte Werke, Bd. 9, Stuttgart 1897.

Werner [Johannes] Guggenheim greift im Drama „Das Reich“[183] das chiliastische Problem dort auf, wohin es *Strindberg* geführt hatte. Doch stellt er die beiden Hauptmotive um und verflicht sie kunstvoller, beginnt also mit der eschatologischen Erwartung und widmet die größere Aufmerksamkeit der Strafe des Crescentius, die der Anlaß zu Erörterungen des allgemeinen Reich-Gottes-Problems wird. Auch hier ist Silvester der Ansicht, daß keine Katastrophe vorausgehen brauche, jedoch nicht äußere Macht es herbeiführe (wie bei *Strindberg*). Es bricht vielmehr aus dem inneren Lieben der Seelen hervor. Des jungen Kaisers Versuch jedoch, eine Politik der Liebe zu führen, ist an dem Verrat der Römer gescheitert, im Trotze versucht er nun, das „Reich“ durch Staatskunst und auf Blut zu bauen. Dies führt jedoch erst recht zum Unheil und zu seinem Untergang und trotz seiner Läuterung bleibt das ewige Problem von Macht und Liebe offen.

Ein Roman von *Marie Diers* „Der Jüngste Tag im Willeböker Moor“[184] spielt in ungewissen Zeiten. Auch hier ist das Problem der Enderwartung mit wirklichem Ernst verfolgt, wenn auch ohne die höhere Tragik der vorhergehenden Werke zu erreichen. – In einem einsamen, norddeutschen Moordorf ist Pastorenwahl. Der geniale Bartholdi wird hinter dem fleißigen, aber mittelmäßigen Ivenack zurückgesetzt. Dieser fährt anfangs gut, entfremdet sich aber immer mehr die verschlossenen nebelhaften, zur Sektiererei neigenden Gemüter der Moorbauern. Als er krank wird, bittet seine Frau um Aushilfe: Bartholdi wird geschickt, aber anstatt in der Kirche zu predigen, schart er eine Gemeinde um sich, verkündet in dunklen Worten, daß er der neue Messias sei. Die Kirche wird leer. Er scheint Wunder zu wirken. Endlich verkündet er das nahe Ende der Welt: er werde mit seinen Jüngern in das himmlische Jerusalem einziehen. Die Bauern verkaufen ihre Habe und leben in Ausgelassenheit, bis sie sich am angesetzten Tag auf dem Hügel versammeln. Sie warten bis zum Nachmittag, leise regt sich der Zweifel – die

[183] Tragödie in 3 Akt., Potsdam 1927 (1. Aufführung 1921).
[184] Dresden [1926].

Kirche des Dorfes läutet und lockt. Da wird der Messias wild zur Rechenschaft gezogen, doch er ist irr geworden, entflieht ihnen und ertrinkt im Moor. Willebök ist verarmt, viele wandern aus. Aber die Gestalt des falschen Erlösers bleibt trotz der Ansätze einer erklärenden Psychologie im Dunkel und wird nur als eine Kontur sichtbar, die das innere Leben, die Motive nicht verraten kann.

Wie aber mit dem Fortschreiten der Zeit das Problem immer gegenwärtiger und drängender wurde, zumal nach dem Kriege die Spannung ins Unerträgliche wuchs, zeigt sich im Abstand des Romans von *Marie Diers* von dem der *Lulu von Strauß und Torney:* „Der Jüngste Tag".[185] Hier ist nicht nur der innere Ernst zur verhaltenen oder offenen Erregung jeder Zeile gesteigert, sondern auch eine äußere Form für den eigenartigen Gehalt gefunden: ein apokalyptischer Stil, der auch für die kleinen Ereignisse verwendet wird, so daß das Ganze in die einheitlich-düstere Farbe getaucht erscheint: kurze, prägnante Bilder, eine gewisse Härte, ja Unbarmherzgikeit der Charakteristik, in allem aber ein Drängen und eine Unruhe kennzeichnen diese Diktion, die die eschatologische Atmosphäre gültig wiederzugeben vermag. Zur Wiedertäuferzeit entsteht in einem Dorfe bei Münster in dem Leinenweber Tile Mohme ein Prophet der baldigen [An]kunft des Herrn. Zeichen bestärken sein Wort: die regenlose Dürre, der Komet, der Stumme, der redend wurde. Von Münster her wandern Leute vorbei; sie legen ihm Flugblätter in die Stube. Einige glauben an die Ankunft des Teufels und bereden Tile, er sei das verzehrende Feuer, das dem Gotte voranschreite. Tile zündet das Dorf an, das bis auf wenige Dächer vernichtet wird. Nach drei Tagen, verkündet er, wird das Ende sein. Viele beten, andere genießen, und selbst Geesche, die Jungfrau, fällt. Am Morgen des letzten Tages teilt der Prophet in einer Scheune das Abendmahl aus. Aber die Sonne wird nicht schwarz. Da ruft die Leinenweberin, die ihren Mann haßt, ihn als Mordbrenner aus, und die Wütenden steinigen ihn.

[185] Jena 1921, 2. A., Jena 1924.

Dieses Werk bedeutet wohl in Stil und Abfassung des Themas den äußersten Gegensatz zur kühl-ironischen Novelle von *Ricarda Huch.* Noch weiter in dieser Richtung und wohl schon über die Grenzen des Ästhetischen hinaus geht die „Apokalypse 1618" von *Will Erich Peuckert.*[186] Schon *Lulu von Strauß* hatte der bekannten historischen Personen entraten und die Stadt Münster nur als Hintergrund benützt. Hier wird es die Tragödie eines Einzelnen, Rahmen und Zeitstimmung gibt der Dreißigjährige Krieg. Sekten verkünden die Erfüllung der Zeiten. Juden glauben den Messias gekommen. Der Bauer Friedel Knoll hat vergebens gewartet. In seinem Leiden beginnt er Gott zu hassen und zu verfluchen. Die Leute nennen ihn Kain. Er glaubt, daß Gott am selben Tage starb wie Christus. „Denn Jesus und der Vater sind ja eins." „Und seit diesem Tage ist Gott tot und verkam nun wohl schon, eine übergroße Leiche, draußen irgendwo hinter den Sternen. Und vergiftet mit seinem Verwesungsgeruch alle Welt, so daß Menschen verrückt wurden und widereinander aufstanden, alle wider alle."

Dies ist derselbe grausige Mythos, den *Josef Winckler* im „Irrgarten Gottes" gedichtet hatte, das Echo von *Nietzsches* jubelndem „Gott ist tot". In diesem Werk berühren sich der geschichtliche Roman mit dem Mythos, denn hier ist der Schleier der historischen Einkleidung so dünn geworden, daß die Gegenwart unmittelbar durchscheint. So ist es auch mit dem zweiten, reifern apokalyptischen Roman *Peuckerts:* „Die Traumnacht des Matthäus Dobbersteen", den er selbst ein Fortspinnen der Gedanken des ersten nennt. „Fremde Hände haben in das Rad des Weltgeschehens gegriffen. Sie glaubten, der ‚Wissenschaft' zu dienen, jede Sekunde hat aber ein neues Schicksal eingeschaltet; zwangsläufig vollendet sich – dem Gesetz von Grund und Folge entsprechend – der Frevel. Durch unmenschliche Frechheit wurde der Antichrist gezeugt. Mit diesem Geburtstag beginnt – erzwungen in der Verkettung der Zeit – der Untergang."

Hier fallen Geschichte und Gegenwart in eins zusammen: die Apokalypse ist in der Zeit gegenwärtig und vollzieht sich heute.

[186] Jena 1921.

Meyrinks „Grünes Gesicht“ und *Ramuz'* „Présence de la mort“, *Karl Kraus* und andere Dichter der Kriegszeit, von denen später die Rede sein wird, bringen dieses Erleben zum Ausdruck.

Eine Sonderstellung nimmt die Literatur jenes Volkes ein, das mit Recht das eschatologische schlechthin genannt werden kann: der Juden. Wenn auch die großen messianischen Bewegungen stets zur Zeit der stärksten Unterdrückung stattfanden und daher mit dem Nachlassen dieses Druckes im 17. Jahrhundert eine ruhigere Zeit begann, so bleibt doch die Religion dieses Volkes auf jenen eschatologischen Punkt hingebaut. Aus dem Konflikt dieser altjüdischen Anschauung mit der neuen des Zionismus, der das Reich Gottes selber bauen will und die Messias-Idee in das ganze Volk hineinverlegt, wächst die Problemstellung des Romans: „[Rëubeni], Fürst der Juden“ von *Max Brod.*[187] In der halb historischen, halb legendären Fabel liegt das Problem, wie bei *Guggenheim:* Kann das Reich Gottes durch die Macht errichtet werden? Schon der zehnjährige David stößt auf das beunruhigende Wort, das zum ersten Gebot überliefert ist: „Mit deinem ganzen Herzen“, das bedeutet: „mit beiden Trieben, sowohl mit dem guten, wie mit dem bösen Trieb“, und das ihn sein Leben lang begleitet. Später fragt er den wahnsinnigen Torwächter Prags, der sich in seiner Jugend als Messias ausgegeben hatte: „Müssen wir also auf Gottes Geheiß gegen Gott selbst die Hand erheben? – Wenn wir Sünde tun, und dann erst – kommt dann der Messias?“ (S. 132.) „Sündigen um Gottes willen, um der Erlösung willen – ist vielleicht gerade dies der Dienst, zu dem ich ausersehen bin?“ (S. 146.) Er wächst in Sünde auf, verläßt mit einer Christin das elterliche Prag, dessen Judengemeinde und ihr unfruchtbares Jammern und Büßen ihn ekelt. Viel später – 1524 – landet sein orientalisches Schiff in Venedig. Er nennt sich Gesandter eines herrlichen jüdischen Reiches im Osten, verlangt vom Papste die Macht, die zerstreuten Juden Europas zu sammeln und weissagt den Frohlokkenden das baldige Ende. Aber seine Bemühungen scheitern.

[187] 11.-15. Taus., München 1925.

Ein Schüler, dessen unerschütterlicher Glaube selbst die Beichte des ganzen Betruges als Prüfung durch den Meister auffaßt, macht seine innere Sicherheit wanken: „Die reine Begeisterung des Reinen hat mich zum Scheitern gebracht." (S. 443.) Weder im guten noch im bösen Triebe hat er die Macht und die Größe erlangt. Und während ihn selbst das Elend verbirgt, predigt der Schüler, nun selbst als Messias gefeiert, das Nahen des Reiches, und hat die Botschaft weitergegeben, bevor er dem Flammengericht der Inquisition verfällt, in deren Kerkern auch der Meister verschollen ist. – Die Komposition, zumal des zweiten Teiles, versagt, wo die Einzelheiten des Historischen nicht zum „Mythos" gedrängt sind, und zu den größten Szenen reicht der Atem des Erzählers nicht aus. Das Problem selbst bleibt am Ende offen wie eine brennende Wunde und ergreifend ist der Ausblick nach vorwärts und rückwärts auf die endlose Reihe derer, die dem Volke helfen wollten und die versagten.

Wie in diesem Werk die Historie durchaus Ausdruck gegenwärtiger Not wurde, so auch im Vorspiel von *Jakob Wassermanns* Roman „Die Juden von Zirndorf" ([1897]). Dieses Vorspiel, das 200 Jahre vor dem Roman spielt, zu Ende des 17. Jahrhunderts, soll dazu den eschatologischen Hintergrund geben, vor dem die gegenwärtige Handlung spielt. Wieder ist das Judenvolk aufgewühlt durch die Nachricht der Messiasankunft. Propheten verkünden seine Wunder im Orient und daß er auf dem Wege nach Deutschland sei, die Juden ins gelobte, himmlische Jerusalem abzuholen. Alle Ordnung hat aufgehört, die Laster überfluten das Volk. Psalmensingend rüstet es den Aufbruch dem Messias entgegen. Mühsam durch Nacht und Regen schleppen sie die Wagen im Wald. Trompetensignale. „Ein furchtbares Schweigen entstand im Nu. Da und dort erschien ein Reiter in der Tracht der Nürnbergischen Bürgersoldaten . . . Mit höhnischem Lächeln betrachteten sie den erstarrten Zug der Auswanderer." Verzweifelte Schlacht. Einer zündet den Wald an. Die Übriggebliebenen ziehen weiter. Da erreicht sie die Nachricht: Der Messias ist zum Islam übergetreten! Die furchtbar Enttäuschten, noch einmal Betrogenen, kehren zurück.

Dieses Gemälde soll die Grundstimmung geben für den (weit schwächeren) Roman, der in die Sehnsucht ausklingt, endlich am Ziel und reif für das Reich zu sein.

„Ich möchte gerne einen Apfel haben, Agathon."
„Du mußt warten, Monika."
„Immer warten, worauf denn?"
„Sie sind noch nicht reif, Liebste, laß sie erst reifen."

Damit ist der Kreis geschlossen und der Punkt erreicht, von dem das Kapitel ausgegangen war: Das existentiell eschatologische Problem der Psychologie, wie es bei *Spitteler, Nietzsche* und *George* auftritt, ist eine einmalige Ausprägung einer Möglichkeit individueller Eschatologie. Aber sie ist zunächst unvereint mit ihrer allgemeinen Eschatologie. Auch diese ist zwiespältig, in eine negative und positive geteilt: Einerseits werden alle Bilder der christlichen Apokalyptik herangezogen, den Untergang der Kultur zu schildern, auf der andern Seite sind diese dem dionysischen Mythos ergebenen Dichter weit entfernt, die Menschheit, auf die sie hoffen, die Menschheit des neuen Reiches, auf ein „Ende der Welt" oder ein transzendentes Gericht hinwandeln zu lassen.

Dieser Zwiespalt in der allgemeinen Eschatologie, verstärkt durch die divergierenden Tendenzen von Physik und Technik, Pessimismus und Optimismus, kann als das allgemeinste Kennzeichen der neuen Zeit gelten: Spannung, Magie des Extrems, wie *Kierkegaard* und *Nietzsche* sie fordern, beherrscht als formalstes Merkmal in wachsendem Maße die Eschatologie. Die Entwicklung der Dichtungen über Enderwartung kann als Symptom dieser wachsenden Spannung angesehen werden, die sich zunächst in dem neuen Entweder–Oder *Nietzsches*, Christ oder Antichrist, offenbart.

6. Christ und Antichrist.

Sowohl für das Mittelalter wie für die Reformation war der Antichrist ein alltäglicher, jedem vertrauter Begriff. In diesen Zeiten starken endzeitlichen Bewußtseins gewann die Antithese von Gut und Böse sogleich die eschatologische Form des Gegensatzes von Christ und Antichrist. Während aber das Mittelalter unter dem Antichristen das „Reich dieser Welt" verstand, den Feind der „Civitas Dei" schlechthin, der sich in der Endzeit zu einer Person, die oft als der Teufel selbst gefaßt wurde – wie oft ward nicht in diesen Jahrhunderten seine nahe oder vollzogene Geburt verkündigt – erhält der Begriff mit der Reformation einen enger bestimmten Inhalt.[188] Schon seit Friedrich II. bezeichneten sich die kirchliche und die kaiserliche Partei gegenseitig nicht selten als Antichrist,[189] in den Kreisen der Spiritualen und bei Matthias von Janow, dem Vorläufer der Hussiten, wurde es üblich, in der verweltlichten Kirche und insbesondere im Papsttum den welthistorischen Feind Christi zu sehen. So faßt schon *Jacobellus von Mies*, als Vorgänger *Luthers*, nicht so sehr die Person des Papstes (wie noch *[Hus]*), als vielmehr dessen Amt als das antichristliche Prinzip auf. Die seit *Wicliff* beliebte Antithesenpolemik wird von den Böhmen fortgesetzt und geht in die Tradition der protestantischen Kirchen ein, *Luther* wird in seinem Kampf gegen den Antichristen mit Elias oder mit Christus selber verglichen. So schreibt auch *Goethe*, wenn er kräftiges 16. Jahrhundert nachahmt (auf die Konversion *Werners*: Invectiven, 6. Febr. 1814):

[188] Vgl. *Hans Preuß,* Die Vorstellungen von Antichrist im späteren Mittelalter, bei Luther und in der konfessionellen Polemik, Leipzig 1906.

[189] Vgl. das Kapitel Der Antichrist von *Ernst Kantorowicz*, Kaiser Friedrich der Zweite, Berlin 1928, und *Paul Wiegler,* Der Antichrist. Eine Chronik des 13. Jahrhunderts, Hellerau 1928.

Da doch der Papst, der Antichrist
Ärger als Türk und Franzosen ist.

Mit dem Nachlassen der konfessionellen Polemik im Zeitalter des Pietismus und der Aufklärung tritt mit der Verblassung und Negativierung des Bösen der dämonologische Antichrist-Begriff zurück zugunsten einer subjektivierten, allgemeinen sittlichen Idee, worin nur die theosophische Dämonologie und die apokalyptische Geschichtsphilosophie eine Ausnahme machen. Zu einer allgemeinen Idee der Tugendlosigkeit reduziert ihn *Kant*, und *Schopenhauer* sagt: „Daß die Welt bloß eine physische, keine moralische, Bedeutung habe, ist der größte, der verderblichste, der fundamentale Irrthum, die eigentliche Perversität der Gesinnung, und ist wohl im Grunde auch Das, was der Glaube als den Antichrist personificirt hat."[190] Als eine bloße Negation verlor der Antichrist-Mythos an Interesse, zumal seit *Schleiermacher* die Eschatologie völlig vernachlässigt wurde, oder hatte wie für die liberale Theologie *(Renan, Gunkel, Friedländer, Bousset)*, nur historische Bedeutung. Lediglich von orthodox Gebliebenen[191] und einzelnen Fanatischen *(Fr. Neumann,* „Die Bestie in Menschengestalt oder der Antichrist") wurde das Schlagwort vom Papst-Antichrist weitergeführt. So wäre der Mythos in dieser Zeit der Mediation, des Evolutionismus und der Zersetzung der positiven Religion, ganz in den Hintergrund gedrängt worden, wenn nicht *Nietzsche* eine plötzliche Wendung gebracht und in seinem leidenschaftlichen Kampfe gegen das Christentum den Titel Antichrist selbst beansprucht hätte. Zum ersten Male durfte sich einer rühmen, der Feind des Christlichen, schlechthin, der Antichrist zu sein. Wie immer, wo es galt, die Extreme herauszutreiben, die gelockerten Spannungen und Gegensätze wieder herzustellen, fand er die prägnanteste Formel. Durch ihn wurde, wie durch *Kierkegaard*, die langsame Auflösung des liberalen Christentums aufgedeckt,

[190] *Arthur Schopenhauer*, Parerga und Paralipomena: kleine philosophische Schriften, 2. Bd., 2. A., Berlin 1862, 215.

[191] Vgl. *Johann Baptist Röhm*, Protestantische Lehre vom Antichrist, Hildesheim 1891.

ja es war oft sein Wunsch, den nihilistischen Zerfall zu beschleunigen und den eschatologischen Entscheidungskampf zu schlagen: „Dionysos gegen den Gekreuzigten".

Duller hatte in seiner Antichristnovelle (1833) die Zeit bereits in apokalyptischer Perspektive gesehen und die Antithesen scharf herausgestellt. Auch die Ahasverdichtungen und der Kreis der Entwicklungsmythen nähern sich oft der Antichrist-Idee, zumal wenn, wie bei *Mosen*, Ahasver als Repräsentant der Menschheit dem Göttlichen unversöhnlich gegenübertritt oder wenn bei *Hamerling* und andern der Jude, mit Kain verschmolzen, die Gestalt eines unsterblichen Rebellen erhält.

Die eigentliche Beschäftigung mit den Antichrist-Mythen fällt aber doch erst in die Periode nach *Nietzsche* und ist in der Problemstellung von ihm abhängig, freilich sind es zunächst Dichtungen von sehr untergeordnetem Wert.

Wilhelm Gittermann, „Ein Antichrist"[192] (1906), erzählt in 14 Gesängen in wechselndem Versmaß und ohne Kunst den Abfall eines jungen Mannes von der Kirche, die ihm verknöchert und grausam erscheint, da sie den Krieg verteidigt. Der Liebesgeist Christi weht nicht mehr in ihr.

War nie in euch erglüht des edlen Traumes Funken,
Der nach dem Himmelreich auf Erden schon verlangt? (59)

Die Kirche schließt ihn aus, macht ihm seine Braut abspenstig, die sich das Leben nimmt. In der Einsamkeit hört er von Gott her kein Echo mehr.

So ist es, Gott ist tot! Der Himmel stumm.
Den Hilferuf des schwachen Menschen hört
Kein Wesen als der Mensch allein . . . (126)

Nun berauscht ihn die Rose des Lebens (134), und sie wird ihm der Mittelpunkt der neuen, atheistisch-sozialen Religion.

Auch das verworrene Gedicht in 5 Gesängen von *Siegmar Schultze*, „Der Antichrist" (1907), beginnt mit einer Überwindung des Kreuzes, das riesengroß, aber morsch den Weg ins

[192] Erzähl. Dichtung, Dresden 1906.

neue Leben versperrt. Dann aber verstrickt sich das Gedicht in ein Gewirr barock-sadistischer Visionen, deren Sinn schwer enträtselbar ist. Hinter dem gefallenen Kreuz enthüllt sich nun erst das Reich des Antichrist, der, zuerst von der Religion als Gott ausgerufen, diese selbst stürzt. Gegen ihn kämpft ein Mädchen, anscheinend die verkörperte Hoffnung oder Liebe, die ihn nur die Hälfte, die böse, der ganzen Urkraft nennt. Aber sie wird überwunden und der Dämon entfacht den Weltuntergang, verklammert mit der Welt.

> Ein einz'ger, ungeheurer Glutenball!
> So stürzen sie ins grenzenlose All. (S. 97)

Es war nur eine Umkehrung der Namen, wenn *Dostojewsky* den Fürsten Myschkin sagen läßt, die Kirche sei der Antichrist[193], und *Solowjew* von der orthodoxen Aristokratie aussagt, sie sei einer der größten weltgeschichtlichen Wege zum Reich des apokalyptischen Tiers. Die Sache war die gleiche. Denn es ist dasselbe, ob in der Legende vom „Großinquisitor" dieser oder Christus als der Antichrist bezeichnet wird. Diese Rückkehr Christi als der Antichrist ist schon von *Goethe*, später von *Kierkegaard* – wie auszuführen sein wird – beschrieben worden. Die 56. Legende von *Jos. Wincklers* „Irrgarten Gottes" läßt Christus im apokalyptischen Wagen erscheinen.

> Da hörte er verruchte Donner ohne Unterlaß,
> Millionen sanken, verfetzt wie blutiges Aas . . .
> Der Weltkrieg weidete dampfend die Kontinente
> wie ein eiserner Stier . . .

Damit in unseliger Vermischung hört er die Phrase von der Verbrüderung und dem neuen Gottesreiche:

> Jetzt reckte ER die Feuer-Stirne wiehernd höh'r
> Und fuhr auf apokalyptischem Wagen heim in großer List:
> „Ich bin der Antichrist
> Und find am Christentum nichts zu zerstören mehr."

[193] Der Idiot.

Die Vereinbarkeit des Gegensätzlichen, das war es, wogegen *Kierkegaard* und *Nietzsche* gekämpft hatten. *Kierkegaard* nennt es „ein dialektisches Kunststück: Alles bestehen zu lassen, aber ihm heimtückisch die Bedeutung abzulisten; statt in einem Aufruhr kulminiert sie (die Zeit) darin, dass sie die innerliche Wirklichkeit der Verhältnisse in einer Reflexionsspannung abmattet, die alles bestehen lässt, aber das ganze Dasein in eine Zweideutigkeit verwandelt hat: so dass alles in seiner Faktizität besteht, während dialektischer Betrug privatissime eine heimliche Lesart unterschiebt – dass es nicht bestehe".[194] So sagt auch *Nietzsche* (im „Willen zur Macht") über die „Modernität": „Das Tempo dieser Einströmung ist Prestissimo, die Eindrücke wischen sich aus; man wehrt sich instinktiv, etwas hereinzunehmen, tief zu nehmen." Diese Krankheit der Zeit hat *Stefan George* den „Widerchrist" genannt und im „Siebenten Ring"[195] geschildert.

Kein werk ist des himmels das ich euch nicht tu.
Ein haarbreit nur fehlt und ihr merkt nicht den trug
Mit euren geschlagenen sinnen.
Ich schaff euch für alles was selten und schwer
Das Leichte, ein ding das wie gold ist aus lehm,
Wie duft ist und saft ist und würze –
. . . Ihr jauchzet, entzückt von dem teuflischen schein,
Verprasset was blieb von dem früheren seim
Und fühlt erst die not vor dem ende.

Denn eben dieses „Haarbreit", die schmale Grenze zwischen Mythos und Historismus, ist entscheidend. An ihm trennen sich Christ und Antichrist. Das ist auch der Sinn von *F. Schreyvogls* Roman „Der Antichrist" (1921).[196] Er ist der dämonisch-spielerische, bei dem alles zu Geste und Pose wird. Sein Ende und das Gericht ist die Lächerlichkeit: die Enthüllung der Pose. So tritt denn auch ein alter Schauspieler in der Maske des Christus auf

[194] Kritik der Gegenwart, a. a. O., 20.
[195] Der siebente Ring, 6. A., Berlin 1922, 56f.
[196] Wien 1921.

und spielt vor dem Antichrist. „‚Und wenn nun einer aufsteht und spricht wie Er und trägt einen Mantel und einen Bart und tut Wunder? . . . Wie unterscheidest du sie?‘ Er lächelte wie früher: ‚Durch die Gnade. Einen anderen Ausweg sehe ich nicht . . . Denn du weißt, ob du spielst oder lebst. Und darnach wirst du gerichtet werden.‘“ Es ist kennzeichnend für diesen Antichristen, daß er einen Spiegelsaal besitzt, der seine Gestalt unendlich oft widerspiegelt: als die „schlechte Unendlichkeit“ des unfruchtbaren Geistes, der die befruchtende Gnade und die wahre Unendlichkeit nicht besitzen kann, die narzistische Haltung, die zugleich die raffende Geste des historischen Zeitalters kennzeichnet. Dieses Spiegelmotiv verwenden auch *Marie Diers* für ihren falschen Messias, *Arnold Ulitz* für den Antichrist Schure (in „Ararat“), *J. M. Becker* für den Ossip des „Jüngsten Gerichtes“.

Von dieser Verborgenheit des Antichristen und der Verführung des „Leichten“ erzählt der Roman „Le règne de l’esprit malin“ von *C. F. Ramuz*.[197] In einem Bergdorf zieht ein neuer Schuster ein. Er ist freigiebig und arbeitet unbegreiflich rasch und billig. Seit jener Zeit beginnen seltsame Zeichen sich zu zeigen. Frauen werden vom Weh befallen, Seuchen und Feuerbrünste verbreiten sich, Knaben erschlagen sich wegen eines Mädchens, Männer werden habgierig. Ein alter Irrer, der vor dem Beliebten warnt, kommt um. Der aber heilt durch Handauflegen. Da trennen sich die Ansichten, während des Schusters Haus zerstört wird, zieht dieser mit seinem Anhang zum Gasthaus, wo ein tolles, schmarotzendes Leben beginnt. Die ihm nicht anhängen, befällt Pest und Aussatz, ihre Häuser zerfallen und Not tritt ein. Immer mehr schleichen sich nachts zum Wirtshaus, und da es zu klein wird, ziehn sie zur Kirche hinüber. Auch Lude wurde verführt, seine Tochter ist in den Bergen. Da hört sie eine Stimme: „Marie, ma fille, j’ai tant besoin de toi.“ Sie steigt ins Dorf, ahnungslos, furchtlos, den Vater zu suchen, überhört die Warner, wie ein Licht schreitet sie durch die Straßen, dem Platz entgegen, wo die Bacchanten noch schlafen.

[197] Ed. des Cahiers vaudois, Lausanne [1917].

Als sie dem Schuster entgegentritt, verbergen sich alle. Keiner hat es gesehen: Ein roter Schein leuchtet durchs Dorf, ein Donnerschlag, dann richten sich die kranken Häuser wieder auf, Krankheiten fallen ab, die Saaten grünen auf. Der Schuster und sein Anhang sind verschwunden. – Es ist *Ramuz'* Eigenheit, den einfachsten Fabeln die symbolische Schwere der großen Zeitprobleme beizulegen. Auch hier durchdringen sich beide völlig: Die seltsame Begebenheit in dem kleinen Dorfe und ihr größeres Urbild: Der unheimlich-bedrohliche Zustand unserer Zeit. Gegen Ende allerdings treten die symbolischen Züge stärker hervor: die aus der Höhe furchtlos herabsteigende, den Bösen überwindende Liebe.

Schon in den Erzählungen von *Schreyvogl* und *Ramuz* geht nur noch die Problemstellung von *Nietzsche* aus: es gilt die Pose und das Geheimnis des „Leichten" zu durchschauen und zu überwinden. Beide aber sehen die Rettung im wahren Christentum. Dahin strebt auch das Drama von *Adam Name* „Antichrist"[198] (1886). Es ist im sentenziösen Stil, in der Anlage der Szenen und der Rollenverteilung eine bewußte Kontrafaktur von *Goethes* Faust. Auch hier geht eine Wette zwischen Gott und Satan voraus. Eine Zeit des unklaren Zweifels und der innern Unentschiedenheit ist über die Menschheit gekommen. Gott sendet Satan auf die Erde,

die Menschheit zu verführen,
In ihrem Fall wird sie die Höhen spüren. (S. 7.)

Es gelingt Satan, in dem zweifelnden Gottfried jene Krisis hervorzurufen. Er leugnet Gott und verkündet den unfreien Willen und den „werdenden Gott": „Ich selbst ein Teil von ihm, nicht an ihn glauben? Ich glaub an ihn und will ihn fortgebären." (S. 106.)

Dem jubelnden Volke, das ihn als Antichrist begrüßt, verkündet er das Nahen des goldenen Zeitalters. Und doch weiß er zugleich, daß jeder den Gott und das Paradies nur durch eigene Reife hervorbringen kann. Die Masse mißversteht ihn und Anar-

[198] Drama in 5 Akt., Leipzig 1886.

chie beginnt. Gottfried wird eingesperrt, und im Kerker erkennt er, nach jenem vorausgewußten Plane, den wahren Gott.

Drei andere Dramen sind, mit Rücksicht auf die Form, kaum erwähnenswert. Zunächst ein anonym erschienenes „[Welt-Drama in 2 Theilen]", „Der Antichrist",[199] wo dieser als ein haltloser Idealist mit der Parole der Freiheit die Massen gewinnt und Weltherrscher wird, fast wider Willen und von Mephisto getrieben. Kätchen (Gretchen) hat sich umgebracht, und in den Armen der Fee (Helena) wird er nicht glücklich. Elias, der Endprophet, bricht seine Macht, das Gericht bildet den Schluß.

Das „Trauerspiel der letzten Zeiten" „Der Antichrist" von *Karl [Borromäus] Landsteiner*[200], entlehnt, nicht ohne häßliche Anachronismen, manche Motive den Alexandersagen. Die dramatische Spitze ist abgebrochen, da die Macht des Antichrist lange vor dem Ende erschüttert ist.

Von der Trilogie „Der Antichrist" von *[Sebastian] Wieser*[201] ist nur ein Vorspiel und der erste Teil, in fünf Akten, erschienen. Es ist die dramatische Geschichte der civitas Dei, wobei Kain mit Ahasver und dem Antichrist zu einer Gestalt verschmolzen wird, die als personifiziertes Böse dem Gottesreich entgegenwirkt. Parallel zum Antichrist geht die Geliebte Abels als die irre Sehnsucht nach dem Paradies und Abbadona, der Reue-Teufel, durch die Geschichte. Ein zweiter und dritter Teil sollten „Jesus Christus" und „Die Kirche" heißen und ein Nachspiel den Sturz des Antichrist und das Gericht dramatisieren.

Den Antichrist der traditionellen Sage zeichnet *Josef Seeber* in seinem in der Endzeit spielenden „Ewigen Juden"[202] (1894). Er gewinnt die Weltmacht, sein Bild wird angebetet und im letzten Stolze versucht er die Himmelfahrt Christi nachzuahmen, aber Gottes Gericht bricht an und schleudert ihn in die Hölle. Dasselbe Bild der überkommenen Sage gibt auch die Novelle von *Elli Bilecki* „Die letzten Menschen" (1913), während

199 Wien 1896.
200 2. A., Wien 1891.
201 Regensburg 1911.
202 Freiburg i. B. 1894.

Karl Wagenfelds plattdeutsches Epos „De Antichrist"[203] in vier Teilen („Krieg und Friäden", „De Antichrist", „De Unnergang von de Welt", „Dat Jüngste Gericht") in der Art alter Holzschnittkunst die letzten Dinge erzählt, wobei die altchristlichen Legendenmotive unangetastet festgehalten sind.

Andere Bearbeitungen suchen einen stärkeren Kontakt mit den sozialen Problemen zu gewinnen. Religiöse Dichter wie *Ferd. Brockes* („Die Herren der Erde") und *R. H. Benson* („Der Herr der Welt") sehen im Antichristen die letzte und reinste Verkörperung der sozialistischen-chiliastischen Tendenzen, *Benson*, indem er ihn die Religion des Lebens und der Toleranz einführen und in ihrem Namen die Überreste positiver Religionen verfolgen läßt. Ebenso sieht „Das Reich des Antichrist" von *Dmitrij S. Mereschkowskij*[204] (1921) in dem Kampf des Bolschewismus mit der Religion einen apokalyptischen Augenblick. „Für alle, welche wissen, was der russische Bolschewismus ist, steht es außer jedem Zweifel, daß der Friede mit den Bolschewisten eine unausbleibliche Weltkatastrophe bedeutet, etwas, was in der Tat dem Weltende, dem apokalyptischen ‚Reiche des Tieres' gleichkäme" (S. 23-24). „Wiederholt sich nicht jetzt vor unseren Augen die kolossale Vision von Patmos? Vergehen wir nicht vor Angst angesichts der Plagen, die über die Welt kommen?" (251–252) „Die ‚Apokalypse' ist das Ende der Weltgeschichte. Europa will noch immer die Fortsetzung: das ist seine Schwäche. Der Bolschewismus will das Ende: das ist seine Stärke. Er glaubt nicht an die ‚Apokalypse', ist aber selbst durch und durch apokalyptisch." (251) „Bolschewismus ist Nacktheit; aber Europa ruft: ‚entblößen wir das Ende." (S. 195.) „Iwan Karamasow sagte: ‚Der Mensch ist Gott.' Smerdjakow *machte* sich aber zu einem Gott." (232) Das „Geheimnis des Antichrist" aber ist das Unpersönliche: und das ist der „Triumph des Bolschewismus". (S. 205.) Der Roman von *A. Ulitz* „Ararat" (1920) hat den Führer des Bolschewismus, der sich selber zerstört, zum Antichristen geprägt. Nur mühsam findet die

[203] 1916, 3. A., Warendorf i. W. 1920.
[204] München 1921.

Menschheit am Ende dieser Sündflut den rettenden Berg, nur als reife kann sie aus sich gestalten, was ihr der Bolschewismus unzeitig aufdrängt.

Nicht erst in dieser äußersten Form, schon in den Anfängen des Sozialismus sieht *Selma Lagerlöf* das Antichristliche. Ihre schöne Erzählung: „Die Wunder des Antichrist" vermag, ähnlich wie *Ramuz*, im engen weltfernen Leben eines sizilianischen Bergstädtchens die welthistorischen Ereignisse einzufangen. Legendenhafter und zarter als jener schildert sie die vermeintlichen Wunder des falschen Christusbildes von Aracoeli, das dem echten täuschend gleicht, auf dessen Krone aber geritzt ist: „Mein Reich ist von dieser Welt."

Auch *Max Fischers* Roman „Der Antichrist"[205] handelt vom Marxismus und beginnt mit der Schilderung der Expropriation. Aber auf sie folgt nicht das „Reich", denn „der Mensch ist nicht gut, wie die Verkündiger der neuen Zeit es gepredigt hatten, der Mensch ist böse". (S. 22.) „Freiheit und Gleichheit schienen sich nicht zu bedingen, sondern auszuschließen." (S. 23.) Von der Mitte an löst sich die Konzentration, die Schilderung zerfällt in einzelne Bilder. Der Antichrist, die große Persönlichkeit, ist allein imstande, die Orgie der ausartenden Revolution zu bändigen, alle Augen richten sich auf ihn. Theosophen, Freimaurer, Astrologen laufen ihm zu, auch viele Anhänger der Kirche, die aber trotz eines Schismas in den Katakomben weiterbesteht. Allerorts tauchen neue Messiasse auf, der große Abfall beginnt. Aber die Kirche hütet im Verborgenen das Reich Gottes und erwartet den letzten Tag.

Am nächsten dem Pathos des alten Mythos steht die „kurze Erzählung vom Antichrist" in den „drei Gesprächen" von *Solovjev.*[206] Der Evolutionismus des Fürsten – in dieser Gestalt tritt Tolstoi auf – und die Liebe zur kommenden Menschheit wird mit dem Hinweis auf den Tod und [mit] einer Sexualphilosophie, die, ähnlich der *Kierkegaards*, den Einfluß *Schopenhauers* ver-

[205] München 1919.

[206] Drei Gespräche, erschienen 1899-1900, in Buchform 1900. Übersetzt in: *Wladimir Solovjeff*, Ausgewählte Werke, I, Jena 1914.

rät, ad absurdum geführt, und die Oberflächlichkeit eines rein negativen Begriffes des Bösen aufgedeckt. „Es gibt einen bösen Frieden, einen Frieden der Welt, der darauf begründet ist, daß das miteinander vermischt oder äußerlich verbunden wird, was sich innerlich feind ist."[207] „Ich denke, daß der bemerkbare, beschleunigte Fortschritt immer ein Symptom davon ist, daß das Ende bevorsteht."[208] Dem sozialen Christentum *Tolstois* schleudert er den Satz entgegen: „Wir haben nur einen Schutz, – die wirkliche Auferstehung" Christi,[209] ohne sie bleibt jedes ‚Reich Gottes' ein ‚Reich des Todes'. Der Antichrist *Solovjevs* ist, wie der *Bensons*, Spiritualist, er bringt den Frieden, nicht das Schwert, während er zum Beherrscher der Erde wird, versöhnen sich die drei christlichen Kirchen – auch in diesem folgt *Solovjev* seinem Lehrer *Baader* – dem letzten Kampfe kommt die Parusie zuvor.

Es liegt im Wesen der Nachfolge *Baaders*, daß das Antichristliche im Spiritualismus gesehen ist und jede christliche Eschatologie auf die Auferstehung Christi gegründet wird. Schon in den „Grundlagen des Lebens" (1882-84) verkündet *Solovjev:* „Die Auferstehung ist die innere Einigung der Materie mit dem Geiste, mit dem sie *eins* wird als seine reale Erscheinungsform."[210] Die jetzige Kirche entspricht daher dem Leibe Christi „während Seines Erdenlebens bis zur Auferstehung",[211] und erst eine analoge Auferstehung wird auch sie vollenden. Wie also gegen *Tolstoi* unaufhörlich betont wird, daß die Welt unrettbar im argen liege und aus ihren Kräften nicht aufzurichten, das Leben der Natur vielmehr „ein verborgenes Sichauflösen"[212] sei, so wird auch *Nietzsches* zeit- und inhaltsloser Wunschfigur[213] eine distinkte und optimistische Eschatologie entgegengehalten.

[207] *Wladimir Solovjeff*, Drei Gespräche, in: Ausgewählte Werke, I, a. a. O., 317.
[208] Ebd., 311.
[209] Ebd., 338.
[210] Die geistigen Grundlagen des Lebens, in: Ausgewählte Werke, I, a. a. O., 84.
[211] Ebd., 90.
[212] Ebd., 58.
[213] Vgl. derselbe, Sonntags- und Osterbriefe, I, in: Ausgewählte Werke, I, a. a. O., 167ff.

So mannigfach auch die Ideen der angeführten Dichtungen sein mögen, in der ursprünglichen Konzeption des Antichrist sind sie alle direkt oder indirekt von *Nietzsche* abhängig, tendieren auf die Entlarvung liberaler oder sozialistischer Nivellierungsversuche. Der Zusammenhang mit der Mythik des ganzen Jahrhunderts läßt sich freilich ebensowenig verkennen wie bei den Ahasver-Dichtungen. Wie diese beiden Figuren selbst sich seit *Duller* öfters verbunden finden, so bestehen Beziehungen zur Judasidee – etwa in *Alex von Frankenbergs* „Der Widersacher“[214], und zum Faust- und Don-Juan-Problem.

Abseits liegt endlich eine Gruppe von Werken, die sich an historische Antichrist-Legenden anschließen, wobei die Forschungen *Renans, Gunkels, Friedländers* heranzuziehen wären. Mehr phantastisch ist noch die Novelle von *Leo Perutz*, „Die Geburt des Antichrist“,[215] die in einem sizilischen Dorfe des 18. Jahrhunderts spielt und in der sich der vermeintliche Widerchrist als Cagliostro enthüllt.

Zwei andere Bearbeitungen schließen sich an bedeutendere Sagen an, die erste an die des Simon Magus, die zweite an Nero. Beide entstammen der Sphäre des Symbolismus und verraten stilistische Abhängigkeit von *Wildes* „Salome“.

Bei *[Jules] Siber* ist „Der Antichrist“[216] von schwülen Düften umgeben. In seltenen Farben und Gerüchen prunkend, aber auch alles Gräßliche, Perverse aufwühlend, ist die Geschichte des „Purpurwölkchens Simon Porphyros“ erzählt. Als Christus wirkt und stirbt, ist Simon noch Knabe, schön wie Eros, ein Tänzer und Buhler, ein Feind den Nazarenern, die nicht, wie bei *Wilde*, rein und heilig sind, sondern Hinterweltler, verkappte Lüstlinge und fanatische Anbeter. So sind beide unrein und die unzüchtigen Tänze, die der schöne Antichrist auf dem Ölberg vor Herodes und Tiberius aufführt, machen es nicht glaubhaft, daß er der größere und der platonische Eros der wahrhaft erlösende sei. Er will auferstehen wie Christus. In Rom läßt er sich

214 *Alex von Frankenberg und Ludwigsdorff*, Das Reich. Partitur der Welttragödie, Stuttgart 1928.
215 Wien 1921.
216 Der Antichrist. Ein Roman, Berlin [1921].

begraben und vor den Christen steigt er hinab, während sein Freund Diomedes getötet wird. Die Wolke über seinem für immer geschlossenen Grabe sendet Blitze auf die Stadt und verursacht ihren Brand. So endet die Sage bittersüß, innerlich uneins, schon in den Wurzeln unrein und unfähig, Sprache und Gestalt zu zeugen.

Die Novelle „Der Tod des Antichrist" von *Johannes Schlaf*[217] ist nüchterner, durch die schlichte Erzählung wirkend. Der moralische Tenor dringt stärker durch als bei *Wilde* oder gar bei *Siber.* Der Akzent liegt durchaus auf Christus, dessen Gegensatz in Neros Perversität und seinem verzweifelten Hängen an der Erde gefunden wird.

Die notwendige Gegenfigur zum Antichristen ist in der christlichen Legende der wiederkehrende Christus, der Mittelpunkt der religiösen Eschatologie. Man wird das neuerwachte Interesse an seiner Gestalt weniger dem Einfluß *Nietzsches* zuschreiben, als anderen Faktoren: Einmal der allgemeinen religiösen Problematik und einer möglichen Stellung Christi darin, dann den eschatologischen Tendenzen des Sozialismus, soweit sie christliche Symbole heranziehen, endlich jener Psychologie, die das Thema des „Messiasbewußtseins" aufgriff, und damit im weiteren Zusammenhang der neuen religiösen Deutung der Eschatologie durch die Theologie, die unter *Kierkegaards* Einfluß steht.

Minor unterscheidet mit Recht in seiner Analyse von *Goethes* „Ewigem Juden" eine eschatologische und eine uneschatologische Gestalt der Sage. Die erste bezieht er auf die verklärte Parusie Christi zum Gericht, die zweite, und für die Dichtung einzig in Betracht kommende auf die Vorstellung seines unbekannten Wandelns auf Erden, das dem Erdenwandel anderer Helden und Seligen heidnischer und christlicher Zeit analog ist und nur in Rücksicht auf das Ende dieser Wanderung, die Apokalypse seiner Herrlichkeit, eschatologisch genannt werden kann. Die erste Fassung taucht bei *Goethe* nur andeutungsweise

[217] Minden i. W. 1901.

auf: in jenem völlig veränderten Ahasverplan von Dichtung und Wahrheit, wo Christus dem Juden Erlösung verheißt, wenn er verklärt wiederkehren würde. Die zweite aber hat bei *Goethe*[218] das Interesse an dem Ahasvermythos zu verdrängen vermocht. Freilich sind auch von ihr nur Fragmente: die gewaltige Erdenfahrt und zerstreute Episoden des Erdenwallens zustandegekommen; die wuchtigste Konzeption, die ein Kollektaneenheft der römischen Zeit enthält, ist Skizze geblieben: jene Vorstellung nämlich, die den Entwurf *Dostojewskijs* vorauszunehmen scheint: Christus vom Neid des Papstes im Vatikan gefangen gehalten.[219]

Die Prägnanz dieser Idee, „daß Christus selbst, als er zurückkommt, . . . in Gefahr gerät, zum zweitenmal gekreuzigt zu werden",[220] ist von großer polemischer Wirkung und tritt öfters auf: *Herder* hatte in der Urgestalt der „Ideen" Christus so angesprochen: „Du stehst in Deiner reinen Gestalt allein da, und wärest in Deiner christlichen Welt zehntausendmal aufs neue gekreuzigt worden, wenn Du wieder erschienen wärest."

Platen ruft in einem Epigramme aus:

Möge die Krämer verschonen der wiedererwachende Christus;
Aber die Pfaffen indes peitsch' er zum Tempel hinaus!
Weil dies feige Geschlecht ihn stets ein geduldiges Lamm schilt,
Zeigt' er sich ihm schreckhaft als ein gewaltiger Leu.[221]

Nicht anders erscheint für *Kierkegaard* der Gegensatz zwischen Christus und dem Christentum ein vollständiger: in die neunte Nummer des „Augenblick" schreibt er: „Denn zu diesen Millionen, die auf den Knien zu seinem Grabe wallfahrteten . . .

[218] Über andere einschlägige Dichtungen der Goethe-Zeit vgl. *Jacob Minor*, Goethes Fragmente vom ewigen Juden und vom wiederkehrenden Heiland, Stuttgart und Berlin 1904.

[219] Ebd., 185ff; über den letzten Christusplan Goethes: ebd., 206ff.

[220] *Johann Wolfgang Goethe*, Italienische Reise I, 27. Oktober 1786, in: Goethes autobiographische Schriften, Bd. II, Leipzig [1920], 129.

[221] *August Graf von Platen*, Auferstehung, in: August Graf von Platens sämtliche Werke in zwölf Bänden, hrsg. von Max Koch und Erich Peket, Vierter Bd., Gedichte 3. Teil, Leipzig 1910, 182.

dürfte nur Christus wiederkommen und alle diese Millionen würden bald Füße zu gehen bekommen . . . das ganze Gewimmel wäre wie weggeblasen, oder würden sie en masse sich schnurstracks auf Christus losstürzen, um ihn totzuschlagen." *Dostojewskijs* Christus wird als der Gefährlichste eingekerkert, *Winckler* läßt den zum Gericht erscheinenden beim Anblick der Welt umkehren.

Wieder ist im „Stern des Bundes"[222] das eindringlichste Bild gefunden:

> Weltabend lohte . . wieder ging der Herr
> Hinein zur reichen stadt mit tor und tempel
> Er arm verlacht der all dies stürzen wird.

Nicht einen findet er, der noch seines Sinnes wäre:

> Weltabend lohte . . rings war spiel und sang
> Sie alle sahen rechts – nur Er sah links.

In dieser durchaus eschatologischen Form findet sich das Thema selten mehr gefaßt. Dagegen häufen sich die Bearbeitungen, die Christus in die Gegenwart hineinstellen und ihr Verhalten zu ihm beobachten.

So *Ricarda Huch* in der „grotesken Erzählung" „Der wiederkehrende Christus".[223] Luzius, der Sohn eines Schmiedes, wandert durch Deutschland, Liebe predigend und Kranke heilend. Filmgesellschaften, Spiritisten, die Finanz sind hinter ihm her. Er gilt als der wiedergekehrte Heiland. Der Papst, grotesk karikiert, strebt nach Weltmacht und will zu diesem Zwecke die Inquisition wieder einführen. Von seinen Nachfolgern verlassen, wird Luzius gefangen und verurteilt, wieder befreit, entschwindet er den Augen, wie er, über die Liebe zu zwei Gefährten sprechend, auf der Heide schreitet. – Alles ist hier verzerrt und gewollt unwahrscheinlich. Die Hauptgestalt aber bleibt ganz Rätsel, Schatten und Silhouette, kein Versuch zu psychologi-

[222] *Stefan George*, Der Stern des Bundes, a. a. O., III, 9.
[223] Leipzig 1926.

scher Erklärung (wie etwa in *Hauptmanns* „Narr in Christo") wird gemacht, nur die Umwelt ist in satirischer Schärfe gezeichnet. Auf ähnliche Weise wird in *Liliencrons* humoristischem Epos „Poggfred" Christus in ein naturalistisch geschildertes Milieu versetzt. Diese Bearbeitungen nähern sich schon denen der zweiten Einflußsphäre: der sozialen Bewegung.

Zum erstenmal hatte *Max Kretzer* das soziale Thema mit der Gestalt des wiederkehrenden Christus verbunden. („Das Gesicht Christi", 1896.) Im Osten Berlins, zuerst von den Kindern erkannt, taucht seine Gestalt auf, in der Roheit des Armenlebens wird er ein Stärker der Glaubenden. Er folgt dem armseligen Leichenbegängnis eines Kindes, wird jedoch von der zusammengelaufenen Menge verhöhnt und mit Steinen beworfen. Aber einige erkennen ihn und glauben. Die Komposition dieses großen Planes ist Fragment geblieben und auch in dem abgeschlossenen Teil mißlungen, die Wiederholung des Wunders zumal ist für den Aufbau nachteilig. Ähnliches gilt für das „Gleichnis" „Der Fremde" von *Helene von Mombart*,[224] in dem Christus als Handwerker auf der Landstraße und in sozialistischen Versammlungen auftaucht und schließlich im Tollhaus von einem Irren gekreuzigt wird.[225]

In diesem Zusammenhang kann *Upton Sinclairs* Roman „Man nennt mich Zimmermannssohn"[226] nicht unerwähnt bleiben, dessen Wirkung auf dem grotesken Gegensatz von tragischer Idee und amerikanisch registrierenden Stil beruht. In einem Fiebertraum träumt der Dichter die Wiederkehr Christi in New York. Die Religion der Liebe wird in Schlagworten in die Presse gebracht, die sich seiner bemächtigt. Er heilt Kranke, speist die Armen und treibt die Bankiers aus der Kirche. Er spricht in Sozialistenversammlungen, predigt im Gewühl der Western-City-Straße, wird gefangen, dann versteckt und bei seiner letzten Predigt verspottet durch die Straßen geschleppt, um gelyncht zu

[224] Pseudoname *Hans von Kahlenberg*.
[225] Für weitere Dichtungen vgl *H. Spiero,* Die Heilandsgestalt in der modernen Dichtung, Berlin 1926.
[226] Übersetzt von Hermynia zur Mühlen, Berlin 1922.

werden ... Zornig entgeht er dem Volke und kehrt in das Glasfenster zurück, aus dem er getreten war.

Ein anderer Weg führt von der Psychologie zu diesem Thema. Das Problem des Messiasbewußtseins tauchte schon vielfach in den historischen Romanen auf, besonders deutlich bei *Lulu von Strauß und Torney* (in ihrem „Tile Mohme") und bei *Max Brod* („[Rëubeni]"). Im Anschluß an die liberale Theologie entstand eine Fülle nicht selten dumm-dreister Versuche, die Gestalt und das Leben Jesu selbst psychologisch zu erklären. Eine Zusammenstellung einschlägiger Dramen gibt die Dissertation von *Dorothea Lange:* „[Das Christusdrama im 19. und 20. Jahrhundert]" (München [1924]). Noch in neuester Zeit will diese Tendenz nicht abnehmen. Man denke an den kommunistischen Jesus von *Barbusse*, den „mißverstandenen Nazarener" und kosmischen Schwärmer von *Willi Dünwald*, an die süßliche „Legende des Herrn" von *Walter von Molo* und neuerdings an die verspäteten psychologisch-rationalistischen Deutungen in *Emil Ludwigs* „Menschensohn".

Zuletzt wird die Erneuerung des religiösen Gefühls der mächtigste Anstoß, das Thema wieder zu beleben. Und zwar nicht sosehr den eschatologischen Christus, der als Richter wiederkehrt, als den in der Geschichte präsenten, wie ihn die katholische Lehre des „corpus mysticum" kennt, in dem Verstande auch, wie *Kierkegaard* die Eschatologie fassen wollte: als ein immerwährendes Vorhandensein des Ewigen in der Zeit oder im Sinne von *Richard Dehmels* Wort „Auf Erden ist immer das Jüngste Gericht". Nach dieser Auffassung wandert also Christus mit der Menschheit und wächst selbst in ihr bis zum Jüngsten Tag. Es lag nicht ferne, die Ahasverlegende damit in Verbindung zu bringen. Nach *Robert Buchanan* („The wandering Jew", 1893) ist Ahasver Christus selbst, dessen Tod umsonst war und der dafür den Kreuzweg durch die Jahrtausende antreten mußte. Eine ähnliche Identifikation nimmt *Gustav Renner* („Ahasver", 1902) vor. Oder es konnte die Person Christi an anderen Stellen der Geschichte auftauchen, sich reinkarnieren. *Baumanns* „Christus" (1904) faßt Luther als eine solche Wiedergeburt Christi, während *Dmitrij Mereschkowskij* im Roman „Der Messias"[227] die Schatten zu verstehen sucht, die „Ihm" vorausgehen, Ahnende vom „Mysterium des leidenden Gottes"[228]. Echnaton, König Ägyptens, ist einer dieser Vorläufer, der das Reich des Friedens aufbauen will, dem Throne entsagt und nach Predigerzügen durch das Land im Feuer endet. Sein Werk, scheinbar vernichtet, blüht im Stillen fort. In der Mitte dieser mystischen Analysen steht *[Gerhart] Hauptmanns* „Der Narr in Christo Emanuel Quint" ([1910]).[229] Emanuel, der Narr, der das Geheimnis des Reiches in der Seele, das Geheimnis der Christwerdung des erlösten Menschen kennt, geht predigend durch das Land an der schlesisch-böhmischen Grenze. Aber seine Anhänger mißverstehen seine Auffassung der innern Freiheit, Fanatiker gründen eine chiliastische, das baldige Gericht erwartende Sekte, die ihn in Verruf bringt. Manche sehen in ihm den Antichristen. Vergeblich sucht er die Innerlichkeit des Christentums verständlich zu machen, die Einswerdung mit Christus, die er selbst ekstatisch erlebt hat. Ein Leidensweg ist sein Aufenthalt in der Stadt, gefangengenommen, verhört, endlich befreit, aber von allen Anhängern verlassen, wandert er durch die großen Städte, aber er findet überall verschlossene Türen und stirbt einsam im Schnee.

Während in dem Roman *Hauptmanns* ein eigentümliches Auseinander von glaubender Hingabe und kühler, distanzierter, oft rationalistisch deutender Psychologie herrscht, schildern positiv religiöse Dichter diese mystische Einheit unbefangener und naiver. Die Einheit des Leidens ist auf protestantischer Seite wohl am eindringlichsten von *[Hans-Christoph] Kaergel* in: „Des Heilands [2.] Gesicht" (1919),[230] auf katholischer von *Franz Herwig* in der Novelle „Sankt Sebastian von Wedding"[231] geschildert worden, jener hebt die passive, dieser die aktive Seite des Leidensweges mehr hervor, bis endlich *[Joseph] Wittig* seit

[227] Leipzig und Zürich 1927.
[228] Ebd., Nachwort des Verfassers, 5.
[229] Berlin 1910, 2. A., Berlin 1910.
[230] Des Heilands 2. Gesicht. Eine Geschichte aus d. Heide, Neue christliche Erzähler, 9. Bd., Berlin 1919.
[231] München 1921.

seinem Artikel „Die Erlösten“[232] diese Gegenwärtigkeit Christi und die Einheit des Erlösten mit ihm in allen seinen Schriften, am eindringlichsten in seinem großen mystisch-selbstbiographischen Roman „Das Leben Jesu in Palästina, Schlesien und anderswo“ beschrienen hat.

Kierkegaard und *Nietzsche* hatten die eschatologische Antithese: Christ und Antichrist wieder hergestellt, und dies in einer Schärfe, die es zweifelhaft erscheinen ließ, ob jemals von einer Versöhnung der zwei Reiche die Rede sein konnte. Zwar hatte *Kierkegaard* in „Entweder–Oder“ von der Durchdringung des ästhetischen und ethischen Stadiums gesprochen, allein nach diesem Jugendwerke erwähnt keine spätere Schrift diese Möglichkeit wieder und auch ein Blick auf *Nietzsches* gesamtes Werk läßt die Formel vom gekreuzigten Dionysos nicht als einen ernstlichen Entwurf der Versöhnung begreifen: „Dionysos gegen den Gekreuzigten“ bleibt vielmehr die letzte Losung.

Dennoch taucht in der Folge das idealistische Wort vom dritten Reiche wieder auf. *Ibsen* war es, der die Schule *Kierkegaards* durchgemacht und den schmerzlichen Riß zwischen den zwei Reichen erlebt hatte. Im ersten seiner drei großen Weltanschauungsdramen scheint sich das ethische Stadium *Kierkegaards* wie sonst nirgends in der Literatur zu verbildlichen, während das zweite sich um die Gestaltwerdung des ästhetischen bemüht. Aber schon die Tatsache, daß *Ibsen* in der Folge das Drama vom dritten Reiche schrieb, nötigt zu einer Prüfung der beiden ersten.

Brands Leitspruch ist jenes „Nichts oder Alles“, das auch *Kierkegaards* Pathos kennzeichnet. Die Weise, wie dieser Fanatiker die Absolutheit des alttestamentarischen Gottes und seiner Forderung in Furcht und Zittern verkündet („Und gäbst du alles – außerm Leben, so wisse, du hast nicht gegeben!“), wie er die Rechtlosigkeit der Kreatur gegen alles kirchliche Halb-und-Halb verteidigt und lieber einen ganzen Sünder als einen halben Gerechten sieht, und schließlich, wie *Kierkegaard*, in die unzugänglichsten, tödlichen Gebirge des Religiösen sich verirrt, wo

232 In: Hochland, 19. Jhg., April-September 1922, Bd. 2, München 1922, 1ff.

ihn der Sturm Gottes begräbt, dies alles könnte dazu verleiten, in Brand die Dichtung des Entweder–Oder zu sehen. Aber am wesentlichen Punkt versagt *Ibsens* Nachfolge: Brand weiß nichts von der Verborgenheit des Religiösen, von *Kierkegaards* Innerlichkeit. Die Gründe, um derentwillen er das schlackenvolle Amt und seine Frau verläßt erweisen seinen unbändigen Stolz und die Zweideutigkeit seines Gottähnlichkeitsstrebens, und decken endlich einen titanischen Charakter auf, der in höchst unchristlicher Art das Angesicht der Erde zu erneuern strebt. Die Konsequenz, die *Ibsen* endlich aus dem „Alles oder Nichts" zog, ging dahin, daß die Formel, wenn sie der Vielseitigkeit der menschlichen Anlagen gerecht werden sollte, nur momentane Geltung haben konnte, womit sie zu einer formalen Maxime heruntersank und das Religiöse *Kierkegaards* erst recht verkannte.

Wieder scheint Peer Gynt auf den ersten Blick der beste Ausdruck für das zu sein, was *Kierkegaard* unter dem ästhetischen Stadium verstehen wollte, den Zustand der Entscheidungs- und Verantwortungslosigkeit und zugleich einer weltweiten Phantastik, die aber innerlich und tatenlos, wie eben das Kaisertum Peers, bleibt, den Zustand einer geheimen Angst, weil er an das unbekannte und doch vorgewußte Ethische grenzt, welche Angst bei Peer vor dem Knopfgießer in das „Verzweifelt-man-selbst-sein-wollen", in die „Krankheit zum Tode" mündet. Aber wieder ist *Kierkegaard* in bezeichnender Weise umgedeutet: Während dieser das ästhetische Stadium letztlich mit ethischen Kategorien beurteilt, so, daß es als Angst und Verzweiflung, Ärgernis und Sünde ausgelegt wird, hat Peer Gynt nicht gesündigt, mit Ruhe empfängt Solwejg den Verzweifelten:

> Mein einziger Junge, du sündigtest nichts.

Denn für das erste Reich ist der Gegensatz von Gut und Böse noch bedeutungslos, die „Strafe" aber, die ihn allein bedroht, ist Dionysos, der Knopfgießer, der seine ungestaltete Seele den Elementen ausliefern will. Damit aber ist unversehens die idealistische Eschatologie der Person wiedergewonnen: In reiner Negativität besteht das Böse, und wer sich die Person nicht aufzuerbauen vermochte, wird dem Tageslicht zurückgegeben. Nicht nur Peer Gynt umgeht die Ethik der Verantwortung vor dem Andern und Höhern, auch *Ibsen* tut es letztlich und lenkt damit zur Autonomie der Person und ihrer Selbstverantwortung zurück. Hinter dem *Kierkegaard*schen Antlitz beider Dramen taucht das idealistische auf und es ist nicht erstaunlich, sondern konsequent, wenn im dritten *Hegel* und *Schopenhauer* völlig zum Durchbruch kommen.

Von „Kaiser und Galiläer" aus wird also der Zusammenhang *Ibsens* mit dem Idealismus offenbar. Das Problem der Schuld tritt in den Vordergrund, der Knäuel der Prometheus-Probleme wird von neuem vergeblich zu entwirren versucht: Schöpferische Negation, in den Gestalten Kains und Judas verkörpert, bleibt auch hier die rätselhafte und paradoxe Antwort. Die Synthese von ästhetisch und ethisch, die gefunden werden soll, wird zur idealistischen von Notwendigkeit und Freiheit. Der Weltgeist tritt von neuem in seine Stelle, aber nicht in der konsequenten Hegelschen Form, sondern dem ziellosen Willen *Schopenhauers* verwandter. Damit ist auch die hoffnungslose Problematik des Verhältnisses von Weltgeist und Individuum wiederhergestellt. Auf der einen Seite steht die allgemeine Eschatologie: „Wenn der Weltgeist keine Seelen mehr findet, die er versuchen und verführen kann, – so ist der Jüngste Tag gekommen", und der Einzelne ist dieser Macht durchaus ausgeliefert: „Wollen heißt wollen müssen". Dem entgegen aber steht ein radikaler, an *Schopenhauer* gemahnender Individualismus, der die erste Eschatologie Lügen straft. Schließlich verwirren auch Gedanken aus dem naturwissenschaftlichen Evolutionismus und dem Positivismus – etwa in der Bekenntnisrede beim Fest im Grand Hotel zu Stockholm (24. Sept. 1887) – die idealistischen Thesen.

Ibsens drittes Reich ist keine Synthese der neuen schroffen Gegensätze, sondern eine Repristination des dritten Reiches *Schillers, Schellings* und *Hegels.* Die neuen Kategorien, die in Brand und Peer Gynt gesichtet sind, werden bald durch die alten ersetzt. Das Pathos allein verrät die vorgerückte Zeit; gelegentlich wird selbst das dritte Reich im *Nietzsche*schen Sinn als Utopie erkannt und erstrebt:

Julian: „Wie soll ich es wollen können, das Unmögliche?"
Maximus: „Ist es der Mühe wert, das Mögliche zu wollen?"

Aber auch solchen Aussprüchen haftet, wie den meisten idealistischen Sentenzen *Ibsens*, die Nüance von Abgegriffenheit an, die der Weisheit des ausgehenden Jahrhunderts eignet. Aus der ausweglosen Ideologie von „Kaiser und Galiläer" flieht *Ibsen* in das Gesellschafts- und Geschlechtsproblem, wo sich die Ratlosigkeit angesichts der letzten Richtungen, wie bei *Hebbel*, unauffälliger verdecken ließ.[233]

Rudolf Paulsen hat in seinem „Berggespräch", „Christus und der Wanderer", die Formel vom gekreuzigten Dionysos wörtlich genommen. Der Wanderer, der „die Züge des Einsiedlers von Sils-Maria" trägt, ringt mit dem Gekreuzigten, bis dieser sich niederläßt, und beide als „lebendige Kreuzform" eins scheinen. Dann hängt der Wanderer am Kreuz und Christus wandert, sein Amt wiederholend. Aber nur ewiger Wechsel, keine Versöhnung beider wird erreicht:

Mein Blut wird wieder von dem Holze rinnen,
Und du wirst neue Wanderschaft beginnen . . .
Der Wanderer und Christus: Pol und Pol.
Dazwischen wölbt sich alles Mensch-Geschehen.

Das dritte Reich liegt unerreichbar über beiden:

Du kannst mich nicht, ich Dich niemals besiegen,
Weil unverletzbar wir im Größern liegen.

Das Festspiel „Die Weltalter"[234] von *Ferd. Vetter* sucht, wie *Ibsen*, die Kluft von Macht und Liebe, erstem und zweitem Reich, zu überbrücken. Weder das Reich der Götter noch das Christi haben sich bewährt. Der dritte Teil, „Weltgericht", fordert ein Reich des Rechts über beiden. Aber alles Mark der Antithesen verliert sich in solcher Synthesis: während die Gegensätze sich bei *Ibsen* in die idealistische Einheit aufheben,

[233] Vgl. dazu *R. Engert,* Henrik Ibsen als Verkünder des dritten Reiches, Leipzig 1921.
[234] Drei Mysterien, Schkeuditz b. Leipzig 1911.

verschwimmen sie hier vollends in einer nebelhaften, phrasenhaft humanen Verklärung.

Es bleibt somit die schroffe Gegensätzlichkeit, die *Nietzsche* und *Kierkegaard* aufstellten, bestehen, und erst der neuern Theologie und religiösen Philosophie vorbehalten, die Frage nach dem Verhältnis des Reichs dieser Welt und des Reichs Gottes von neuem und ohne voreilige Synthesen zu erörtern.

7. Rationale Eschatologie.

Die Entwicklung des eschatologischen Problems seit der Reformation bis zum Ende des Idealismus zeigt eine steigende Rationalisierung, die sich zuerst im *Leibniz-Wolff*schen Entwicklungsschema und zur selben Zeit in chiliastischen Strömungen äußert, die, von *Kant* und *Fichte* nur scheinbar zurückgedrängt, in Wirklichkeit vom idealistischen System resorbiert wird und in *Hegel* sich vollendet. Von nun an teilt sich der Weg: Der eine führt, durch die Restauration eingeleitet, zu *Kierkegaard* und zur völligen Preisgabe rationeller Momente in der Eschatologie, wobei das ganze Gewicht des Problems auf die individuelle, religiöse Seite geladen wird – der andere aber leitet zur extremen Rationalisierung der Eschatologie über. Vorbereitet durch *Hegel*, gewinnt sie in dem soziologischen Gebiet durch *Marx*, im biologischen durch den Darwinismus den Anspruch exakter Wissenschaftlichkeit. Die beiden Zonen hatten geringe Berührungspunkte, zumal keine Bemühung um eine systematische Eschatologie von jener Zeit, am wenigsten von der zeitgenössischen Theologie, zu erwarten war. Dies änderte sich, als zwei neue Gebiete sich Mitsprache bei der Erörterung der Eschatologie zu sichern begannen: Die Physik und die Technik. Hier erreicht die Rationalisierung ihre Höhe, zugleich eröffnet sich aber ein Widerstreit, der, objektiv betrachtet, zwar von geringerem Belang wäre und sich in der weiteren Entwicklung der Wissenschaft weitgehend auflösen [könnte], den aber seine symbolische Zeitbedeutung einer Besprechung wert macht. Eschatologischer Optimismus und Pessimismus, bisher Angelegenheit eines Glaubens oder bestenfalls einer Spekulation, diese beiden, seit Auflösung der eschatologischen Einheit in der Jahrhundertmitte entgegengesetzten und doch in der durch den Ahasver-Mythos als Einheit symbolisierten Konstellation eng verbundenen Verhaltungsweisen, erhalten hier, anscheinend jeder für sich, wissenschaftliche Fundierung. In der Tat: die physikalische Entropielehre, von *Rudolf Clausius* und *William Thomson* um 1850 aufgestellt und seither mannigfach ausgebaut, konnte einem spekulativen Pessimismus von der Art *Schopenhauers* wissenschaftlichen Unterbau verleihen: in der pathetischen Eschatologie *Eduard von Hartmanns* ist diese Synthese vorgenommen, die Idee des Kältetodes zu einem auch die Geschichts- und Kulturphilosophie und Ethik beherrschenden Moment geworden, der Kampf gegen den Entwicklungsoptimismus im Namen der Dysteleologie begonnen und der Zusammenhang von Utilität und Organisationshöhe als ein scheinbarer durchschaut.[235] Zugleich wird der Begriff der Entropie über das naturwissenschaftliche Gebiet hinausgetragen,[236] das pessimistische Auge entdeckt nun leichter, was die russische Geschichtsphilosophie, was *Kierkegaard* und *Nietzsche* gesehen hatten: daß es etwas wie eine Entropie der Kultur gibt, sei es in Form einer sinkenden Säkularisation der Werte und Nivellierung der Differenzen, sei es als Konzeption einer kausalen oder teleologischen Entwicklung, die zum Untergang und zum Jüngsten Tage führt.

Demgegenüber konnte der spekulative Optimismus, der aus Aufklärung und Idealismus stammte und in den soziologischen und biologischen Entwicklungstheorien schon „exakte" Form angenommen hatte, sich auf die Großtaten einer neuen, in der Geschichte nie gesehenen Macht, die Technik, stützen, die wie keine andere den Untergangsruf zu widerlegen und Aussichten auf unverhoffte Triumphe der Evolution zu gewährleisten schien.

Diese für das Zeitbewußtsein quälende Antinomie, die zwei kontradiktorische Ansichten in rationaler Weise zu stützen vorgab, mußte endlich die Blicke dem eschatologischen Problem wieder zuführen und eine Schwierigkeit von außen beleuchten,

[235] Vgl. *Ludwig von Bertalanffy*, Eduard von Hartmann und die moderne Biologie, in: Archiv für Geschichte der Philosophie und Soziologie, hrsg. von Ludwig Stein, 38. Bd., Neue Folge, 31. Bd., Berlin 1927, 153ff.

[236] Vgl. dazu *Oswald Spengler*, Der Untergang des Abendlandes, Bd. I, Gestalt und Wirklichkeit, München 1920, 601ff; zum Ganzen: *Heinrich Schmidt*, Geschichte der Entwicklungslehre, Leipzig 1918.

die *Nietzsche* und zumal *Kierkegaard* als eine innere längst erkannt hatten: Das Verhältnis von auf- und absteigender Linie in der Geschichte und, enger gefaßt, die Zweideutigkeit der gegenwärtigen Lage.

Wir betrachten die besagte Antinomie mehr als einen Anlaß zur Sichtbarwerdung des eigentlichen Problems, denn als selbst ein Problem. Nicht nur, daß in letzter Zeit Zweifel an der Geltung des Entropiesatzes aufgetaucht sind, schon früher wurden die von *Hartmann* gezogenen Konsequenzen der Entropie für Leben und Kultur angegriffen.[237] So beginnt, allerdings erst nachdem sie das Gefühl für die Urgenz der eschatologischen Frage an die Geschichtsphilosophie und endlich wieder an die Theologie weitergegeben hat, die physikalisch-technische Antinomie sich, wenigstens von dieser Seite her, wieder aufzulösen. Aber auch von der andern, denn die Frage nach der Berechtigung einer Verbindung der technischen Zukunft mit optimistischen Evolutionsgedanken ist aufgeworfen worden und offen geblieben.

Mehrfach, aber kaum in glücklicher Weise, ist das Motiv der vereisten Erde und der untergehenden Menschheit poetisch gestaltet worden, ganz äußerlich von *H. Bürgel* im Roman „Der Stern von Afrika".[238] *Richard Zoozmanns* Drama „Weltende"[239] biegt in die Welt religiöser Symbolik ab: das letzte Menschenpaar schläft auf dem Eise, das die ganze Erde verhüllt. Eine Vision führt sie ins Paradies: sie fallen abermals in die Ursünde – diesmal die Geschlechterliebe –, die Vision entschwindet, Frost und Tod tun ihr Werk. Aber ein Cherub verteidigt die Seelen gegen Belial. Sie seien

> zu einem andern Sterne aufgehoben,
> verjüngt zur Kindesunschuld und geläutert –
> sie seien einer neuen Menschheit Anfang.

237 Vgl. *L. William Stern,* Der zweite Hauptsatz der Energetik und das Lebensproblem. (Eine naturphilosophische Untersuchung.), in: Zeitschrift für Philosophie und philosophische Kritik, Bd. 121, Leipzig 1903, 175ff, und ebd., Bd. 122, 14ff.

238 Berlin 1920.

239 In: Zwischen Himmel und Erde. Eine Bühnendichtung in 2 Teilen (I. Peregrino, eine Fantasie. II. Weltende, ein Mysterium.), Berlin [1895].

Die epigonische Verschmelzung der Motivsphären läßt – abgesehen von der Undurchsichtigkeit der eingeschobenen Paradiesszene – eine dichterische Einheit nicht entstehen. In *Wolfgang Kirchbachs* Drama „Die letzten Menschen"[240] befremdet eine ähnliche Kontamination: die Darstellung der Agonie der vereisenden Erde als Tod des großen Pan. Als Sinnbilder der Natur beherrschen Gestalten der antiken Mythologie das letzte blühende Tal der Erde, in deren Eis die Leichen der Kulturen untergegangen sind. Ahas und Eva, von den Naturwesen aufgezogen, in Unwissenheit darüber, daß sie die letzten sind, wollen das neue Reich des Geistes über der Natur gründen. Aber diese vereitelt den Plan: es stirbt der große Pan und wird im Eis begraben, und mit ihm sterben die Geister des Lebens und der Natur. Die letzten Menschen erkennen die Einmaligkeit des Geistigen: jeder war

ein erster Mensch und ein am Schluß gesetzter,

und wegen dieses Geistcharakters kann er sich noch im Untergang über die Natur erheben.

Verliert sich *Zoozmanns* Drama in religiöser Mythik, so sind bei *Kirchbach* die Anklänge an *Hartmann* deutlich: die Idee der Dysteleologie von Geist und Natur und die der Sinnlosigkeit der Zeugung, „darin dein Selbst zu neuem Sein zerschellt", zeugen von teils unverstandenen Hartmannschen Philosophemen.

Ohne Mythik, als psychologisches Problem, faßt *Georg Strählers* Drama „Die letzten Menschen" die Situation.[241] Der letzte Trupp Menschen versinkt immer mehr in der Mutlosigkeit, die hinter sich alle Geschichte, vor sich die langsam sterbende Erde sieht. Ein Starker ruft sie noch einmal zum Glauben an die eigene Kraft und eine mögliche Zukunft, aber von der Orgie, die sich darob entfacht, wendet er sich ab, auch ihn verläßt der Mut und befällt das Frösteln des Endes, das längst durch die andern ging; gefaßt erwartet er die dräuende Lawine, die das letzte Leben löscht.

240 Ein Bühnenmärchen in 5 Aufz., Leipzig 1890.
241 Osterode a. H. 1922.

Wie sich der Pessimismus der Entropielehre bemächtigte, so konnte umgekehrt die Technik zur wissenschaftlich sanktionierten Form von eschatologischem Optimismus werden. Die Probleme der Technik sind, philosophisch gesehen, diejenigen der Realisierung von Werten, der Schöpfung und der Freiheit des Geistes. Ihre Affinität zur idealistischen Philosophie ist unverkennbar, nur der Umstand, daß Technik damals noch eine durchaus untergeordnete Rolle spielte, kann ihr Fehlen in der idealistischen Eschatologie erklären. Die Kunst steht an ihrer Stelle und dient als vorzügliches Schema zur Demonstration der Realisierung. Als der Idealismus zusammenbrach, verband sich die Philosophie der Technik mit praktisch verwandten, theoretisch aber ganz indifferenten Gebieten: mit der Wirtschaft bei den französischen Sozialisten und bei *Marx*, die ihr erstmals einen systematischen Ort anweisen; mit Darwinistischer Entwicklungstheorie, wobei die erste Philosophie der Technik[242] entstand; mit Materialismus und Positivismus. Allen diesen Richtungen, so wenig sie an sich taugen, die eigentlichen Probleme der Technik zu entfalten, eignet die idealistisch-optimistische Eschatologie, im allgemeinen beschränkt auf den formalisierten Begriff ständiger Entwicklung. Erst in neuester Zeit werden die philosophischen Probleme der Technik wieder isoliert und freigelegt, vorab in den Werken *Zschimmers*[243] und *Dessauers*,[244] welche die Fragen der Realisierung und Schöpfung, damit der Freiheit des Geistes, wiederum in den Mittelpunkt stellen.

Es versteht sich, daß die Technik nur sehr wenig zur Bereicherung eines materiellen Bilds der Eschatologie beitragen konnte; ihr Wert bestand in der empirischen Erhärtung des formalen Entwicklungsgedankens. Als inhaltliche Bestimmung hatte sie nur im Reich der „Zukunftsphantasie" ihre zweifel-

[242] *Ernst Kapp,* Grundlinien einer Philosophie der Technik, Braunschweig 1877; vgl. *Viktor Engelhardt*, Weltanschauung und Technik, Leipzig 1922, wo die Geschichte der Philosophie der Technik dargestellt ist.

[243] *Eberhard Zschimmer,* Philosophie der Technik. Vom Sinn der Technik und Kritik des Unsinns üb. d. Technik, Jena 1914, 2. A., Jena 1919; Technik und Idealismus. Vortrag, Jena 1920.

[244] *Friedrich Dessauer,* Philosophie der Technik, Bonn 1927.

hafte Berechtigung. Eine technisch-eschatologische Dichtung gibt es daher kaum, die seit kurzem so beliebte Zukunftsdichtung, die irgend eine der vermutlichen Stufen der Entwicklung, nie ihr Ende zeichnen kann – ein solches dürfte aus den Mitteln einer Technikphilosophie nicht zu konstruieren sein – gehört daher nicht mehr in den Kreis eschatologischer Dichtung und kann hier außer acht gelassen werden. Manche dieser Zukunftsschilderungen setzt die Gattung der alten Utopie und ihre beim Idealismus einsetzende Rationalisierung – man erinnere sich des *Fichte*schen Entwurfes – fort. Es ist nicht mehr die normative Welt der Robinsonaden, sondern eine durch den Faden wissenschaftlicher Entwicklung mit der gegenwärtigen verbundene, die hier geschildert ist. Was seit *Lukians* „Menippus" die Dichter beschäftigt, die Weltraumfahrt, die von *Cyrano, Godwin* und *Grimmelshausen* bis auf *Voltaire* und *Poe* ein phantastischer Vorwand bleibt und nur vereinzelt, etwa in *Keplers* nachgelassenem „Somnium", wissenschaftlich erörtert wird, erhält seit *Verne*, zumal in den Gesichten der Dichter, nüchterne Wahrscheinlichkeit: die utopische Insel war einst von Europa für das Zeitgefühl weiter entfernt als die Planeten von der heutigen Erde; die alte Utopie enthielt mehr eschatologische Momente als die neuen Weltfahrtromane der *[Lasswitz], Gail, Eichacker, Bürgel* und *Laffert*, deren Flut, zumal seit die populäre Astronomie von 1870 an alle Gemüter mit dem Marsproblem fesselte, ständig im Wachsen begriffen ist.[245]

Anderseits ist gerade von hier aus ein Übergang zu eigentlich eschatologischen Dichtungen zu finden. Deutet man das Problem der technischen Realisierung vom Stoff her als „Bewältigung", so wird verständlich, daß dem technischen Roman Gefahr und Katastrophe ein unentbehrliches Motiv sein muß, und während sich ältere Werke mit der Bewältigung irdischer Gefahren und Hindernisse begnügen, greifen neuere mit dem Stolz, der dem wachsenden Leistungsbewußtsein der Technik gemäß ist, zur eigentlich eschatologischen Katastrophe: zum Weltuntergang.

[245] *Karl Debus,* Weltraumschiffahrt, ein poetischer Traum und ein technisches Problem der Zeit, in: Hochland, Jhg. 24, April-September 1927, Bd. 2, München 1927, 356ff.

Dieser Berührungspunkt der physikalischen und technischen Eschatologie ist weniger wegen seiner realen Möglichkeiten als wegen der Möglichkeit seiner Konzeption überhaupt interessant. Die Menschheit „bewältigt“ den Weltuntergang, sei es, daß sie ihn, wie in gewissen Dichtungen des Idealismus – nunmehr aber mit „Wissenschaft“ – herbeiführt, sei es, daß sie ihn verhindert oder einem untergehenden Stern entflieht. Diese Situation ist der früher geschilderten analog, wo der Vulgärroman sich des Motivs der Metempsychose, die durch die Theosophie zur „exakten“ Wissenschaft geworden war, bemächtigte und seine Orgien der Banalität in die Weite des Kosmos hinaus verlegte. *Rudolf Falb* und *Charles Blunt* lassen im Roman „Der Weltuntergang“[246] eine „feuer- und einbruchssichere Arche“ konstruieren, die den Untergang überdauern soll, *Bürgel* schifft die letzten Menschen auf vereister Erde nach neuen Sternen ein. Noch weniger reichen die Maße in *Pierre Dominiques* „Weltuntergang“[247] zur Schilderung einer katastrophischen Situation, während „Das Erbe der Uraniden“ von *Hans Dominik*[248] das erschreckendste Beispiel dafür gibt, wie eschatologische Motive – etwa die Weltzerstörung durch „Atombrand“ –, bevor sie nur wissenschaftlichen Wert beanspruchen können, restlos trivialisiert und Zukunftskrieg, Weltfahrt, Planetenentdeckung zu den üblichen Requisiten des Dutzendromans geschlagen werden konnten. Wie zu Ende der Romantik ein reicher Schatz abgelegter Motive jedem Journalisten offen lag, die Turmgesellschaft und die Metaphysik des *William Lovell* zu den Äußerlichkeiten des Schicksalsdramas verflachten, wie später der Übermensch *Nietzsches* zum physiologischen Vorzugsexemplar von *Wells* entartete, so wird jetzt die Tragik eines Weltuntergangs zur Bagatelle, zu einem interessanten Ereignis, während dessen sich ohne Mühe drei Verlobungen oder Scheidungen bewerkstelligen lassen.

Die Möglichkeit einer solchen Entartung macht nicht nur auf die Problematik technisch-eschatologischer Dichtung, sondern

[246] Berlin 1899.
[247] Übertragen von Hans Kauders und E. R. Keilpflug, München 1928.
[248] Roman, Berlin 1927.

– und dies ist vielleicht ihr Vorteil – auf die Problematik von technischer Eschatologie selbst aufmerksam. Wohin führen die Konsequenzen dieser in geometrischen Progressionen sich überbietenden technischen Realisierungen? Wohin diese Entzauberung der Welt, die *Georg Lange* der Technik vorwarf,[249] wohin der Satanismus der Maschine, um ein Wort *Spenglers* aufzunehmen? *Eugen Diesel* stellt in seinem Werke „Der Weg durch das Wirrsal"[250] eine der *Dessauer*schen entgegengesetzte pessimistische Technikphilosophie auf, in der die Gedanken aus *Simmels* berühmtem Aufsatze „Der Begriff und die Tragödie der modernen Kultur" verengt und intensiviert erscheinen: Technik ist objektiver und eigengesetzlicher Geist geworden – der Besen des Zauberlehrlings –, der sich zur Vernichtung des Entfeßlers wenden könnte. Im besten Falle könnte sich eine innere Grenze der Technik offenbaren, vielleicht selbst eine zeitliche, und das eiserne Zeitalter würde dann in ein höheres übergehen, in dem die Technik wieder aufgehoben und Werkzeug geworden ist. So wäre ihr die eschatologische Rolle entzogen und eine untergeordnete Stellung angewiesen.

Damit ist aber nichts vorentschieden über Stellung und Beurteilung der Technik in der heutigen Zeit. *Hanns Lilje* sagt mit Recht: „Eine Philosophie der Technik wird sich, wenn sie wirklich vollständig sein will, immer zu einer Geschichtsphilosophie des technischen Zeitalters ausweiten."[251] Er versucht, die beiden von *Dessauer* und *Diesel* getrennten Wertungen, den Segen der Realisierung und den Fluch der Rationalisierung, zu vereinigen und gelangt zur Formulierung der „Doppeldeutigkeit der Technik",[252] deren Kühnheit in Dämonie, deren stolze Menschlichkeit in Übermenschlichkeit gesteigert wird.

Gelegentlich haben technische Romane die Hybris dieser Menschheit empfunden und die Rache der Natur geschildert. Die apokalyptische Angst, die in vielen Erzählungen von *[H. G.]*

249 Technik und Kultur, in: Zeitwende, Monatsschrift, 2. Jhg., Erste Hälfte, München 1926, 212ff.
250 Stuttgart und Berlin 1926.
251 Das technische Zeitalter. Versuch einer biblischen Deutung, Berlin 1928, 54.
252 Ebd., 105.

Wells ausbricht, ist tiefer als sein Evolutionsgedanke. *Laffert* läßt im „Untergang der Luna" (1921) die entfesselte Erde durch den Sturz des Mondes enden. *Lovis Stevenhagen* gibt der technischen Hybris im „Roman eines [Weltunterganges]"[253] vielleicht den stärksten Ausdruck. In einer Zeit, wo selbst das Wetter reguliert ist und eine Zentrale regnen läßt über Gerechte und Ungerechte, wird eine Nachtsonne errichtet: Der ewige Tag versetzt die Menschen in fanatischen Fortschrittstaumel. Aber Sekten wüten gegen die Hochmutssünde und vernichten den neuen Gangrenopteros. Katastrophen setzen ein. Da beschließt der eine der beiden Erfinder, durch Atomzertrümmerung die Erde zu vernichten. Im Egoismus dieser Tat wächst er zu einem Symbol der bösen Kraft: „Meinst Du, daß es für mich kein Weltuntergang ist, wenn ich sterbe?" Der andere sträubt sich, er verliert das Würfelspiel um die Erde, der unlöschbare Krebsbrand zerstört sie binnen kurzem. An dieser Auflösung scheitert alles Können, die letzten Explosionen verwandeln den Ball in ein Chaos urweltlicher Nebel.

Was hier Ausdruck gewinnt, ist weniger die Entgegnung auf die technische Apokalypse, die selbst den Weltuntergang zu „bewältigen" hofft, als die tiefere Unsicherheit der heutigen Lage. An der äußersten Rationalisierung der Eschatologie durch Technik und Physik wird endlich der lange Weg, der zu ihr führte, bewußt und offenbar. Nicht darüber herrscht Angst, daß die Rationalisierung nicht „alles" bewältigen würde, sondern gerade darüber, daß sie „alles" bewältigen wird. Und noch größer wird das Wundern, das entdeckt, wie wenig die Menschheit sich darüber wundert, bis es inne wird, daß vielleicht gerade die Technik alle tiefere Eschatologie verhüllt. *Theodor Lessing* hat in seinem Werk „Untergang der Erde am Geist"[254] die Technik und die Rationalisierung als Feind der Eschatologie bezeichnet, denn sie täusche über die menschlichen Maße des Raums und die Einsinnigkeit der Zeit hinweg, verdecke mit ihren Möglichkeiten die Grenzen der Leistung des Einzelnen und führe zur

[253] Atomfeuer, Leipzig 1927.
[254] A. a. O.

Nivellierung. Von solchen Feststellungen, die *Kierkegaards* Kritik der Gegenwart, die vielleicht noch zu scharf für seine Zeit war, für die unsere in ungeahntem Maße bestätigen, führt der Weg zu einem geschichtsphilosophischen Blick für die absolute Exzeptionalität der Gegenwart. *Marx* ist wohl der erste und für lange Zeit der einzige Deutsche, der diese allen frühern dank der Technik prinzipiell diskonforme Lage der Zeit sah und gerade daraus einen eindeutigen Geschichtsverlauf zu konstruieren wagte. Heute erkennt man, daß gerade an der Eschatologielosigkeit des steigend sich rationalisierenden Lebens das eigentlich Eschatologische der Situation sichtbar wird, die Entscheidungslosigkeit einer Epoche zur letzten Entscheidung drängt. Dank der Technik also wird die Zeit als eine solche erkannt, die von jeder frühern nicht nur dem Grade, nein, der Art nach unvergleichbar ist, welche, wie der Mensch bei *Scheler* und in gewissen andern Gestaltungen des dionysischen Mythos, „von hinten" keine Hilfe zu erwarten hat und vor sich nur unbetretene Länder sieht, sich also, über den Gehalt der Rede von der Unmittelbarkeit aller Epochen zu Gott hinaus, dem Absoluten gegenüber findet. Denn ihre Kultur hat der ganzen Erde ihren Stempel aufgeprägt, und mit dieser Tat hat sie, ohne wie die untergehende Antike neue Völker folgen sehen zu können, die Verantwortung für das Geschick dieser Erde auf sich geladen. Dies konfrontiert die sehend gewordene Generation unmittelbar mit der Eschatologie, und an der Sicht dieser Situation entzündet sich, wie auszuführen sein wird, das neue philosophische und theologische Interesse an ihren Problemen.

Angesichts dieser Lage ist es vielleicht Optimismus, wenn *Spengler* am Ende des ersten Bands seines Hauptwerks den Untergang der rationalisierten Zivilisation in den Rhythmus der zyklischen Geschichtskreise einordnet und damit der Unvergleichbarkeit der heutigen Lage zu wenig Rechnung trägt, Optimismus wohl auch, wenn er die Selbstauflösung der faustischen Wissenschaftlichkeit festzustellen unternimmt und damit den Zirkellauf dieses Kulturkreises zu beweisen glaubt.

Aber auf ein anderes, vielleicht schwerer feststellbares und bisher noch kaum beschriebenes Paradox der Rationalisierung soll hier aufmerksam gemacht werden, das wohl noch stärker das Eschatologische der Situation zu beleuchten imstande ist. Öfter schon wurde freilich das psychologische Phänomen der „Weltangst“ beschrieben, das die steigende Rationalisierung begleitet. Aber es ist wiederum weniger die Angst vor den noch irrationellen Mächten der Welt, die eine etwa an die steigende Helle des Lebens sich gewöhnende Seele empfände, im Gegenteil: Die zunehmende Verbreitung dieser Weltangst, die auch durch das Wort vom „Wachstum der Neurose“ gekennzeichnet wurde, geht der steigenden Rationalisierung parallel, und letztere ist es, die man nicht mehr bewältigen zu können fürchtet. So scheint es, daß, je mehr die Welt einer „mathesis universalis“ zusteuert, die Mißverständnisse sich häufen, die Geschichte des babylonischen Turmbaus sich wiederholt: Je mehr Mittel also zur Verfügung stehen, von der Wahrheit zu überzeugen, um so nutzloser werden sie, je durchsichtiger die Lebensverhältnisse sich gestalten, um so mehr nimmt das Chaos überhand, je rationeller Weltwirtschaft und Politik werden, um so schrecklicher sind die folgenden Kriege. Den neuen Faktor, der hier aufgetreten ist und in der Tat zum erstenmal in der Geschichte solche Macht erhält, mag man Neurose nennen, sie ist zu innerst aus Weltangst gebürtig und der Rationalisierung sich entgegensetzend: Nicht-verstehen-*wollend*, wo alles verstehbar ist, sich isolierend, wo alles verknüpft erscheint, ins dunkle Leiden sich zurückziehend, wo alles eitel freudige Helligkeit geworden ist. Wenn wir aber bei dieser vordergründigen Symptomatik der eigentlichen Zeitkrankheit nicht haltmachen, sondern ihre Wurzeln verfolgen, taucht der Begriff vor uns auf, den erstmals *Kierkegaard* in erschütternden Worten charakterisiert hat: Ärgernis. Dies ist der religiöse Ausdruck für dieses Mißverständnis, das mehr ein Nichtswissenwollen als ein Nichtkennen und dessen Aufhebung nicht vornehmlich mit den Mitteln des Verstandes erreichbar ist. Ohne Einsicht in diesen Begriff der Neurose oder vielmehr des Ärgernisses werden entscheidende Strukturen der Gegenwart, und schon die großen Gestalten des 19. Jahrhunderts: *Marx* und *Nietzsche*, nicht wirklich verstehbar sein.

Das also ist das Paradox: Daß die steigende Bemühung um Rationalisierung des Lebens zugleich eine Lebensform heraufführt, der gegenüber alle Ratio hilflos ist, daß mit der Annäherung an die mathesis universalis die Sprachverwirrung zunimmt, mit der Sicherheit die Unsicherheit, und eben dieses Paradox wagen wir als den eigentlichen Ausdruck für das Eschatologische in der heutigen Lage anzusehen. Die Naturwissenschaft und die Technik haben zu einer Entscheidung geleitet, die tiefer liegt als die Unterscheidung des Wahren und Falschen, in die Tiefe des Subjekts zurück und zum Gegensatz von Christ und Antichrist führt.

8. Zeitgericht.

Das eschatologische Moment der Zeit, das *Kierkegaard* und *Nietzsche* prophetisch erschaut und beschrieben hatten, sollte nach ihnen noch Jahrzehnte so gut wie verhüllt bleiben. Erst als die Rationalisierung, deren Konsequenzen jene schon in den Anfängen erkannt hatten, zu einer Entfaltung gekommen war, die für die künftige Entwicklung beängstigend zu werden begann, wurden noch andern die Augen dafür geöffnet, in welchen Mißverhältnissen Prätention und Wert, Zivilisation und Ethik standen.

Die Geschichte dieser Wendung der Kultur- und Geschichtsphilosophie zu schildern, kann nicht Aufgabe dieser Untersuchung sein, vielmehr sollen hier nur die wichtigsten jener Dichtungen herausgegriffen werden, die den Zustand der Kultur in eschatologischen Bildern wiederzugeben genötigt waren.

Zeitlich und an Bedeutung stehen jene früher schon berührten apokalyptischen Gedichte *Georges* obenan, die in so merkwürdigem Zusammenhang mit seinem Gesamtwerke stehen. *Hofmannsthal* läßt im „Turm" den Gouverneur Julian dies Wort sagen: „Der jüngste Tag ist da für alle, die die Zeichen der Zeit nicht verstanden haben."[255] Die Zeit, dies ist auch *Georges* Meinung, ist dem Untergang übergeben, aber wer diesen Untergang erkennt und ihm entflieht, der wird von ihm nicht betroffen werden:

> Und preis die allmacht deren wirbel
> Nie DICH zum abgrund reißt.[256]

Seit *George* seine Sendung erkannte, hat er *Nietzsche* als den Propheten des Endes und der Wende, als die dem eschatologi-

[255] *Hugo von Hofmannsthal*, Der Turm. Ein Trauerspiel, Berlin 1927, 125.
[256] *Stefan George*, Der Stern des Bundes, a. a. O., VI, 3.

schen Elias der christlichen Sage analoge Gestalt gefeiert. Auf ihn deutet das Zeitgedicht des „Siebenten Rings“, aus dem noch mehr Bewunderung für psychologische und überzeitliche Größe spricht, bis im „Stern des Bundes“ die apokalyptische Perspektive erreicht ist:

> Einer stand auf der scharf wie blitz und stahl
> Die klüfte aufriß und die lager schied
> Ein Drüben schuf durch umkehr eures Hier . .
> Der euren wahnsinn so lang in euch schrie
> Mit solcher wucht daß ihm die kehle barst.
> Und ihr? ob dumpf ob klug ob falsch ob echt
> Vernahmt und saht als wäre nichts geschehn . .
> Ihr handelt weiter sprecht und lacht und heckt.
> Der warner ging . . dem rad das niederrollt
> Zur leere greift kein arm mehr in die speiche.[257]

George tadelt dasselbe, was *Nietzsche* getadelt hatte: Die Analyse des Historismus, die dieser am Bildungsphilister vorgenommen hatte, dehnt er auf die ganze Generation aus:

> Die art wie ihr bewahrt ist ganz verfall.[258]

Die gewaltigen Prophezeiungen der Vorrede des „Willens zur Macht“ kehren hier wieder, motiviert durch das Paradox der Rationalisierung. Freilich – dies bezeugt das Gedicht „Der Widerchrist“[259] – ist es weniger die Selbstenthüllung dieses Paradoxes, von der das Ende des letzten Kapitels sprach, als ein von außen einbrechendes, vernichtendes Gericht, das den Trug des hohlen Scheins entdeckt und den babylonischen Turm stürzt.

> Ihr baut verbrechende an maaß und grenze:
> „Was hoch ist kann auch höher!“ doch kein fund
> Kein stütz und flick mehr dient . . es wankt der bau.
> Und an der weisheit end ruft ihr zum himmel:

[257] *Stefan George*, Der Stern des Bundes, a. a. O., III, 7.
[258] Ebd., III, 8.
[259] Derselbe, Der siebente Ring, a. a. O., 56.

„Was tun eh wir im eignen schutt ersticken
Eh eignes spukgebild das hirn uns zehrt?"
Der lacht: zu spät für stillstand und arznei!
Zehntausend muß der heilige wahnsinn schlagen
Zehntausend muß die heilige seuche raffen
Zehntausende der heilige krieg.[260]

So häufen sich im dritten Teil des ersten Buches des „Sterns" die eschatologischen Bilder; am unheimlichsten ist dieses Spüren des unaufhaltbar nahenden Unheils in dem Gedicht, das, wie ein Wetter, unfaßbar für den ohnmächtig Zusehenden, die richtenden Götter heranjagen sieht:

Und schauer überfielen mich als legte
Sich eine flache klinge mir aufs haupt –
Ein schleunig pochen trieb zum trab der rotten . .
Und immer weitre scharen und derselbe
Gelle fanfaren-ton . . . Ist das der lezte
Aufruhr der götter über diesem land?[261]

Die akustischen Eindrücke, die der sonst vorwiegend visuell dichtende *George* hier häuft, müssen, wie die am Ende des „Widerchrist", auf eine besondere Absicht aufmerksam machen: Gesichten kann sich ein Auge verschließen, aber diesen „stößen", diesem „eisern klirren", dem „jubelnd und drohend" klingenden „dreigeteilten metallen hellen ruf" vermag sich kein Ohr zu entziehen, so wenig wie dem schrecklichen Posaunenruf am Ende des „Widerchrists". Diese Klänge verkündet *George* der Zeit als die richtende Antwort auf ihr Lärmen und ihr

. . . gered von hoh-zeit auferstehung
In welkem ton . . . [262],

das wie „faulige frucht" schmeckt:

[260] *Stefan George*, Der Stern des Bundes, a. a. O., III, 4.
[261] Ebd., III, 5.
[262] Derselbe, Der Krieg, in: Das neue Reich, Gesamt-Ausgabe der Werke. Endgültige Fassung, 9. Bd., Berlin 1928, 32.

Sagbar ward Alles: drusch auf leeres stroh.[263]

Vergeblich ist das Suchen nach einem „Wort, das einzig gilt fürs spätere gericht“, sichtbar sind

Nur viele untergänge ohne würde . .[264]

Trotz diesem furchtbaren, nicht einmal von *Nietzsche* erreichten Ton der Drohung darf nie vergessen werden, daß die Untergangsgedichte im „Stern“ zwischen die Sendung des Dichters und den Aufruf an die suchenden Einsamen, Unvollendeten, aber Hoffenden gestellt sind. Freilich lehrt die neue Vorrede zum „Stern des Bundes“, daß der Kreis derer, die die Arche besteigen, ein kleiner ist: aber auf ihn legt *George* doch alle Hoffnung, und seine Gerichtsgedichte verraten daher noch nichts von der positiven Eschatologie, die, wie oben ausgeführt wurde, selbst der idealistischen *Goethes* näherzustehen scheint als der dionysischen *Nietzsches.* Wie dieser aber sieht *George* das Janushafte der Zeit, und den Gerichten des Stern folgt, wie denen Zarathustras, der Wiederaufbau, Reifung und neue Zeugung, neue Menschheit um den neuen Gott geschart, Weihe und Aussendung: der große Mittag. Die bösen Eschata sind offenbar geworden und ihre Verkündigung die Pflicht des Dichters, daß aber die wahren letzten Dinge: die Ankunft des letzten Reiches, verhüllt bleibe, dafür hat der Prophet selbst zu sorgen, der unaufhörlich von Ehrfurcht vor ihnen wie vor den Quellen des Göttlichen und vor dem Zauber spricht:

Nur der meister weiß den tag.[265]

Hauptmann

Meister noch dies: ist was du bringst das lezte reich?

Der Herr

Dein sinn bleibt gleich verwirrt – sag ichs und sag ichs nicht.[266]

[263] *Stefan George*, Der Stern des Bundes, a. a. O., IV, 10.
[264] Derselbe, Der Krieg, a. a. O., 30.
[265] Derselbe, Der Stern des Bundes, a. a. O., IX, 7.
[266] Derselbe, Gespräch des Herrn mit dem römischen Hauptmann, in: Das neue Reich, a. a. O., 80.

„Es ist erschütternd zu sehen“, sagt *Naumann* in seinem reichen Werke „Die deutsche Dichtung der Gegenwart“,[267] „wie einige der folgenden Dichtungen, besessen von dem dämonischen Geist *Georges*, den Druck der Zeit, das Nahen der Katastrophe, vorausgefühlt haben, wie der Überdruß an der mechanisierten Welt nach dem Erscheinen des ‚Siebenten Ringes‘ in ihren feineren Seelen immer schwingender wurde ... und mit welch visionärer Gewalt, etwa von 1912 ab, parallel zu der Entwicklung des ‚Sterns des Bundes‘ die nahende Weltwende vorausgeahnt wurde.“

So folgt, allerdings erst nach dem Krieg, *Karl Wolfskehl* dem Meister mit seiner „Nova Apokalypsis“, die den Widerchristen *Georges* imitiert („Hinweg mit Seelen aus Höhen und Himmeln, wir brauchen nur Staub: wir kriechen und wimmeln“), mit „Finis initium“, „Die Zeichen“, „Menschheitsdämmerung“ und „Weltende“,[268] ohne freilich die Wucht seines Vorbilds im entfernten zu erreichen.

Andere aber spüren die nahende Katastrophe. 1912 erscheint der Nachlaß *Georg Heyms*: „Umbra vitae“,[269] seit langem als der Repräsentant dieser prophetischen Dichtergeneration anerkannt, welche mit innerm und divinatorischem Sinnesvermögen das verborgen Kranke transparent werden läßt. Die neue, wohl auf *Hofmannsthals* Lyrik zurückzuführende Bildkunst erhält in *Heyms* Gedichten einen aufgelösten und prophetisch-zusammenhanglosen Charakter.

Die Menschen stehen vorwärts in den Straßen
Und sehen auf die großen Himmelszeichen,
Wo die Kometen mit den Feuernasen
Um die gezackten Türme drohend schleichen.

Und alle Dächer sind voll Sternedeuter,
Die in den Himmel stecken große Röhren,

[267] *Hans Naumann*, Die deutsche Dichtung der Gegenwart (1885-1923), Stuttgart 1923, 332 H.
[268] Sämtliches im Gedichtband: Der Umkreis, Berlin 1927.
[269] Berlin 1912.

Und Zauberer, wachsend aus den Bodenlöchern,
Im Dunkel schräg, die ein Gestirn beschwören.

Selbstmörder gehen auf den Straßen, Schiffe modern auf dem Meere, und Bäume „bleiben ewig tot in ihrem Ende". Aber wie ein Blitz bricht der Krieg aus dieser schwangeren Stille der Verwesung und entzündet die Erde:

In die Nacht er jagt das Feuer querfeldein,
Einen roten Hund mit wilder Mäuler Schrein.
Aus dem Dunkel springt der Nächte schwarze Welt,
Von Vulkanen furchtbar ist ihr Rand erhellt.

Noch stärker als in *Rilkes* „Stunden-Buch" ertönt bei *Heym* der Fluch über die großen Städte, die seit Anfang der Herd des Verderbens waren. Sie waren ja die Zentren, in denen die Weltangst, die Neurose und die Untergangsahnung sich ausbreiten mußten. Die dichterische Auflösung, die bei *Heym* einsetzt, vollendet sich in einem Gedichtwerk wie dem „Weltende" von *Jacob [van] Hoddis*,[270] das die differenzierte Melancholie der „Umbra vitae" zugunsten einer grotesken gespenstischen und zugleich grelleren Färbung aufgegeben hat. Freilich gehört nur das erste Gedicht zur eschatologischen Poesie.

An *Heym* gemahnt die Verfluchung der Städte in *Ottokar [Březinas]* Hymne „Die Propheten".[271]

In die Städte, deren Türme und Paläste einmal ein Erdbeben
zerrütteln wird . . .
und das Feuer, das in tausend verborgenen Höhlen
vom Ruhme geträumt hat . . .

fallen die Propheten strafend ein und verkünden das Ende, dann aber eine herrliche Neugeburt. Aber noch fließt den Kindern der Erde für Jahrhunderte vergebens der Rauschwein der Welt.

1912 erschien *[Gerhart] Hauptmanns* „Atlantis", das die Untergangsreife unserer Kultur in dem großen und erschreckenden Symbol des sinkenden Riesendampfers darstellt, und 1912 ent-

[270] Der rote Hahn, hrsg. von Franz Pfemfert, Bd. 19, Berlin 1918.
[271] In: Hymnen, Bücherei Der jüngste Tag, Bd. 12, Berlin 1913.

stand sein „[Weisser] Heiland“ ([1920] herausgegeben), der dieselbe Problematik in ein noch quälenderes Gewand kleidet, das von *Heine* angeschnittene, von *Eduard Stucken* in der „Opferung des Gefangenen“ (1913) und im dreibändigen Roman „Die weißen Götter“ ([1918-1920]) fortgeführte Thema der Verbreitung einer minderwertigen Kultur durch Schwert und Schrecken.

Der lauteste und unermüdlichste Herold des Unterganges der Kultur, der alle Symbole der Eschatologie herangezogen hat, ist *Karl Kraus.* Verschiedene Aufsätze der Vorkriegszeit (1908 bis 1914) hat er unter dem Titel „Untergang der Welt durch schwarze Magie“[272] 1922 herausgegeben. „Es ist meine Religion zu glauben, daß der Manometer auf 99 steht. An allen Enden dringen die Gase aus der Welthirnjauche, kein Atemholen bleibt der Kultur und am Ende liegt eine tote Menschheit neben ihren Werken.“ So im ersten Kapitel der „Apokalypse“. Und weiter: Der eigentliche „Weltuntergang ist die Vernichtung des Geistes, der andere hängt von dem gleichgültigen Versuch ab, ob nach Vernichtung des Geistes noch eine Welt bestehen kann“.

Erinnert man sich freilich an das zu Ende des letzten Kapitels Gesagte, so kann so unaufhaltsames Sammeln der Plattheiten und Roheiten der Zeit, dieses unendliche Beweisen und messerscharfe Rechten, das den Stil von *Karl Kraus* kennzeichnet, nur an das Wort *Georges* vom „Stich der Qualle“ gemahnen – denn hinter dem Schwertstreich schließt sich die Wunde – und diese von *Kraus* selbst als tragisch empfundene Lage muß grotesk erscheinen. Die rasendsten Monologe sind aussichtslos, wenn der Deklamator sein Publikum als eine Versammlung von Leichen betrachtet.

Max Picard hat im „Letzten Menschen“[273] die Rhetorik zugunsten eines einsamen Stammelns aufgegeben. Der Mensch ist längst nicht mehr, „die Wesen, die heute wie Menschen aussehen, sehen nur so aus, als ob sie Menschen wären. Sie dürfen nur noch so aussehen.“ Die Teile fallen auseinander, jeder Teil ist für sich. Hinter den Gesichtern ist niemand. Das Menschen-

[272] Wien 1922.
[273] Leipzig 1921.

ähnliche muß noch aufgebraucht werden. Die Körper sind nur noch Gestelle für die Gesichter. „Alle Köpfe sind vertauschbar." „Der Mensch ist tot, aber irgend eine chemische Retorte ist noch von ihm übriggeblieben." „Nur der Name ist übriggeblieben." Wie eine Sündflut bricht der Verfall herein. Aber die Trauer ist geblieben. „Wir müssen noch lange leben, bis wir die Trauer aufgebraucht haben. „Wo noch ein Schönes ist, ruht vielleicht ein Engel aus, der müde geworden ist vom Weinen, daß der Mensch untergegangen ist." Die große Stadt, das Kino lassen alles zusammenfließen zu einer großen und amorphen Kugel. „Dann aber, wenn die letzten Kugeln zerstört sind, dann werden keine Kriege mehr sein können. Sie haben dann nichts mehr, womit sie sich bewegen können. Sie stehen nur da. Wie flach wird das alles sein." Ein Furchtbarer scheint aber hinter dieser erschreckenden Entropie des Geistes zu stehen, der diese Welt noch „aufbrauchen" will und ihre Wesen als Gespenster benützt für die wahren Menschen einer neuen Welt.

Hier ist freilich ein letzter Grad der Verzweiflung erreicht, die alle diese Dichter, außer dem einen *George*, angesichts der Katastrophe erfasst hat, angesichts der Tatsache vielmehr, daß mit einem Feinde, der die Belanglosigkeit selber ist, nicht mehr von Kampf die Rede sein kann. *Ramuz*, der Westschweizer Apokalyptiker, dem schon in der Antichristdichtung die glaubhafteste Gestaltung des Mythos als eines gegenwärtig aktuellen Ereignisses geglückt war, hat auch hier, in seinem Roman „Les signes parmi nous",[274] den höchsten Ausdruck für das fatalistische Gefühl der Unaufhaltsamkeit des Endes gefunden, die gerade in der Nichtigkeit des Alltags transparent wird. Die Zweideutigkeit von Alltag und Untergang wird in die Landschaft projiziert: Ein Tag, ein glühend heißer Sommertag genügt ihm: Ist es der letzte oder einer unter Tausenden? Caille, der Prophet, geht von Haus zu Haus und verkauft Druckschriften über das nahe Ende: „ . . . la Parole s'avance à ses côtés, les Signes, en même temps, s'avancent."[275] Auf dem Feld brechen die Men-

[274] Tableau, Lausanne [1919], 2. A., Paris 1931.
[275] Ebd., 2. A., 16.

schen zusammen, in der Glaserei entsteht Revolution. Es wird geplündert. Draußen – (der Krieg hat begonnen) – wird ja auch geschossen. Der See wühlt sich auf, der Himmel schwärzt sich. Das Licht geht aus. „Beaucoup n'ont pas compris encore, . . . Ils entendent craquer les poutres, battre la porte, . . . ne vont-ils pas entendre la voix? parce qu'après les derniers Signes, une voix dira: ‚C'en est fait.'"[276] Denn lange braucht es, bis sie begreifen, daß sie nicht sagen können „ich will nicht" wie sie früher sagten: „ich will", daß es lächerlich wäre zu sagen „Ist das gerecht?" Dann Flehen und Jammer. Das Unwetter verzieht sich: Lachen und Scherze über die eigene Furcht und Neubeginn. Caille beginnt seine Wanderung von neuem.

Als ob dem Dichter diese Symbolik nicht durchsichtig genug gewesen wäre, ließ er eine zweite Dichtung folgen, denselben apokalyptischen Tag, aber nun als wirkliches Ende, das Vertrocknen des Sees, den letzten Aufruhr und den Untergang der Erde schildernd. *Hebbel* hat am 30. August 1840 eine Tagebuchnotiz eingetragen, die diesen Roman unmittelbar zusammenzufassen scheint: „Ein unheimlicher Sommer. Monatelang schon eine Hitze, die alles Leben ausdörrt. Die Flüsse versanden, die Äcker verdunsten, dem Menschen ist, als ob es an Luft zum Atmen fehlt. Die Zeitungen Tag für Tag voll von ungeheuren Brandunfällen. Mir schwebt oft das Bild des Jüngsten Tags in aller Furchtbarkeit der christlichen Vorstellungsart vor der Phantasie. Ein Ende muß sein. Warum nicht jetzt? Einer muß das erleben, warum nicht ich?" Dieses Ende hat *Ramuz* in „La présence de la mort" erschreckend realistisch geschildert.

Wie im historischen Roman die Auffassung des Problems zuletzt – am deutlichsten bei *Lulu von Strauß und Torney* und bei *Peuckert* zur direkten Eschatologisierung der Gegenwart überging, so hier, in dieser Sicht der gegenwärtigen Apokalypse vereinigen sich beide Formen eschatologischer Dichtung und erwarten die Entladung der ungeheuren Spannung.

[276] *Ramuz*, Les signes parmi nous, a. a. O., 169f.

9. Krieg und Apokalypse.

Die erstaunlichste Bestätigung alles Fürchtens, Drohens und Prophezeiens kam: der Krieg. Er lag so sehr in der Konsequenz der beschrittenen Linie, daß keiner jener Verkünder sich wunderte, am wenigsten *George* und *Kraus*. Es war der apokalyptische Tag, der Ausbruch der inneren Krankheit, über dessen Wert allein die Meinungen stritten. Wer mit *Scheler*[277] hier den Aufbau erhoffte, wurde vielleicht nicht enttäuscht, wo immer aber der Krieg in apokalyptischer Perspektive gesehen wurde[278] – und dies allein gehört in den Rahmen des Themas – war vom Wiederaufstieg kaum die Rede.

Mit derselben unermüdlichen Sorgfalt wie vor dem Kriege sammelte *Karl Kraus* die Dokumente des Zerfalles und der Auflösung und vereinigte sie zu dem gigantischen fünfaktigen „Drama“: „Die letzten Tage der Menschheit“, dessen Akte je einen Band füllen. Nicht die Greuel selbst sind für ihn das Abstoßende, sondern die Gesinnung, die sich darin äußert: die Verwandlung des Tragischen in Sensation durch die schwarze Magie der Presse. Vierzigtausend russische Leichen, die am Drahtverhau verzuckt sind, füllen nur die Extraausgabe, die eine Soubrette im Zwischenakt vorliest.

„Nicht daß die Presse die Maschinen des Todes in Bewegung setzte, aber daß sie unser Herz ausgehöhlt hat, uns nicht mehr vorstellen zu können, was das wäre: Das ist unsere Kriegsschuld. Und von dem Wohllustweine ihrer Unzucht haben die Völker getrunken, und die Könige der Erde buhlten mit ihr.“ „Alle echten Werte sind an sie verschachert, und durch sie wird

[277] *Max Scheler*, Krieg und Aufbau, Leipzig 1916.

[278] Für die Flut kleinerer und größerer Schriften, die Krieg und Apokalypse konfrontieren, kann nur auf die entsprechenden Zusammenstellungen (unter: Weltkrieg) des Hinrichs-Katologes der Kriegs- und Nachkriegsjahre verwiesen werden, die allein mehrere Seiten füllen.

das Bild dieser kämpfenden Mannheit, ja selbst dieser pflegenden Frauenschaft, gepanzerte Leiber mit Gasmasken als das einer Horde von Fabeltieren dem Grausen der Nachwelt überliefert." Die Hyänen werden zu Fremdenführern, „um eure Gräber als Sehenswürdigkeiten auszubieten: erkrankt, verarmt, verludert, verlaust, verhungert, verendet, gefallen zur Hebung des Fremdenverkehrs". Die endlosen Bilder des Grauens wirken darum so furchtbar, weil nirgends Menschen und menschliche Schicksale geschildert sind, sondern das sinnlose Wüten einer antichristlichen Diabolik, das Spiel der Hölle. Am Ende des fünften Aktes drängen und überstürzen sich die apokalyptischen Visionen und leiten zum Nachspiel „Die letzte Nacht" über, der gewaltigsten Dichtung von *Karl Kraus.* Hier entwickelt sich die Dialektik seiner Ideen zur letzten Klarheit und findet zugleich einen bildhaften Ausdruck, dem die Einheit von Zeit und Apokalypse noch über *George* und *Ramuz* hinaus gelungen ist, deren furchtbare Rache, die bekannte Personen des Tages als Hyänen des Schlachtfeldes darzustellen wagt, an das Format Dantescher Polemik gemahnt. Das Reich des Antichristen, den *Kraus* wie *George* als „Fürst des Geziefers", der das Schwere leicht macht, gefaßt hat, das Reich der Presse, des Kinos und einer tollgewordenen Technik, will nun wirklich die Apokalypse bestehen, den Jüngsten Tag bewältigen, und trotzt dem Gotte noch in der Zerstörung.

Feurige Schlangen am Himmel, rote und grüne Lichter
Alle Stimmen durcheinander
Was ist denn los? Was ist denn los?
Stimmen von oben
Der lange erwartete Gegenstoß!
Stimmen von unten
Wir sind die Sieger! Wir sind die Sieger!
Kopf hoch, das sind ja die eigenen Flieger! . . .

Drei Kometen erscheinen . . .
Stimmen von unten
Wir kennen den Schwindel, wir hab'n unsre Tanks,
die apokalyptischen Autobusse! . . .

Blutregen setzt ein . . .

Stimmen von unten

Unser neuester Trick, das muß man nur wissen,
das hat unser Kriegsrat längst beschlossen.
Wir haben doch den Feind in der Luft zerrissen,
so kommt eben das Blut von oben geflossen.
Die Einheit der Fronten ist hergestellt – . . .

Völlige Finsternis

Die Kino-Operateure

Das gibts nicht, was heißt das, das ist doch kein Licht!
Da wird ja doch keine Nummer daraus,
zwischen dem Sketch „Willi geniert sich nicht“
und dem Detektiv-Schlager „Mir kommt keiner aus!“
Das gibts nicht, wir haben doch einen Vertrag,
wir brauchen einen Treffer und keine Nieten!
Der Isonzofilm läßt sich zwar nicht überbieten,
doch woll'n wir mehr Licht für den „Jüngsten Tag“!

Und als endlich alles versank:

Stimme von oben

Der Sturm gelang. Die Nacht war wild.
Zerstört ist Gottes Ebenbild!

Großes Schweigen

Die Stimme Gottes

Ich habe es nicht gewollt.

Hier mag *Kraus* seine dichterische Höhe erreicht haben: Ein Symbol von so furchtbarer Prägnanz ist für diesen Inhalt weder von ihm noch von anderen wieder gefunden worden. Die gähnende Disproportion dieser zu Atomen nivellierten, kriegenden Menschheit und dem Gericht, das nicht einmal durch Schrekken, geschweige durch seine Forderung der Scheidung von Wert und Spreu noch etwas erreichen kann, sondern schlechthin vernichten muß, ist in kein sublimeres Bild gekleidet worden.

Die zweibändige Aufsatzsammlung „Weltgericht“ (1919) bedeutet demgegenüber einen Abstieg zur alten, oft an den belanglosesten Objekten sich entzündenden Einzelpolemik.

Romain Rolland hatte bei Anlaß des Burenkrieges ähnliche Töne wie *Kraus* angeschlagen in seinem Drama „Die Zeit wird kommen" ([1919]): Journalist, Reporter, Photograph fehlen nicht und von ihnen heißt es: „Sie wirken auf mich wie Raben, die sich auf Leichen setzen."

Joh. R. Becher schließt sich in der Novelle „Der Bankier reitet über das Schlachtfeld"[279] an die Empörung von *Kraus* über die Entweihung der Schlachtfelder an und erhöht den reitenden Bankier zum Bild eines apokalyptischen Reiters, dem eigentlichen Feinde der Menschheit: Er ist es, der sich an den Schrecken des Endes ergötzt: „An was berausche ich mich, wenn das Schiff über der abgründigen Meerestiefe dahinfährt? Ich berausche mich am Gedanken an seinen Untergang. An was berausche ich mich, wenn die Nacht hereinbricht und der Mensch in ihrem Schatten zusammenbricht? Ich berausche mich an dem Gedanken: Es wird des Menschen letzte Nacht sein."

Kraus sowohl wie *Rolland* und *Becher* wollen also in ihrer Polemik nicht den Krieg treffen, sondern den Zerfall des Ethos und der Verantwortung, der sich bis zum Rausch am Zerstören steigert. Es ist stets die innere Apokalypse, die sie zeichnen, im Vergleich zu der die äußere als belanglose Begleiterscheinung wirkt. So sagt *Hermann Hesse* im Kapitel „Die Brüder Karamasoff oder der Untergang Europas",[280] worin er vor der Auflösung des westlichen Menschen und der Europamüdigkeit warnt: „Es ist möglich, daß der ganze ‚Untergang Europas' sich nur ‚innerlich' abspielen wird, nur in den Seelen einer Generation . . ."

Freilich, einer Flut von Dichtungen ist das Phänomen des Krieges selbst Anlaß zu eschatologischer Perspektive: Voran muß die Vision von „[Der toten zurückkunft]" in den „[Sprüchen an die Toten]" *Georges* genannt sein,[281] dann aber auch *Bert Brechts* „Legende vom toten Soldaten",[282] *A. Günthers*

[279] Wien 1925.
[280] In: Blick ins Chaos, Bern 1921.
[281] Nunmehr in: Das neue Reich, a. a. O., 114.
[282] In: Hauspostille, Berlin 1927, 125ff.

Gedicht „[Rückkehr der Toten]".[283] Mehr aufzuzählen verlohnt sich hier nicht.[284]

Was die meisten der Zeitrichter erkannten: Daß der innere Untergang dem äußern vorangehe, der Zerfall vielleicht nur Symptom für den innern Tod sei, dieser Gedanke findet im symbolischen Roman *Cuno Hofers* „Das Spiel der Hölle"[285] einen neuen Ausdruck. Die Waage von Gut und Böse hält sich das Gleichgewicht: Eine geringe Neigung der bösen Schale gibt der Hölle Macht über die Erde. Von der Entscheidung eines Einzelnen kann das Schicksal der Völker abhängen. Mentis – (der Mensch) – sündigt durch seinen mangelnden Glauben an die Liebe. Die Waage sinkt, die Hölle entbrennt und Mentis muß machtlos zusehen, wie die Zerstörung sich vollendet. Liebe wäre das einzige Mittel, das zerstörte Gleichgewicht zu erneuern. Aber für ein Zeitalter ist der Augenblick verscherzt.

Das zweitletzte Gedicht „Weltgericht", in dem Gedichtband „Aus der Brandung",[286] von *Robert Faesi,* zeugt von dem Überhandnehmen des Schicksals, das nicht mehr zu bannen oder einzudämmen ist.

In ihm versinkt die Menschheit wie in einer schwellenden Flut. Es ist das Offenbarende, die *ἀποκαλύψις* im wörtlichsten Sinne:

Das Jahr ist wie ein lodernder Komet,
Der sengend ob gesträubten Häuptern geht;
Im grellen Schein wird alles offenbar

[283] In: Die Aktion, Wochenschrift für Politik, Literatur, Kunst, hrsg. von Franz Pfemfert, 8. Jhg., Heft 21/22, 1. Juni 1918, Berlin 1918, 278.

[284] Vgl. noch: *Karl Adam-Kappert,* Weltbrandgluten. Kriegsgeschichten und Stimmungen, Graz 1915; *Karl Wagenfeld,* Weltbrand. N. F. Kriegsgedichte in münsterländ. Mundart, Bücherei Westmünsterland, Bocholt 1915; *Friedrich Quehl,* Weltbrandswende, Berlin 1916; *Michel Blümelhuber,* Weltende, Stimmungen, Visionen und Wirklichkeit. Meine Eindrücke aus dem Weltkrieg, Wien 1916; *Franz Schauwecker,* Weltgericht, Halle 1920.

[285] Das Spiel der Hölle. Legende der modernen Menschheit, Leipzig 1922; vgl. dazu *K. Röttger,* Der Untergang der Hölle, in: Zwischen den Zeiten. Erzählungen und Legenden, München 1927.

[286] Aus der Brandung. Zeitgedichte eines Schweizers, Frauenfeld und Leipzig 1917.

Was ist und war –
Wohl dem, der vor dem Weltgericht besteht.

Diese letzten Dichtungen leiten aber schon zur religiösen Auffassung des Problems, die später zu erörtern ist, über, und zeigen eine geschichtsphilosophische Distanz, die im Erlebnis des Krieges nicht mehr untergeht und ihn nicht als die Apokalypse schlechthin betrachten kann.

Nach dem Kriege (1920) hat *Kurt Pinthus* die repräsentative Lyrik der Kriegszeit in dem Bande „Menschheitsdämmerung“[287] gesammelt. Auch hier zeigt sich, schon im Zeichen eines neuen Aufstieges, die Distanzierung der Katastrophenzeit gegenüber. „Ihr Jünglinge aber,“ sagt er in der Einleitung, „die Ihr in freierer Menschheit heranwachsen werdet, folget nicht diesen nach, deren Schicksal es war, im furchtbaren Bewußtsein des Unterganges inmitten einer ahnungslosen, hoffnungslosen Menschheit zu leben, und zugleich die Aufgabe zu haben, den Glauben an das Gute, Zukünftige, Göttliche bewahren zu müssen, das aus den Tiefen des Menschen quillt! . . . Die Dichtung unserer Zeit ist Ende und zugleich Beginn.“ (XVI)

So eröffnet denn auch das „Weltende“ von *Hoddis* die Sammlung und ihm folgen die „Umbra vitae“ *Georg Heyms*, um den apokalyptischen Orgelpunkt, der unter der „Symphonie jüngster Dichtung“ leiser oder lauter bis zum Ende weiterklingt, zu Anfang nachdrücklich und allein klingen zu lassen. In *Joh. R. Bechers* Dichtungen wird er am stärksten wieder hörbar:

Verfinsterung. Erde- und Blutgeschmack.
Knäuel. Gemetzel weit . . .
. . . „Wann erscheinest du, ewiger Tag?

Bevor aber die Wendung zu neuer Hoffnung auf das ferne Dämmern des ewigen Tages beschrieben werden kann, muß der Weg in den untersten Kreis des Inferno hinab. Die Teilaspekte, die das Problem in den Ergebnissen der frühern Kapitel ergab,

[287] Menschheitsdämmerung. Symphonie jüngster Dichtung, hrsg. von Kurt Pinthus, Berlin 1920.

sollen vereinigt werden zum Begreifen des totalen Bildes modernen eschatologischen Weltgefühls, und erst von hier aus wird die Schilderung der Peripherie möglich.

Das Schicksal des dionysischen Mythos war tragisch: bei *Spitteler* und *Winkler*, um nicht an *Nietzsche* selbst zu erinnern, verkehrte sich die Idee der immanenten Weltewigkeit und der ewigen Wiederkehr in das Bild des Automaten, Leben in Tod, Weltlust in Weltangst und erhellte so in extremeren Formen den Prozeß, der sich seit der Immanentisierung der Eschatologie, wenn auch weniger deutlich, in Aufklärung und Idealismus abgespielt hatte. Aber anstatt daß der in völlige Einsamkeit verworfene Mensch nach *Spittelers* und *Schelers* Forderung sich zur heroischen Größe eigenmächtiger Rationalisierung der Welt aufraffte, wurde das Gegenteil: Aus der Weltangst gebaren sich Neurose und Psychose, jener unheimlich lautlose Zerfall der Person begann, der bis zur Projektion des inneren Weltendes in das äußere führen konnte: *Wetzels* erwähnte Abhandlung, Erzählungen von *Thomas Mann*, von *Trebitsch* und *Kubin* schilderten diesen Verlauf. Die äußerste Einsamkeit des Menschen des letzten Jahrhunderts, für die *Schopenhauer, Kierkegaard* und *Nietzsche* nur weithin sichtbare Beispiele sind, mußte die Grenzen zwischen individueller und allgemeiner Eschatologie, die schon in der Theorie des Idealismus verwischt waren, nun auch für das Bewußtsein verschwimmen lassen. Die Zersplitterung der Gemeinschaft, die sich etwa in *Hebbels* und *Ibsens* Dramatik, wo der Nächste mehr Gegen- als Mitmensch ist, nachweisen läßt, bedeutet nur das Vorspiel zur konsequenten Zersplitterung der Person selbst, zuerst wieder in der Philosophie, später als Impressionismus in der bildenden Kunst, zuletzt als Atomisierung der Sinneseindrücke auch in der Dichtung. Äußerste Subjektivität und zugleich Auflösung des Persönlichen, die das Charakteristikum einer weiten Strecke moderner Dichtung sind, lassen sich so aus einer Quelle begreifen. Wird nun noch als äußerer Rahmen das künstliche Paradies der Großstadt hinzugenommen, deren Rhythmus zwischen einer nächtlichen, zu illusionärer Größe aufblähenden Subjektivität und den grauen Morgenbildern kahler Objektivität pendelt, so wird es begreiflich, bis zu welchem Grade der Mensch an der Stetigkeit seiner Person zu zweifeln, an der unaufhaltsamen Vergänglichkeit zu verzweifeln sich gewöhnen mußte: einer Vergänglichkeit, in der auch das eigene Ich, dessen Individualität eine jahrhundertalte Philosophie untergraben hatte, wiewohl es Ziel und Idol alles Strebens war

> . . . durch nichts gehemmt,
> Herüberglitt aus einem kleinen Kind
> Mir wie ein Hund unheimlich stumm und fremd.[288]

Das trostlose, echolose Schreien über die Vergänglichkeit, den Tod und die Verwesung:

> Ein Fleck, der gegen die Verwesung spräche!! –
> Das Fleckchen, wo sich Gott erging . . . !!![289]

dieses Wissen, daß der Trost auf die Zukunft sinnlos ist:

> Wir wissen, daß wir Vorläufige sind
> Und nach uns wird kommen: nichts Nennenwertes.[290]
> . . . Von diesen Städten wird bleiben: der durch sie
> hindurchging, der Wind![291]

alles dies läßt ein solches Geschlecht exzeptionell in der Geschichte dastehen, weder mit der rhetorischen Verzweiflung des Barock noch selbst mit den Untergangsvisionen früh- oder spätmittelalterlicher Bußprediger vergleichbar, sondern völlig singulär, reif das zu erleben, was Vereinzelte von *Scotus Eriugena* bis *Swedenborg* gelehrt hatten: daß die letzten Dinge: Gericht und Hölle geistige Zustände und der einzelnen Seele inwohnend seien, und damit fähig einer äußersten Möglichkeit eschatologischen Denkens oder Erlebens solchen Ausdruck zu verleihen, daß auch bei gleichgültigem Inhalt das Pathos, nein die Substanz, ihrer Dichtung eschatologisch zu nennen ist.

[288] *Hugo von Hofmannsthal,* Terzinen: Über Vergänglichkeit, in: Die Gedichte und kleinen Dramen, Leipzig 1911, 14.
[289] *Gottfried Benn,* Gesammelte Gedichte, Berlin 1927, 64.
[290] *Bert Brecht*, Vom armen B. B., in: Hauspostille, a. a. O., 142.
[291] Ebd.

Hier mußte sich, wenn irgendwo, die Wende vollziehen, denn hier war der Weg bis zu Ende gegangen, aber bis zum eisigen Mittelpunkt der Hölle mußte der gehen, der den Weg zum Purgatorio finden wollte.

Nirgendwo läßt sich der Punkt der Peripatie deutlicher nachzeichnen als in einer Betrachtung *Georg Trakls.* Keins der aufgezeigten Merkmale der Auflösung fehlt bei ihm: Das Bewußtsein des Unterganges, Einsamkeit, Auflösung der Person, die sich in einer seltsam additiven Häufung der Impressionen in Prosa und Gedicht widerspiegelt, Vertrautheit mit Tod und Verwesung. Zu alledem aber tritt ein Weiteres hinzu, das viel zu innig damit verwachsen ist, als daß es „Deutung" genannt werden könnte; es ist vielmehr der Durchbruch in eine tiefere Schicht des Erlebens, in der es zwar nicht erklärt, gesondert, erhellt ist, aber doch ein- und untergeordnet, in der es seine Schrecken nicht verliert, aber das Grauen so vertraut wird wie Lächeln und Freude. Von dieser tieferen Schicht her brechen nämlich zwei Worte aus, elementar, wenn auch nur gestammelt, aber immer wiederkehrend: gerecht und böse.

Das Wesentliche an diesem Phänomen bleibt das: Die Bilder, die aus der Welt ins Innere eindringen, verraten nichts vom Gerechten und Bösen. Irgendwo hat ein Gott für uns gesühnt und ist alles gerecht, dazwischen aber steht dennoch der Tod, das „gräuliche Gerippe", alles Dunkle und Verwesende unversehrt und mächtig. Beides aber ist ununterscheidbar, unerkennbar, ungewiß vermischt. Dies war freilich das Erbe eines Geschlechts, das, jener sicheren naiven Beurteilung des Guten und Bösen längst entrückt, eine verstehende Psychologie erfunden hatte, vor deren Forum diese Unterschiede zunächst unkenntlich und schließlich, wie in der Psychoanalyse, durch andere Begriffe abgelöst wurden. Dies Erbe war unverlierbar: Niemand weiß, wo wirklich Böses ist, es ist verborgener als alles, und darum die Hilflosigkeit unser aller. Denn alles kann Mißverständnis sein, und niemand kann es lösen. Anders und tiefer als sein Freund *Karl Kraus* hat *Trakl* Einblick in die Krankheit der Zeit gehabt, die erst recht das Böse verdeckt, alles Überzeugen nutzlos macht und selbst die Liebe entmutigen könnte, in das

„Antlitz voll Grausamkeit und Irrsinn". Aber durch alle Unsicherheit dringt das unumstößliche Wissen, *daß* Schuld da ist, das Mißverständnis irgendwo Lüge, die Qual böse ist.

> Nachhallen die purpurnen Flüche
> Des Hungers in faulendem Dunkel,
> Die schwarzen Schwerter der Lüge,
> Als schlüge zusammen ein ehernes Tor.[292]

Dies ist das Neue, daß das Antichristliche der Welt mit der Gewißheit der Evidenz gewußt ist, wiewohl es verborgen ist. „Tiefer liebte er . . . das kühle Grab, darin des Menschen feuriges Herz bewahrt ist. Weh, der unsäglichen Schuld, die jenes kundtut."[293] Es ist von „Gottes Zorn", „Gottes Peitsche", „Gottes Geier" die Rede. Von dieser geheimnisvollen dritten Schicht aus, die keine andere als die der Subjektivität *Kierkegaards* ist, wird die zweite zugleich vernichtet und gedeutet: die Auflösung, die hier vor sich ging, bleibt wohl bestehen, aber in die mystische Innerlichkeit hineingenommen. Die Form dieser Dichtung, scheinbar zusammenhanglose Reihung von Bildern, Impressionen und Expressionen, erhält einen neuen Sinn, ist nicht mehr nur der Ausdruck des zeitlichen, sondern zugleich eines sozusagen ewigen Zerfalls: Die zeitliche Eschatologie öffnet sich gegen die überzeitliche hin, die Heimatlosigkeit aller zeitlichen Dinge:

> Dunkler umfließen die Wasser die schönen Spiele der Fische.
> Stunde der Trauer, schweigender Anblick der Sonne;
> Es ist die Seele ein Fremdes auf Erden.[294]

Der Kosmos dieser Gedichte, der alle Phänomene der Seele, wenn auch scheinbar zerlöst, umfaßt, dem Lebendes und Totes, der Körper und die Verwesung, die Engel „mit kristallnem Finger" und die Tiere, die Wälder und Nächte im selben Abstand

[292] *Georg Trakl*, Vorhölle, in: Sebastian im Traum, Leipzig 1915; hier zitiert nach Dichtungen und Briefe, Historisch-kritische Ausgabe, Bd. I, Salzburg 1969, 133.

[293] Derselbe, Traum und Umnachtung, in: Sebastian im Traum, a. a. O., 84.

[294] Derselbe, Frühling der Seele, in: Sebastian im Traum, a. a. O., 141.

gleich vertraut sind, ein Paradies alles Subjektiven also, ist dem *Rilkes,* obzwar dieser ihn rationaler geordnet hat, wiederkehrende Symbole und getrennte Reiche kennt, viel verwandter als dem *Heyms* oder gar *Benns* und *Brechts*, die, wenn auch unbewußt, von dem Auswahlprinzip der „Sachlichkeit" geleitet sind.

Der Untergang dieser Zeit öffnet also den Blick für die Herbstlichkeit aller Welt, die „dunkle Geduld des Endes".[295]

Vergebliche Hoffnung des Lebens. Schon rüstet
Zur Reise sich die Schwalbe im Haus
Und die Sonne versinkt am Hügel;
Schon winkt zur Sternenreise die Nacht.[296]

Herbstlich ist die Welt wegen des Zerfallenden, Verwesenden, das in ihr ist, das nicht das Böse selbst ist, aber in einem dunklen Zusammenhang mit ihm steht. Denn in der völligen Vertrautheit mit Tod und Toten, wie sie *Trakl* besitzt, wird keine Transzendenz über das Leben, die Welt hinaus vollzogen, keine „Sinndeutung" von einem Religiösen her: Am Tode weist sich vielmehr das Tiefere, wenn auch dunkel, selber auf. Nur in den letzten Gedichten *Hölderlins*, im „Kirchhof" etwa, ist etwas Analoges zu finden, vielleicht noch in *Mahlers* musikalischen Dichtungen. Am Tode weist sich Schuld auf, aber ebenso unmittelbare Gewißheit der „Ewigen Gerechtigkeit" der Welt:

Langsam reift die Traube, das Korn.
Wenn sich stille der Tag neigt,
Ist ein Gutes und Böses bereitet.[297]

Über diesen schmerzlichen Widerspruch, daß wir die Welt als eine untergehende und ewige zugleich erfahren, deutet nichts hinaus: Es ist das Geheimnis der „dritten Sphäre", die die zweite in sich begreift. Schuld und Gerechtsein wird dort elementar gewußt und nur mit Zögern, das Angst und kindliches Vertrauen zugleich ist, darf dieses rätselvolle Ergebnis nochmals

[295] *Georg Trakl*, Jahr, in: Sebastian im Traum, a. a. O., 138.
[296] Derselbe, Sommersneige, in: Sebastian im Traum, a. a. O., 137.
[297] Derselbe, Die Sonne, in: Sebastian im Traum, a. a. O., 134.

aufgehoben und in eine letzte, vierte und dunkelste Sphäre übertragen werden:

> Rechten Lebens Brot und Wein,
> Gott in deine milden Hände
> Legt der Mensch das dunkle Ende,
> Alle Schuld und rote Pein.[298]

Durch nichts läßt sich das Verhältnis dieser vier Sphären, das bei *Trakl* nur sehr dunkel gefühlt ist, besser erhellen als durch einen Blick auf *Dostojewskij.* Niemand hat ja wie er die zweite beherrscht: hellsichtige Psychologie, die die Naivität der ersten vernichtet und Auflösung der Schuld in Bedingungen der Umwelt, der Charaktere und Leidenschaften bedeutet. Wo immer Schuld sein könnte, ist sie verdeckt und unkenntlich gemacht – und doch sind um der Schuld, um der dritten Sphäre willen alle seine Werke geschrieben. Niemand vermesse sich zu sagen, wo Schuld ist. „Vergiß vor allem nicht, daß du niemandes Richter sein kannst", lehrt der Staretz Sossima.[299] Aber noch weniger vermesse sich einer, die Schuld zu leugnen. Der Übergang von der zweiten zur dritten Sphäre ist unüberholbar geschildert in dem Gespräch Iwans mit dem Gentleman. Ein geometrisches Denken, das vom Schwerpunkt des Ich aus die Welt durchleuchtete, war Iwans Traum. Auch das Böse sollte ins allmächtige Selbst eingehen und in ihm sich auflösen. Aber als ob das Selbst diese Fülle nicht ertragen könnte, spaltet es sich, der Teufel tritt ihm gegenüber. Er ist seine Halluzination, natürlich, denn das Glas, das Iwan nach ihm geworfen hat, steht bei Aljoschas Kommen unzerbrochen auf dem Tisch. Aber nur scheinbar wird die Realität der Szene von der Psychologie eingeklammert. Vielmehr versichert der Gentleman, daß er eine „neue Methode" verfolge. „Denn sobald du endgültig jeden Glauben an mich verloren haben wirst, wirst du sofort anfangen mir ins Gesicht zu versichern, daß ich kein Traum sei, sondern wirklich existiere.

[298] *Georg Trakl*, Herbstseele, in: Sebastian im Traum, a. a. O., 107.
[299] *F. M. Dostojewski*, Die Brüder Karamasoff, 2. Bd., 1. Halbb., in: Sämtliche Werke, Erste Abteilung: Zehnter Bd., erster Halbbd., München 1921, 647.

Ich kenne dich doch."[300] Wie der Teufel von der Krankheit sich ablöst, so löst am Ende der Psychologie der Glaube an ihn sich von ihr los; darin hat er sich nicht getäuscht. Die alte Feuerhölle, dies konzediert er, mag längst erloschen sein. Außen gibt es keine Hölle. „... jetzt dagegen hat man sich fast nur auf die abstrakten, auf die geistigen Qualen verlegt, ... "[301] Die letzte Innerlichkeit *ist* die Hölle. Dies erkennt auch Iwan, und der Einwand, mit dem er seinen Gegner zu ironisieren sucht, der Einwand, daß jener gar nicht existiere, richtet sich gegen ihn selbst und er gesteht: „Übrigens ... wünschte ich, an dich zu glauben!"[302] Und Aljoscha sagt es in jener Beichte, die ihn für Augenblicke erleichtert, bis ihn die Krankheit wieder überfällt: „Weißt du, Aljoscha, weißt du, ... ich wünschte, daß *er* wirklich er wäre und nicht ich!"[303] Die „mystische Betrachtung" des Staretz über die Hölle erläutert dies: Der Tote, der auf der Erde nicht geliebt hat, schaut Abrahams Schoß, das Paradies, und kann zum Herrn eingehen. Da aber, indem er die Liebe sieht, beginnt es ihn zu quälen, daß er nicht geliebt hat: Mitten im Paradies tut sich die Hölle in ihm auf. Vielleicht hat also die Psychologie die alte Hölle vernichtet, aber es wird ihr Triumph und ihr Untergang zugleich, daß sie am andern Ende der Seele, am Ende des geheimnisvollen Wegs, der nach innen führt, an das Böse stößt, auf das sie eben noch als auf ein Existierendes hinweisen, das sie aber nicht mehr erklären kann. Denn es läßt sich zwar in die Psychologie hineinziehen – es ist ihr Triumph, daß das Glas nicht zerbrochen ist – aber sie weiß um seine unerklärliche Objektivität: das ist ihr Untergang.

Dmitrj Karamasoff lebt die erste Sphäre – lebendige Unmittelbarkeit, die naiv das Gute und Böse scheidet. Iwan geht von der zweiten zur dritten, von der theoretischen zur ethischen, die ihre höhere Anerkennung restituiert. Aljoscha ist von der dritten zur vierten, religiösen übergegangen, zu der endlich auch

300 *F. M. Dostojewski*, Die Brüder Karamasoff, 2. Bd., 2. Halbb., in: Sämtliche Werke, Erste Abteilung: Zehnter Bd., zweiter Halbbd., München 1921, 1328f.
301 Ebd., 1324.
302 Ebd., 1328.
303 Ebd., 1346.

Dmitrj den Eingang findet. Die Stufen *Kierkegaards* zeichnen sich ab, die von Unschuld über Schuld zur „Aufhebung“ der Schuld führen. Wenn es aber nach *Kierkegaard* keine Religion der Erlösung gibt, die die „Religiosität A“ überflüssig machte, die wesenhafte Schuldigkeit des Menschen aufhöbe, so ist der Justizmord an Dmitrij und Iwans Untergang auch gleichgültig, denn beide sind um der Innerlichkeit des Bösen willen gestraft.

10. Person und Tod.

Hier ist des *Säglichen* Zeit, *hier* seine Heimat.
Sprich und bekenn. Mehr als je
fallen die Dinge dahin, die erlebbaren, denn,
was sie verdrängend ersetzt, ist ein Tun ohne Bild.
Rilke, Duineser Elegien.

Die Wendung, die sich dunkel und ungewiß in *Trakls* Werk aufzeigen ließ, zu verfolgen und bis zu theoretischer Klarheit zu führen, ist die Aufgabe der folgenden Kapitel. Bei alledem bleibt es die Hauptaufgabe, den Zusammenhang ihrer verschiedenartigen Äußerungen in Dichtung, Philosophie und Theologie sowohl untereinander als mit dem Geist der Epoche aufzuzeigen, so daß in der Stellung und Lösung der Probleme das charakteristische Antlitz der Zeit sichtbar und damit alles bisher Beschriebene fruchtbar wird. In Weiterführung wie in Ablehnung zeigt sich die Kontinuität mit dem Ererbten.

Zunächst gilt es, die Neubegründung individueller Eschatologie (deren Verfall in den Systemen des Materialismus, Positivismus, in der atomistischen Psychologie wie in der zugehörigen Dichtung sich vollendet hatte), die sich an den Problemen der Person und des Sinns des Todes orientiert und zur religiösen Problematik wird, hernach die Erneuerung der allgemeinen Eschatologie am Leitfaden des neuen Strebens zur Gemeinschaft aufzuzeigen. Endlich muß die allgemeine Tendenz zur Eschatologie und die innere Antinomie des Problems beschrieben werden, von wo aus sich das Verständnis für neue eschatologische Dichtung eröffnen wird.

An *Trakls* Dichtung also wird die Wende deutlich. Der Prozeß der Auflösung des Ich in Sinnesimpressionen, des einsamen subjektivierten Kosmos, des dionysischen Menschen in Verzweiflung oder „dunkle Geduld des Endes" erfährt eine

Hemmung an der Gewißheit des Ethischen, des Gerechten und Bösen, das irgendwie Einheit und Zusammenhang der Lebensmomente verbürgt.

Diese Wendung hatte sich zwanzig Jahre früher in der Psychologie schon angemeldet, als beinahe gleichzeitig *Dilthey* in seiner Berliner Akademierede „Ideen zu einer beschreibenden und zergliedernden Psychologie" den Sinn des Verstehens von seelischen Ganzheiten, *Christian von Ehrenfels* den Begriff der Gestalt und die erste Veröffentlichung *Breuers* und *Freuds* eine neue Art psychischer Analyse verkündeten. An der letzteren und den folgenden Arbeiten der Psychoanalyse läßt sich das eigenartige der Wende am deutlichsten erkennen.[304] Demnach fundiert diese in allen ihren Grundbegriffen auf einer atomistischen Seelenlehre, wie das Postulat der Meßbarkeit der Seelen-"Kräfte", die Quantifizierung psychischer „Energien" also, die Durchführung seelischer Kausalität als eines „Mechanismus" beweist.[305] Dennoch hat die Psychoanalyse das Verdienst, die Idee des ganzen Menschen als einer Einheit, so wenig dies auch zu ihren Begriffen paßte, der Zeit als etwas völlig Vergessenes neu entgegenzuhalten. In ähnlicher Richtung führte der Ausbau des Strukturbegriffes, psychologisch durch *Bühler*, philosophisch etwa bei *Spranger*, bis neuerdings selbst wieder Metaphysiken des Ich, wie die von *Driesch* und *Volkelt*, sich hervorwagen. *Adlers* Individualpsychologie löste die Psychoanalyse ab und brachte mit der Ersetzung der kausalen Begriffe durch teleologische die Tendenz zur Ganzheitsbetrachtung zum Durchbruch. Hier konnten sich die praktische Psychologie und die theoretische und spekulative zur Grundlegung neuer Anthropologie im Sinne *Schelers* vereinigen. Wesentlich bleibt, daß dabei die neukantianischen Schulen unbeteiligt blieben und daher die Meta-

[304] Vgl. *Rudolf Allers*, Über Psychoanalyse, Berlin 1922; derselbe, Glück und Ende der Psychoanalyse, in: Schweizerische Rundschau, 28. Jhg., Einsiedeln 1928/1929, 13-23 und 128-140; derselbe, Probleme der Psychotherapie, in: Stimmen der Zeit, Monatschrift für das Geistesleben der Gegenwart, Bd. 117, München 1929, 27ff.

[305] Die „Eschatologie" in „Jenseits des Lustprinzips" bleibt, von hier aus gesehen, die konsequente Mythik dieser Psychologie.

physizierung und der Begriff des transzendentalen Subjekts, kurz, die idealistische Personlehre, keine Rolle spielte. Denn *Dilthey* hatte erkannt, daß der Ganzheitsbegriff empirisch und phänomenologisch, also ohne Spekulation zu gewinnen war. Das neue Menschenbild mußte vielmehr das des endlichen, empirischen Ich sein und damit von vornherein *Kierkegaard* näher rücken: Es steht zunächst im Alltag, wird in der Geschichte gefunden, von hier aus beurteilen es so verschiedene Geister, wie *Dilthey, Adler* und *Heidegger.*[306]

Eine Eschatologie dieser Person mußte von vornherein andere Züge annehmen als alle individuelle Eschatologie seit Renaissance und Aufklärung. Dies bleibt freilich merkenswert, daß eben die Auflösung dieses Menschtypus – „Der ‚moderne Mensch', d. h. der Mensch seit der Renaissance, ist fertig zum Begrabenwerden", schrieb *York* an *Dilthey,* und *Heidegger* zitiert dieses Wort mit Beifall – gerade die Bedingungen der Möglichkeit neuer Eschatologie schuf und diese durch Deutung dieser Auflösung zu neuen Erkenntnissen kam.

Wie das neue Menschbild aus praktischen oder „exakten" Wissenschaften seine Anregung empfing, so auch seine Eschatologie. Am biologischen Problem des Todes entzündete sich das menschliche Todesproblem. Für den Materialismus war hier keine Schwierigkeit; die Aggregation, die das Wesen Mensch bildet, löst sich in derselben Weise wieder auf, wie jede organische oder anorganische Bildung. Der Biologismus und die ihm nahestehende Lebensphilosophie mußte zur Frage gedrängt werden: Wie verhält sich diese Auflösung zur Ganzheit, zur Struktur einer Organisation? Der Pessimismus *Eduards von Hartmann* hatte einen Widerspruch zwischen Utilität und Organisationshöhe entdeckt: gerade die höchsten Organismen sind die gefährdetsten. Dies schien den pessimistischen Dualismus dieses Philosophen zu bestätigen, während ein vitalistischer Monismus wie der *Nietzsches* und seiner Nachfolger *(Th. Lessing, L. Klages)* daraus nur die Krankhaftigkeit des Geistespha-

[306] Vgl. auch *Johannes Volkelts* Abgrenzung gegen Fichte: Das Problem der Individualität, München 1928, 74.

nomens zu lesen wußten. *Georg Simmel* war es, der, noch im lebensphilosophischen Kreise befangen, über solche Deutungen hinausstrebte und mit seinen Analysen eine neue Todesphilosophie auszubauen begann. Ihr hat das System *Heideggers*, die umfassendste moderne individuelle Eschatologie, viel zu verdanken. *Simmel*[307] und *Heidegger*[308] können aber trotz ihres Folgeverhältnisses auch als Repräsentanten verschiedener Todesauffassungen gelten, die zu vergleichen darum reizvoll ist, weil sie die Antinomie der Todesbegriffe *Goethes* und *Schillers*, vermehrt freilich und durchflochten von Erkenntnissen des 19. und 20. Jahrhunderts, aufzunehmen scheinen. Hier wird, in seltener Klarheit, das Verhältnis der idealistischen zur modernen Eschatologie durchsichtig. Beide verdienen auch vor der Heranziehung anderer Todesphilosophien[309] den Vorzug, weil sie zugleich in ihrem Willen „von vorn", bei den Anfängen zu beginnen und dennoch das gesamte überlieferte Denken aufzuarbeiten und zu durchformen der lebendige Ausdruck gegenwärtigen Denkens sind.

Simmel geht also von dem aufgezeigten Problem aus: Wie kommt es, daß die höchste Organisation, der Mensch, dem Tode am meisten verfallen ist, während die niedrigste, die einzellige Amoebe, ihn nicht zu kennen, unsterblich zu sein scheint, der Tod also „der Preis ist, den wir für die Höhe differenzieller Entwicklung zahlen müssen"?[310] Diese biologische Tatsache erhält im Anthropologischen zugleich ihre Überbietung und Deutung: auch unter Menschen ist der größere „sterblicher" als der unbedeutendere, sterben im eigentlichen Sinn

[307] *Georg Simmel,* Zur Metaphysik des Todes, in: Logos, Internationale Zeitschrift für Philosophie der Kultur, Bd. I, Heft I, Tübingen 1910, 57ff; derselbe, Der Tod, in: Rembrandt. Ein kunstphilosophischer Versuch, Leipzig 1916, 89ff; derselbe, Tod und Unsterblichkeit, in: Lebensanschauung, München 1918, 99-153; pass. in derselbe, Goethe, 2. A., Leipzig 1917.

[308] *Martin Heidegger,* Sein und Zeit, Halle 1927.

[309] Vgl. noch *Karl Jaspers,* Psychologie der Weltanschauungen, Berlin 1924; *Hans Driesch,* Wirklichkeitslehre, 2. A., Leipzig 1922, der dem Todes- und Unsterblichkeitsproblem eine „geradezu zentrale Stelle" zuweist. Historische Übersicht der Problemgeschichte s. *Heinrich Scholz,* Der Unsterblichkeitsgedanke als philosophisches Problem, 2. neuverfaßte A., Berlin 1922, 7ff.

[310] *Georg Simmel*, Tod und Unsterblichkeit, a. a. O., 134.

kann nur das Einmalige, Unersetzliche, Individuelle. „Dieselbe Individualisierung, die nach unseren allgemeinen Wertbegriffen Fortschritt und Höhe der Entwicklung bedeutet, ist der Träger der Vergänglichkeit." Auf die Frage, warum das Individuum (apriorisch gesprochen) sterben müsse, gibt *Simmel* keine direkte Antwort.[311] Die Biologie kann hier nichts mehr erklären. *Simmel* entwickelt in Analogie zu ihr seinen berühmt gewordenen Gedanken von der Immanenz des Todes, derzufolge die Auffassung vom „Parzenschnitt" mit Recht als oberflächlich bezeichnet wird, da doch der Tod sozusagen die Frucht des ganzen Lebens jeder seiner Augenblicke also todesschwanger ist. „So wenig wir in dem Augenblick unserer Geburt schon da sind, fortwährend vielmehr irgend etwas von uns geboren wird, so wenig sterben wir erst in unserem letzten Augenblicke."[312] Damit rückt das Todesproblem in die Nähe des Problems der Ichwerdung, und hier übernimmt *Simmel* in der Tat die *Goethe*sche Position: Leben ist die Herausbildung der Ich-Form, die Kristallisation des „individuellen Gesetzes". Zugleich eignet er sich die idealistische Idee des werdenden Ich an: „Der seelische Lebensprozeß stellt . . . mit seiner steigenden Gesamtentwicklung das Gebilde immer klarer und stärker heraus, das man das Ich nennen kann."[313] *Goethe* forderte direkt Unsterblichkeit nach dem Maße der Ichwerdung. *Simmel* schiebt den Gedanken dazwischen, daß das formgewordene Leben gerade darum das Prärogativ der Fortdauer hat, weil es allein, als einmalige und unwiederholbare Formwerdung einer Idee auch allein sterben *kann.* Die Notwendigkeit dieses Todes war aber für *Simmel* auch aus *Goethe*schen Kategorien nicht zu erweisen, darum bleibt seine Idee der Todesimmanenz, der im Leben „irgendwie wirksamen Bestimmung",[314] letztlich unbegründet. Freilich aposteriori, nachdem die Tatsache des Todes anerkannt ist, gibt er eine Erklärung, die, aus der *Hegel*schen Dialektik geschöpft,

[311] *Georg Simmel*, Tod und Unsterblichkeit, a. a. O., 132.
[312] Ebd., 101. Vgl. derselbe, Zur Metaphysik des Todes, a. a. O., 59; derselbe, Rembrandt, a. a. O., 92.
[313] Derselbe, Tod und Unsterblichkeit, a. a. O., 115ff.
[314] Ebd., 101.

tiefer als *Goethes* Postulat ist. „Leben fordert von sich aus den Tod"[315] – nicht das biologische nur, auch das geistige, denn dieser erst ermögliche, den Lebensstrom als etwas Zufälliges und Vergängliches von seinen Inhalten zu trennen, eben jene erreichte Form als das Ewige aus dem Fließen des Vergänglichen herauszuheben. Erst durch seinen Gegensatz also käme das Leben eigentlich zu sich selbst, erst durch ihn würde ihm die Forderung dessen, was *Heidegger* das mögliche Ganz-sein-können nennt, bewußt. Und hier erst entstehe der Anhaltspunkt der *Goethe*schen Unsterblichkeitsforderung: Die (aposteriorische!) Erfahrung des Todes führte zur Sehnsucht nach diesem möglichen Ganzsein, das sich nur „jenseits" verwirklichen könne. In einem Exkurs über das Schicksal versucht *Simmel* dieses auf den Begriff der innern Form zurückzuführen, denn das, was die einzelnen Zufälle zu Schicksalen macht, sei eben jene „apriorische Formungskraft des individuellen Lebens" selber;[316] daß die Durchformung der Welt nicht restlos gelinge, daß stets ein Sinnfremdes, dem Lebensgesetz nicht Unterzuordnendes bleibe, dies deute wieder auf die Unausgereiftheit der individuellen Form und damit das Postulat des Überdauerns. Hier aber bringt *Simmel* eine verräterische Analogie, die die Unzusammenhörigkeit der Gedanken offenbart: In der Kunst der Tragödie allein, sagt er, gelinge es, Leben und Schicksal so zur Deckung zu bringen, daß der Tod als eine von Anfang dem Helden immanente Kraft erscheine, die als notwendig, nämlich als Abschluß und Reife seiner individuellen Gestalt wirke. *Rilkes* Bitte im Stunden-Buch scheint von hier aus verständlich zu werden:

O Herr, gib jedem seinen eignen Tod, . . .
Denn wir sind nur die Schale und das Blatt.
Der große Tod, den jeder in sich hat,
das ist die Frucht, um die sich alles dreht.[317]

[315] *Georg Simmel*, Tod und Unsterblichkeit, a. a. O., 111.
[316] Ebd., 127.
[317] *Rainer Maria Rilke*, Das Stunden-Buch, Leipzig 1918, 86.

Aber dabei sind von *Simmel* offenbar zwei Gedanken vermengt worden, denn die Konsequenz, daß der Held, gerade weil er seine Möglichkeit voll erfüllt, nicht unsterblich wäre, widerspräche wohl *Simmels* Meinung selbst. Der Gedanke, daß der Tod dem Leben immanent sei, bleibt wegen *Simmels* aposteriorischer Begründung mystisch und darf nicht zur Erläuterung jenes andern, daß er das Leben versinken lasse, um dessen ewige Gehalte emporzuheben, herangezogen werden. Denn gerade um dieses Gehalts willen, der freilich in der Deckung von Schicksal und Zufall im Lebensgesetz bestehen mag, hat der Held das größere Anrecht auf Unsterblichkeit.[318]

Aber dieser Gedanke bleibt in seiner ganzen Wucht bestehen, daß sowohl um dessen, was der Mensch erreicht hat, als um des Ausstehenden, in ihm aber Präformierten, willen sich das Postulat der Unsterblichkeit erhebe. Die Lösung von der Zufälligkeit des Äußeren und dessen Verwandlung in ein zum Für-sich-sein der Seele gehöriges Innere, oder kühner ausgedrückt, die Erreichung voller Selbstheit durch „Erlösung" der Dinge ist in der Tat ein wichtiger Ansatz des Postulates, zumindest der Sehnsucht. Sie findet erstaunlich tiefen Ausdruck in den Duineser Elegien *Rilkes*, dem diese Form der Eschatologie durchaus angemessen ist. Zugleich aber können *Fichte* und *Novalis* herangezogen werden, denn die Idee der „Bewältigung" des Nicht-Ich, der „magische Idealismus", der das Universum zum Organ macht, liegen, wenn von der Problematik des göttlich-menschlichen Ich abgesehen wird, in der gleichen Linie.

Schon *Rilkes* siebente Elegie deutet an:

Nirgends, Geliebte, wird Welt sein, als innen. Unser
Leben geht hin mit Verwandlung. Und immer geringer
schwindet das Außen.[319]

[318] Deshalb ist auch *Simmels* Polemik gegen den christlichen Gedanken, daß der Tod über die Ewigkeit entscheide, aus seinen eigenen Voraussetzungen nicht ganz gerechtfertigt: im letzten Augenblick wäre doch die Form am weitesten gereift.

[319] *Rainer Maria Rilke*, Duineser Elegien, a. a. O., 27.

Die neunte führt dieses Thema weiter durch und erstaunt ob des paradoxalen Verhältnisses, daß gerade uns, den „Schwindendsten",[320] den „Vergänglichsten"[321] die Aufgabe zufallen muß, die Welt zu verwandeln, aufzuheben, indem wir sie werden. Denn die Klage über die Vergänglichkeit – die ergreifendste Klage des modernen Menschen – durchzieht wohl das ganze Werk, zugleich aber begleitet sie in immer neuen Wendungen die Suche nach dem transzendenten Ruhepunkt. Freilich bietet sich als solcher zunächst der Engel an, anfänglich glühend ersehnt und besungen, aber endlich, in der sechsten Elegie, bricht sich die längst latente Erkenntnis Bahn, daß auch der Engel nicht taugt – theoretisch gesprochen: daß die Aufhebung der Vergänglichkeit in einem lebenstranszendenten Reiche unmöglich sei, denn die Realität ist dem Reich der Werte ewig fern – und mit dem fast hybriden Stolz des Existierenden, wenn auch unendlich Vergänglichen, zeigt der Dichter dem Engel die Schätze der Erde, selbst die untergegangenen:

War es nicht Wunder? O staune, Engel, denn *wir* sinds,
wir, o du Großer, erzähls, daß wir solches vermochten,
mein Atem
reicht für die Rühmung nicht aus.[322]

Aber dieselbe Geste, die sich gegen den ewigen Engel ausstreckt, hält ihn auch zurück: Er kann es nicht halten:

Glaub *nicht*, daß ich werbe . . .
Wie ein gestreckter
Arm ist mein Rufen. Und seine zum Greifen
oben offene Hand bleibt vor dir
offen, wie Abwehr und Warnung,
Unfaßlicher, weit auf.[323]

Der einzige Mensch, dies ist der Inhalt der neunten Elegie, vermag als unwiederholbarer Schnittpunkt von Wert und Wirk-

[320] *Rainer Maria Rilke*, Duineser Elegien, a. a. O., 33.
[321] Ebd., 35.
[322] Ebd., 28 (7. El.).
[323] Ebd., 29 (7. El.).

lichkeit die Erde zu verwandeln. Jenseits ist alles unsäglich „besser unsäglich“ als hier, aber hier allein kann man die Dinge „nennen“:

> *Hier* ist des *Säglichen* Zeit, *hier* seine Heimat.
> . . . Sind wir vielleicht *hier,* um zu sagen: Haus,
> Brücke, Brunnen, Tor, Krug, Obstbaum, Fenster, –
> höchstens: Säule, Turm . . . aber zu *sagen*, verstehs,
> o zu sagen *so*, wie selber die Dinge niemals
> innig meinten zu sein.[324]

Der schon öfter angedeutete Gedanke bricht hier völlig hervor: Die Vergänglichkeit der säglichen Dinge braucht uns, uns „traun sie ein Rettendes“ zu, eben die Verwandlung,

> Wollen, wir sollen sie ganz im unsichtbarn Herzen
> verwandeln
> in – o unendlich – in uns! wer wir am Ende auch seien.
> Erde, ist es nicht dies, was du willst: unsichtbar
> in uns erstehn? . . .
> Was, wenn Verwandlung nicht, ist dein drängender Auftrag?

Dem folgt das fast stürmische Bekenntnis zur Erde und die Entschlossenheit zu dieser Aufgabe. Nun erst bemerkt der Mensch, daß nicht alles an ihm vergeht, daß er es leisten kann:

> Siehe, ich lebe. Woraus? Weder Kindheit noch Zukunft
> werden weniger . . . . . Überzähliges Dasein
> entspringt mir im Herzen.[325]

Das Problem der Verwandlung mußte für jeden Dichter dieser Zeit, die es aus der Vergänglichkeitsangst zu heben galt, das dringlichste werden, seine Darstellung ihm dasselbe bedeuten wie dem Philosophen die des Person- oder des Wert-Wirklichkeits-Problems. *Rilke* hat sich sein Leben lang gemüht, die Dinge aus einer vergehenden in eine unvergehende Gestalt hinüberzuwandeln und ist mit der neunten Elegie geradezu bei einer

[324] *Rainer Maria Rilke*, Duineser Elegien, a. a. O., 34.
[325] Ebd., 35.

Metaphysik der Verwandlung angelangt. Anders freilich *George*, dem es keine Kontinuität aus der verlorenen Zeit zum „Neuen Reich" gibt, wo Verwandlung nicht zur versöhnenden Mitte zwischen unaufhaltsamem Vergehen und fester Form werden kann.

> Aus einer ewe pfeilgeradem willen
> Führ ich zum reigen reiß ich in den ring.[326]

Nur innerhalb des Reiches, in der Erziehung, gibt es die Verwandlung, für deren Geheimnis dieselbe Lösung wie in den Elegien bereitliegt: Bereitschaft und Hingabe:

> Was ist geschehn daß ich mich kaum noch kenne
> Kein andrer bin und mehr doch als ich war?
> . . . Ich war noch arm als ich noch wahrt und wehrte
> Seitdem ich ganz mich gab hab ich mich ganz.[327]

Nicht minder kreist *Hofmannsthals* ganzes Dichten um diesen einen Punkt. Das überwältigende Erlebnis seiner Jugend, Vergänglichkeit, von der die Terzinen reden, das auf höherer Ebene im Brief des Lord Chandos wiederkehrt, gab allen seinen Entwürfen voraus die Richtung. In der Entwicklung beginnend mit unbeholfenen Versuchen wie „Der Tor und der Tod", wo das eigentliche Problem noch verdeckt ist, bis zu seiner subtilsten Differenzierung in „Ariadne auf Naxos", zur zartesten Psychologie im „Schwierigen", zur Mystik der „Frau ohne Schatten" und endlich zur letzten Ausweitung im „Turm" – diese Entwicklung begleitet durch prosaische Schriften – bleibt bei aller Fülle sonstiger Probleme der tragende Grund das Geheimnis der Verwandlung. In „Ariadne" – um nur von ihr zu reden – erfährt es die reichste Ausgestaltung. Von dem zart andeutenden Zwiegespräch steigt die „Oper" zur Darstellung der Vergänglichkeit im Monolog der verlassenen Ariadne, dem zunächst die erotische Dialektik Zerbinettas als die unechte Form der Verwandlung sich entgegenstellt, bis in der Hingabe an

[326] *Stefan George*, Der Stern des Bundes, a. a. O., II, 8.
[327] Ebd., VI, 6.

Bacchus, der selbst dem bösen Verwandlungstrank der Kirke unversehrt entkam, Ariadne sich selbst findet und der junge Gott der Verwandlung selbst verwandelt wird.

Ariadne: Entfernt sich alles,
Alles von mir? Die Sonne? Die Sterne? Ich mir selber?
Sind meine Schmerzen mir auf immer, immer
Genommen? Ach!
Bleibt nichts von Ariadne als ein Hauch?
Bacchus: Ich sage dir, nun hebt sich erst das Leben an
Für dich und mich!
... Du! Alles du! Ich bin ein anderer, als ich war!

Rilke, George und *Hofmannsthal* sind hier einig in der Stellung wie in der Lösung des Problems. Auf die Liebenden sind in den Elegien alle Augen gerichtet, ob sie es „könnten", der liebende Schüler *Georges* und die Gestalten *Hofmannsthals* „können" es: nämlich, indem sie sich hingeben, sich und die Welt verwandeln und indem sie lieben, das Vergängliche unvergänglich machen.

Das Verhältnis der in Verwandlung sich neu auferbauenden Form zum Tode bleibt indes bei diesen Dichtern verschieden. *Hofmannsthal*, obzwar seine Dichtung nie über die Grenze des Todes hinausgeht, hat in der „Ariadne" die idealistisch-dialektische Lösung ergriffen: Liebe und Tod sind eins – als Verwandlung.

Der Komponist: Sie meint zu sterben!
Nein, sie stirbt wirklich.
... stürzt sich hinein ins Geheimnis der Verwandlung ...

Es ist die Lösung des „Heinrich von Ofterdingen" und des „Siebenkäs", die hier wiederkehrt. *George* entfernt sich weit davon, wenn er den Tod stets nur als Schicksal, als fremde, äußere Macht faßt und die Verwandlung durchaus innerhalb des Lebens vor sich gehen läßt. Nirgends findet sich eine geringe Andeutung über jenes von *Simmel* und *Rilke* so ersehnte „Überdauern". Das Auferbauen des individuellen Gesetzes, das sich in den Versen ausdrückt:

Der geist der bleibt reißt an sich was vergänglich
Er denkt er mehrt und er erhält das Schöne
Mit allgewalt macht er es unvergänglich.[328]

Dieses Aufbauen – zugleich ein Ausdruck für das Verhältnis *Georges* zu Maximin und das Wesen des Reichs – gilt nur, wie die folgenden Verse zeigen, für die leibliche, irdische Gestalt.

Aber auch *Rilke* findet nicht, wie „Ariadne auf Naxos" das idealistische Verhältnis zum Tode. Er faßt den Tod, hierin *George* verwandter, nicht selbst als verwandelnde Macht, nicht einmal, wie in *Hofmannsthals* „Der Tor und der Tod", als das überwältigende Ereignis, *vor* dem noch gerade die Gestaltwerdung gelingt; sondern der Tod bleibt, auch von der Idee der Todesimmanenz im „Stunden-Buch" abweichend, das die Form schlechthin bedrohende, unüberholbare Faktum. Erst auf dieser Grundlage erhalten alle transzendenten Ausblicke der Elegien ihren Sinn, wird die Problematik jenes Zwischenreichs der „Toten", „Frühentrückten" zwischen dem statischen der ewigen Engel und dem paradoxen, vergänglich-ewigen der Erde ganz offenbar. Freilich tritt hier notwendig an die Stelle der Spekulation eine Art transzendentaler, anthropomorpher Einfühlung, eine eschatologische Psychologie, von der in früherem Kapitel die Rede war. Aber auch diese vielleicht läßt sich bis zu einem gewissen Grade (wie es dort versucht wurde, und wie es die dritte Elegie selbst versucht), aus der von *Kant* und der Romantik neu entdeckten und von moderner Psychologie noch vertieften Einsicht in die unergründlichen, ungewußten Dimensionen der Seele rechtfertigen, aus denen ein dem logischen Denken inkommensurables Ahnen, ein Gefühl für die kosmischen Proportionen entfließen könnte. Aber dieser Rechtfertigung der Parapsychologie bedarf es angesichts des vorliegenden Problems nicht mehr. *Rilke* sieht auf der einen Seite, daß etwas hinübergenommen wird, irgend eine endgültige Form, aber dann ist es gerade der Tod, der jeden Ausblick auf die Weise der Vollendung verwehrt. Und dann: Woran werden sich die Toten weiter-

[328] *Stefan George*, Der Stern des Bundes, a. a. O., VII, 9.

bilden, wenn sie Stoff der Erde nicht mehr haben? Oder gibt es, wie *Simmel*[329] vermutend äußert, eine Existenzform der Seele, die nicht lebendig ist? *Rilke* sagt nicht mehr über die Toten, als mit seiner transzendentalen Psychologie gerade noch im Entschwinden faßbar wird, er folgt ihrem Dasein nicht weiter.

> Schließlich brauchen sie uns nicht mehr, die Früheentrückten,
> man entwöhnt sich des Irdischen sanft, wie man den Brüsten
> milde der Mutter entwächst.[330]

Damit sind wir von der Poesie an die Spekulation zurückgewiesen und können die *Simmel*schen Gedankengänge zu Ende führen. Diese sind freilich durch die Voraussetzungen des sich erst im Werden des Lebens aufbauenden Ich und die Furcht aller Lebensphilosophie vor unmittelbar einbrechender Schöpfung gewissermaßen zu einer idealistischen Wendung prädestiniert. Zunächst erscheint also die – von *Scheler* verteidigte – Lehre vom Kreationismus wenig glaubhaft, vielmehr daß eine Seele, „die erst in einem bestimmten Moment existent geworden ist, nun gleich ins Unendliche fortexistieren soll", als eine „ungeheuerliche Paradoxie".[331] Wie *Volkelt* rettet er sich daher zur Präexistenz-Idee. Vom aufklärerisch-idealistischen Postulat der Potenzrealisierung aus gelangen beide zur Annahme einer Weiterentwicklung nach dem Tode, *Volkelt,* der ursprünglich von *Hegel* ausging und der den Begriff der Individualität unverkürzt erhalten will, zur Hypothese des zeitlosen Geschehens, *Simmel* zur Seelenwanderung, was die Grundlagen seines Personbegriffs bloßlegt. Denn hier muß das „individuelle Gesetz" in seinem strengen Sinn doch wieder aufgegeben werden zugunsten einer überindividuellen, mehrere Leben übergreifenden, an jedem wachsenden Form. Hier erwägen zwar beide Philosophen die Möglichkeit eines Abstiegs, da jedes neue Leben ein neues Wagnis bedeutet. Bei keinem aber erscheint der Gedanke in genügender Radikalisierung, *Volkelt* überläßt die Lösung der

329 Tod und Unsterblichkeit, a. a. O., 119.
330 *Rainer Maria Rilke*, Duineser Elegien, a. a. O., 10 (1. El.).
331 *Georg Simmel*, Tod und Unsterblichkeit, a. a. O., 139.

Vorsehung und verzichtet damit auf eine Lösung, *Simmel* sieht, noch oberflächlicher, das „ethisch bedeutsamste Motiv" der Lehre darin, „daß der Seele immer von neuem die Chance gegeben wird, sich in Freiheit selbst zu erlösen, und daß dies auch schließlich, trotz der Freiheit zu immer erneuter Verfehlung, gelingen muß, weil eine unendliche Zeit zur Verfügung steht".[332] In solchen Worten erscheint nun auch wieder das idealistische Unvermögen in der Erfassung des Bösen und damit der Entscheidung in Freiheit, und korrelativ dazu der Glaube an die Addierbarkeit des Guten,[333] Gedanken also, die auch andere neuidealistische Eschatologien kennzeichnen.[334] Ja, *Simmel* geht bis zur Aufhebung der Absolutheit von Leben und Tod zu einer relativen Gegensätzlichkeit, im Sinn etwa der *Schopenhauer*schen Palingenesie.[335] Es müssen also, um abschließend zu urteilen, zwei Tendenzen in *Simmels* eschatologischem und wohl in seinem ganzen Denken geschieden werden, die beide vom Transzendenzbegriff ausgehen: der konservativ lebensphilosophisch-hegelsche Gedanke, daß das Übersichhinausgehen des Lebens zugleich eine Rückkehr zu sich selbst,[336] also letztlich doch ein immanenter Prozeß ist – und jener andere, daß Leben über sich hinaus nach etwas tendiert, was nicht mehr Leben ist.[337]

Die neuen und wertvollen Gedanken *Simmels* hat *Heidegger* in sein System übernommen, indem er die Ansätze zu einer Eschatologie des phänomenalen, „endlichen" Ich von biologischen und idealistischen Zutaten zu befreien suchte. Er kritisiert an *Simmel*, daß er das Phänomen des Todes noch „ohne klare Scheidung der biologisch-ontischen und der ontologisch-

[332] *Georg Simmel*, Tod und Unsterblichkeit, a. a. O., 147.

[333] Ähnliches muß trotz der größeren Tiefe in diesen Gedanken über „Das Verhältnis der Individualität zum Nichtseinsollenden" *Volkelt* (a. a. O.) zum Vorwurf gemacht werden.

[334] Vgl. *Ernst Troeltsch*, Die letzten Dinge, in: Die Religion in Geschichte und Gegenwart. Handwörterbuch in gemeinverständlicher Darstellung, Bd. 2, Tübingen 1910, 622ff.

[335] *Georg Simmel*, Zur Metaphysik des Todes, a. a. O., 69.

[336] Dahin tendiert der ganze Schluß des Kapitels in Lebensanschauung.

[337] Vgl. dazu die Spekulationen in: *Georg Simmel*, Über die Liebe (Fragment), a. a. O.

existenzialen Problematik"[338] in die Bestimmung des Lebens einbezogen habe. In der Tat, die Einwohnung des Todes im Leben war von *Simmel* höchstens aus biologischen Analogien bewiesen worden. *Heidegger* aber wollte in einer Phänomenologie des (endlichen) Daseins die apriorische Wurzel dieser Erkenntnis aufzeigen.

Die Darstellung dieses ersten philosophischen Systems individueller Eschatologie bietet allerdings, wie jede Behandlung *Heideggers*, die nur einen Teil seiner Gedanken aus dem festen Systemgefüge reißt, große Schwierigkeiten. Dennoch müssen eine Darstellung der Umrisse versucht und einige Hinweise auf den Zusammenhang der *Heidegger*schen Problemstellung mit der gegenwärtigen Lage beigefügt werden.

Heidegger ersetzt den üblichen Begriff des Subjekts, der nach ihm eine erkenntnistheoretische Abstraktion ist, die *zu wenig* voraussetzt, durch den phänomenologischen des Daseins, das je schon „in der Welt" ist und (vor-erkenntnistheoretisch) Dingen begegnet. Damit ist hinter die Subjekt-Objekt-Scheidung (phänomenologisch, nicht naiv-realistisch), zugleich aber auch hinter die Theorie-Praxis-Scheidung zurückgegriffen. Das Wesen dieses Seienden, das „je meines" ist, „liegt in seinem Zusein",[339] das heißt: „Das Sein ist es, darum es diesem Seienden je selbst geht."[340] Dasein verhält sich also „zu seinem Sein als seiner eigensten Möglichkeit",[341] weil aber sein Wesen in Existenz beruht, ist es zugleich diese seine Möglichkeit und kann deshalb sich selbst wählen, gewinnen oder verlieren. „Verloren haben kann es sich nur und noch nicht sich gewonnen haben kann es nur, sofern es seinem Wesen nach mögliches *eigentliches*, d. h. sich zueigenes ist." Von vornherein sucht *Heidegger* aus diesen Begriffen jeden Schein von Wertung fernzuhalten, die etwa *Kierkegaard* auf Grund seiner fast identischen Definition des Selbst – eines Seins nämlich, das sich zu sich selbst verhält – über die Möglichkeiten dieses Selbst fällt. Die Analyse zeigt nun

338 *Martin Heidegger,* Sein und Zeit, a. a. O., 249.
339 Ebd., 42.
340 Ebd.
341 Ebd.

die Alltäglichkeit als „In-der-Welt-sein", als Besorgen von in dieser Welt begegnendem „Zeug" und als Mitdasein mit andern als die „zunächst und zumeist" auffallenden Modi des Daseins. Diese Alltäglichkeit ist Durchschnittlichkeit, deren „Subjekt" gerade das Subjektlose, das „Man", die Öffentlichkeit ist, die dem Dasein seine Jemeinigkeit verhüllt und es als uneigentliches, verfallenes existieren läßt. Das Man verhüllt ihm, daß es sich selbst überantwortet, in sein Da „geworfen" ist.[342] Die Modi der Durschnittlichkeit, von denen Neugier, Gerede und Zweideutigkeit näher charakterisiert sind, sind – man glaubt *Kierkegaard zu* lesen[343] – zugleich „versucherisch" (als versuchend zum Verfallen) und „beruhigend"[344] (als Übertäubung des „Betriebs"). Das Verfallen ist keineswegs etwas wie eine „Nachtansicht" des Daseins, „auch keine ontische Aussage über die ‚Verderbnis der menschlichen Natur'", sondern ein „ontologischer Bewegungsbegriff".[345] Es ist aber, da es das Dasein sowohl seiner Jemeinigkeit als seinem Zu-Sein verschließt, eine „Privation der Erschlossenheit",[346] das Dasein flieht vor ihm selbst, ohne das Wovor dieser Flucht zu erfassen. Im Phänomen der Angst beginnt sich die Eigentlichkeit des Daseins ihm selbst zu erschließen. Es wird von der Furcht, deren Wovor das „Furchtbare", ein in der Welt Begegnendes ist,[347] scharf abgegrenzt: „Das Wovor der Angst ist völlig unbestimmt",[348] ja gerade in dem Nirgends des Bedrohlichen liegt das Ängstigende. Die Unbedeutsamkeit des Innenweltlichen läßt das In-der-Welt-sein als solches, „die Weltlichkeit der Welt" sich aufdrängen, und dies ist gerade das Wovor der Angst: „Sie wirft das Dasein auf das zurück, worum es sich ängstet, sein eigentliches In-der-Welt-sein-können", sie isoliert es und bringt es damit vor sein „Freisein für . . ."[349]. Die Weltangst, die die Un-Heim-

[342] *Martin Heidegger,* Sein und Zeit, a. a. O., 134ff, 175ff.
[343] Vgl. dazu neuerdings: *Erich Przywara,* Das Geheimnis Kierkegaards, München und Berlin 1929.
[344] *Martin Heidegger,* Sein und Zeit, a. a. O., 177ff.
[345] Ebd., 179-180.
[346] Ebd., 184.
[347] Ebd., 140ff.
[348] Ebd., 186ff.
[349] Ebd., 187-188.

lichkeit, das Un-[z]uhause des In-der-Welt-seins enthüllt, legt zugleich die Geworfenheit des Daseins und sein Wesen als „Sorge" an den Tag.[350] Vom zentralen Begriff der Sorge aus gewinnt man Zugang zu den Partien des Systems, die der individuellen Eschatologie entsprechen. Verfallenheit, Angst und Sorge weisen die Möglichkeit des Daseins auf, „Ausstand" zu haben, nicht seine Totalität zu sein. Ist es nun aber möglich, das Dasein als Ganzes zu erfassen? Diese Frage wird – da das Dasein kein Sein in der Art der Vorhandenheit ist, über das man „uninteressiert" verhandeln kann – notwendig zur Frage nach dem möglichen Ganz-sein-können des je meinigen Daseins führen. Wenn Sorge zu seiner existenzialen Struktur gehört, so heißt dies zugleich, daß die Behebung des Seinsausstandes, um den sich die Sorge sorgt, zugleich die Vernichtung des Daseins bedeuten würde. „Solange das Dasein ... *ist*, hat es seine ‚Gänze' nie erreicht."[351] Es wird daher um die Erfassung dieser „Grenzsituation" im Sinn von *Jaspers* gehen. *Heidegger* ist nun bemüht, den Todesbegriff *Simmels*, der von diesem trotz gegenteiliger Ansätze empirisch-aposteriorisch gewonnen wurde, als ein Existenzial des Daseins, d. h. apriorisch, zu fassen. Der Tod ist zunächst je meiner, also „in der Welt" nicht zu begegnen, wo nur biologische Phänomene des Ablebens, Verendens, soziale des Sterbens empirisch gefunden werden. Das Dasein, das je schon seine Möglichkeiten ist (also auch sein Nichtsein), könnte sich, nach *Simmels* Vorgang, eher mit einer reifenden Frucht vergleichen, die reifend die Unreife ist. Aber auch über diese Analogie muß hinausgegangen werden: „Mit der Reife *vollendet* sich die Frucht. Ist denn aber der Tod, zu dem das Dasein gelangt, eine Vollendung in diesem Sinne? ... Hat es damit auch notwendig seine spezifischen Möglichkeiten erschöpft? ... Auch ‚unvollendetes' Dasein endet."[352] Dieser Abgrenzung dienen nun die folgenden Partien – daß sie gelungen ist, möchten wir bezweifeln. Das Dasein ist „immer schon sein Ende",[353] der Tod aber ist

[350] Vgl. neuerdings *Martin Heidegger,* Was ist Metaphysik?, Bonn 1929.
[351] *Martin Heidegger,* Sein und Zeit, a. a. O., 236.
[352] Ebd., 244.
[353] Ebd., 245.

„die Möglichkeit der schlechthinnigen Daseinsunmöglichkeit",[354] in die sich das Dasein je schon geworfen findet. „Die Angst vor dem Tode ist Angst ‚vor' dem eigensten, unbezüglichen und unüberholbaren Seinkönnen",[355] die vom „Man" wieder niederzuhalten versucht wird, indem es den Tod als innerweltliches Ereignis deutet, in Unauffälligkeit verhüllt, und als „empirische Gewißheit" betrachtet,[356] während „die Gewißheit des Todes nicht errechnet werden kann aus Feststellungen von begegnenden Todesfällen."[357] Aber „seiend zu seinem Tode stirbt es faktisch und zwar ständig, solange es nicht zu seinem Ableben gekommen ist".[358] „Das Dasein stirbt faktisch, solange es existiert, aber zunächst und zumeist in der Weise des Verfallens."[359] Wie aber stürbe es in der Eigentlichkeit? Offenbar, indem es seine äußerste Möglichkeit „einholt", was aber nicht als „Verfügbarmachen" und als „Verwirklichung" möglich ist, sondern als „Vorlaufen" in die Möglichkeit, die als solche „auszuhalten" ist,[360] als das *Sich-vorweg* der Sorge *als* „Freiheit zum Tode".[361]

So fragmentarisch und ungenügend solche Andeutungen über die unendlich verflochtenen und geschlossen vorschreitenden Analysen *Heideggers* bleiben, soviel wird doch klar: Tod bedeutet hier nicht das Ende als „Schicksal", sondern die äußerste Möglichkeit des Daseins. Jede Analogie mit dem Enden, das nur bei Innenweltlichem begegnet, soll vermieden werden. Aber auch der Charakter der Gewißheit und der Unbestimmtheit soll in den existenzialen Tod eingehen.[362] Können aber diese Charaktere anderswo als im empirischen Todesfaktum verwurzelt sein, da doch, existenzial gesehen, das Dasein beständig stirbt? Und ferner: Worin besteht das fragliche Ganzsein des Daseins, wenn nicht in der Erfüllung seiner Möglichkeiten? Sind diese aber dadurch erfüllt, daß die eine, äußerste Möglichkeit als solche aus- und festgehalten wird? Diese Frage scheint ungerechtfertigt, da der Gedanke eines Reif- oder Fertigseins von der Ganzheit fern-

[354] *Martin Heidegger*, Sein und Zeit, a. a. O., 250.
[355] Ebd., 251.
[356] Ebd., 257.
[357] Ebd., 264.
[358] Ebd., 259.
[359] Ebd., 251f.
[360] Ebd., 261f.
[361] Ebd., 266.
[362] Ebd., 264-265.

bleiben soll. Hat aber dann Ganzheit noch einen Sinn? Freilich gibt *Heidegger* zunächst zu, daß „die ontologische Möglichkeit eines eigentlichen Ganzseinkönnens des Daseins . . . solange nichts" bedeute, „als nicht das entsprechende ontische Seinkönnen aus dem Dasein selbst erwiesen" sei.[363] Aber auch diese Erweisung, die durch Analyse des Gewissensrufes als des Rufs der Sorge, der aus der Verfallenheit zum eigentlichen Existieren zurückholt, glückt, löst die Frage nicht. Stets scheint [sie] auf den existenzialen Begriff des Todes als der möglichen Ganzheit hin interpretiert zu werden, aber stets bleibt die historische Faktizität des zukünftig sich ereignenden Einmal der uneingestandene Hintergrund. Die Analyse der Zeitlichkeit des Daseins, die das ganze Werk (soweit es vorliegt) krönt, zeigt das Zirkelhafte der Ausführungen.[364] Die ursprüngliche Zeit ist, als Zeitigung des Daseins, endlich, die unendliche Zeit, die den Tod als Enden begreift und „nach dem Tode" fortbesteht, ist sekundär und ein Modus der verfallenen Alltäglichkeit. Warum aber ist die ursprüngliche Zeit endlich, wenn nicht, weil der Tod – nicht als „eingeholte", wenn auch „nur" im „Vorlaufen" eingeholte, Möglichkeit[,] sondern auch als einmaliges Faktum [–] zukünftig ist? Das Dasein schafft sich zwar seine Grenze und den Tod nicht selbst, es ist vor ihn geworfen. Aber gerade dies, und die Tatsache, daß das Dasein meist als nicht vorlaufendes stirbt, spricht gegen die Möglichkeit, den Tod apriorisch zu verstehen. Es ist fraglich, ob ein Dasein, das vom Tode empirisch nichts wüßte, vom Ruf der Sorge gerade vor diese Grenzsituation gestellt würde, nicht mehr zu sein. Als eine äußerste Möglichkeit würde sie vielleicht diesem Dasein bewußt werden, schwerlich aber als zukünftige und zeitlich gewisse. Es würde die Gänze, die das Dasein, nach *Heideggers* Worten, nie erreicht, solange es ist,[365] nicht einmal zu erreichen suchen, da die Zeitlichkeit selbst an der Erfüllung aller Möglichkeiten hindert.

[363] *Martin Heidegger,* Sein und Zeit, a. a. O., 266.
[364] Dieser Zirkel hat nichts gemein mit der von *Heidegger* verteidigten Zirkelhaftigkeit der (phänomenologischen) Methode des Aufweisens.
[365] *Martin Heidegger,* Sein und Zeit, a. a. O., 236.

Eine Kritik der Position *Heideggers* kann indes, wenn sie gehört sein will, nur von der Untersuchung der Voraussetzungen seines Systems ausgehen, und wird zuerst – wir deuten nur an – den Daseinsbegriff untersuchen. An ihm erweist sich die Problematik dieses Ontologismus. Dasein ist je seine Möglichkeiten: aus diesem Satze läßt sich zuerst *Heideggers* Bestreben, Wert aus Sein abzuleiten, erkennen. Er deckt zwar eine „strukturale Gliederung" des Daseins auf, aber damit rückt er [in] die Nähe des Idealismus. Je weiter die Untersuchungen vordringen, um so mehr enthüllt sich die zu Grunde liegende Dialektik. Wenn es von der Verfallenheit heißt: „das Dasein stürzt aus ihm selbst in es selbst",[366] so liegt hierin nicht nur Strukturiertheit, sondern innere Dialektik des Daseins: das Dasein, das seine Möglichkeit schon ist, und das, welches sie noch nicht ist, sind wie das transzendentale und empirische Ich *Kants* sowohl dasselbe als nicht dasselbe: Dasein ist dialektisch in sich selbst. Sobald aber die Forderung des Ganzseinkönnens dazutritt, wird unvermeidlich Wertung vorgenommen: „Der Platonismus bricht mit der Scheidung der eigentlichen und verfallenen Existenz in die existenzialistische Konzeption ein."[367] Freilich bleibt das eigentliche Dasein endlich und in der Welt, es weitet sich nicht zum absoluten Ich *Fichtes* aus. Aber es übernimmt doch manche seiner Funktionen, etwa die Wahrheitserzeugung, denn Wahrheit ist primär existenzial und erst sekundär logisch und Urteilseigenschaft, das Dasein ist „in der Wahrheit" wie das christliche und idealistische Absolute „die Wahrheit ist". Es ist aber zugleich – damit zeigt sich die Verwandtschaft mit *Kierkegaard* aufs neue – „in der Unwahrheit", eben als endliches, das seinen Begriff noch nicht erreicht hat. So ist das Dasein existenzial geschichtlich, idealistisch gesprochen: es ist ein Prozeß, und zwar ein triadischer, der es vom Fürsichsein durch die Entfremdung des Verfallens zu sich selbst führt. „Fertig" wird dieses zeitlich-endliche Ich so wenig wie der überzeitlich-ewige Geist

[366] *Martin Heidegger,* Sein und Zeit, a. a. O., 178.
[367] *Siegfried Marck,* Die Dialektik in der Philosophie der Gegenwart, I, Tübingen 1929, 163.

Hegels, denn „die Behebung des Seinsausstandes besagt Vernichtung seines Seins".[368] Offenbart schon die ganze Idee der Verfallenheit eine Wertung, so die Schilderung derselben – so sehr sich *Heidegger* dagegen verwahrt[369] – eine Zeit- und Kulturkritik. Er selbst sagt, Alltäglichkeit sei keineswegs gleichbedeutend mit Primitivität, vielmehr „ein Seinsmodus des Daseins auch dann und *gerade* dann, wenn sich das Dasein in einer hochentwickelten und differenzierten Kultur bewegt".[370] Mit ähnlichem Pathos wie bei *Kierkegaard* wird diese Durchschnittlichkeit als eine Werteentropie gezeichnet, als eine „Einebnung aller Seinsmöglichkeiten",[371] die Haltung, zu der das Gewissen aufruft, ist, wiederum wie bei *Kierkegaard*, als Absage an das Man, „verschwiegene Entschlossenheit" auf das mögliche, jemeinige Eigentlichsein, Mut zur Todesangst. Was *Kierkegaard, Nietzsche* und *George* wußten: daß die heutige Öffentlichkeit der beste Schutz des Echten ist,[372] das meint auch *Heidegger:* „Es wäre ein Mißverständnis, wollte die Explikation dieser Phänomene durch die Zustimmung des Man sich bewähren."[373] *Marck* hat Recht, wenn er die Verwandtschaft mancher Ausführungen mit „Neurosenlehre" bemerkt.[374] Von der Tatsache der Neurose her, die das wichtigste anthropologische Kennzeichen der Gegenwart ist, gewinnt *Heidegger* neue Erkenntnisse in Richtung auf die „Grenzsituation". Ist es ein Zufall, daß die phänomenologische Methode des *Auf*weisens, die die Methode des *Be*weisens ablöst, der psychotherapeutischen äußerst ähnlich und in derselben Zeit entstanden ist? *Heidegger* will, wie er ausdrücklich versichert, keine vollständige Existenzialanalyse des Daseins geben, er wählt vielmehr jene existenzialen Strukturen, die ihm den Zugang zum ganzen Seinsproblem

[368] *Martin Heidegger,* Sein und Zeit, a. a. O., 236.
[369] Ebd., 167.
[370] Ebd., 50.
[371] Ebd., 127.
[372] Vgl. *Stefan George,* Vorrede zur endgültigen Ausgabe des Stern des Bundes, in: Gesamt-Ausgabe der Werke. Endgültige Fassung, 8. Bd., Berlin 1928.
[373] *Martin Heidegger,* Sein und Zeit, a. a. O., 175.
[374] *Siegfried Marck,* Die Dialektik in der Philosophie der Gegenwart, a. a. O., 152.

am besten öffnen. Merkwürdig ist nur, daß dies gerade die den gegenwärtigen Menschen charakterisierenden sind, dieselben, die die erste große Neurosenlehre, *Kierkegaards* „Krankheit zum Tode", aufgedeckt hat. Abgesehen davon, daß *Heideggers* System strengste systematische Ontologie ist, gewinnt sie für das vorliegende Thema dadurch an Interesse, daß sie zudem als der Mythos des modernen Menschen angesehen werden kann.

In-der-Welt-sein: dieses Erlebnis des Renaissancemenschen findet im dionysischen Mythos *Nietzsches* – nein, schon *Hegels*, seinen dithyrambischen Ausdruck, aber schon bei *Nietzsche*, viel stärker noch bei *Kierkegaard*, gerät sie in ein dialektisches Verhältnis zum Gefühl des Nicht-aus-der-Welt-könnens, des Gefangenseins in ihr, der Verfallenheit an sie, das in Dichtungen *Baudelaires, Spittelers* und *Wincklers* jene pessimistischen Akzente verursachte. Weltangst, Angst vor dem „In-Sein" als solchem, ist seit *Brentano* und *Lenau* eine Grundhaltung des modernen Menschen. Die Reaktion darauf aber ist jene Isolierung des Daseins, das sich aus der Öffentlichkeit der Welt in sich zurückzieht, deren wiederum dialektisches Verhältnis zum Welterlebnis in früheren Kapiteln genügend erörtert wurde. Die Erkenntnis der Einzigkeit und Ungegenständlichkeit des Psychischen,[375] der „Jemeinigkeit des Daseins", das zugleich, von der Aufdringlichkeit der Welt bedroht, sich in Angst als ein geworfenes Endliches erkennt, ist seit *Kant* und trotz der materialistischen Strömungen die Folge dieser Tendenz zu „existenzialem Solipsismus", spekulative, experimentelle und dichterisch-intuitive Erfassung der Tiefen der Seele und Suchen nach der Grenzsituation ihr Ausdruck. Allen diesen neuen Seinsweisen des Menschen gibt *Heideggers* Roman der Seele, seine eschatologische Anthropologie nicht nur Gehör, sondern eine geradezu erlösende Formulierung.

Wie ähnlich dieses neue Menschenbild auf den verschiedensten Gebieten erfaßt wird, lehrt ein Vergleich mit der tiefsten und umfassendsten Anthropologie der modernen Dichtung:

[375] Vgl. *Richard Hönigswald,* Ist Psychisches zählbar, in: Die Grundlagen der Denkpsychologie. Studien und Analysen, 2. A., Leipzig und Berlin 1925.

Rilkes Elegien, die gegenüber dem philosophischen Zeitausdruck eine analoge Stellung wie *Schillers* „Spaziergang“ und seine übrige Ideendichtung *Kant* oder *Fichte* gegenüber zeigt.

Die fünfte Elegie hatte es unternommen, aus einer flüchtigen Jahrmarktsimpression dieses moderne Menschbild zu destillieren, indem sie jeder Bewegung, jeder Körperform, jedem Lächeln seinen gegenwärtigen, einzigartigen, darin aber gerade ewig-menschlichen Sinn abzulauschen schien. Sie ist durchaus Dichtung der Grenzsituation. Nachdem nun die neunte Elegie bis zu einer fast theoretischen Klärung der Stellung des Menschen in der Welt vorgedrungen ist, schließt die zehnte mit einem Gesamtbild des Lebens. Die Kultur gewinnt hier denselben Aspekt wie bei *Heidegger*: Neugier, Zweideutigkeit und Gerede treten als eine versucherische Beruhigung im Bilde des großen Jahrmarkts zusammen, dem der heute Lebende verfallen ist.

Von Beifall zu Zufall
taumelt er weiter; denn Buden jeglicher Neugier
werben, trommeln und plärrn.[376]

Aber es ist nur ein Schritt zu tun, um darüber hinaus zu gelangen, in die „Eigentlichkeit“

gleich im Rücken der Planke, gleich dahinter, ists wirklich.[377]

Und im Weitergehen begegnet der zur Innerlichkeit zurückeilende – nicht der Sorge – aber der Klage, der innersten Meisterin der Seele. Die Klage führt ihn durch die Landschaft der Erde und enthüllt ihm zugleich mit der Zeitlichkeit der Dinge ihre Tiefe. Eigentlichkeit ist das Grundproblem der Elegien.

Wo, o wo ist der Ort, – ich trag ihn im Herzen –,
. . . wo die Gewichte noch schwer sind;[378]

Ich trag ihn im Herzen: *Rilke* sowohl wie *Heidegger* suchen die Eigentlichkeit, das echte Wesen, in der Innerlichkeit des Da-

[376] *Rainer Maria Rilke*, Duineser Elegien, a. a. O., 36f (10. El.).
[377] Ebd., 37 (10. El.).
[378] Ebd., 22 (5. El.).

seins. Nicht umsonst können die Elegien sich im Preis der Nacht nicht genugtun, „die dem einzelnen Herzen mühsam bevorsteht“, ihre Einsamkeit und Verschwiegenheit öffnet erst wieder die Wege zum Echten und zur Klage.

Rilkes wie *Heideggers* Welt zeigen demnach eine eigentümliche Begrenzung: mit *Nietzsche* verbindet sie Glück und Sorge des In-der-Welt-seins, aber von ihm trennt sie das Bewußtsein der Geworfenheit, der radikalen Endlichkeit des Ichs, des Todes und der Unheimlichkeit der Welt. Aber über diesem endlichen Ich erscheint keine Zuflucht. *Rilke* lehnt den Engel ab. Eine Täuschung ist nicht möglich: Die Welt der Elegien ist ohne Gott. Ihre Grenzen sind die des Daseins *Heideggers* als in-der-Welt-sein. Nicht soll gesagt sein, daß über beiden ein Gott nicht möglich wäre, aber für beide geht ein solches Objekt über die möglichen Grenzen ihres Blickfelds und ihrer Untersuchung hinaus. Oder so: Selbst ein Gott könnte an der Situation des Menschen – und nur um diese geht es beiden – nichts ändern. Bei *Rilke* kann der Engel stellvertretend für alle übermenschlichen Reiche und Bezüge gelten. Aber letztlich kann ihm keines helfen, denn der Mensch selbst muß es „können“, muß das „eigentliche Ganz-sein-Können“ versuchen. Im Stunden-Buch war Gott so nah, daß man ihn nicht erkannte, jetzt ist er so ferne, daß man ihn wieder nicht mehr sieht, nicht in die große Rechnung des Menschen einbeziehen darf – so entgleitet er immer.

Heidegger lehnt die Theologie nicht ab, aber sie steht „hinter“ der Existenzialanalyse. Was von den Phänomenen „innerweltlich“ erklärt werden kann, soll nicht von vornherein durch Transzendentes gedeutet werden. Und *Heidegger* hat wesentliche Stücke und Ansatzpunkte der Theologie entrissen und in seiner Analyse verwendet, Gewissen und Schuldigsein besonders der transzendenten Gerichtetheit entnommen. Mit dieser Stellungsanweisung ist aber die Tatsache nicht völlig zu vereinen, daß *Heidegger* ausdrücklich keine vollständige Existenzialanalytik des Daseins geben will, sondern jene Existenzialien herausgreift, die ihm den leichtesten Zugang zum fundamentalontologischen Problem eröffnen. Niemand wird freilich zweifeln, daß gerade diese zu Kern und Herz des Daseins vordringen wollen. Immerhin beständen dann Möglichkeiten, parallel zur Existenzialanalyse andere phänomenologische Tatsachen auf demselben Wege bloßzulegen. Der Theologie wären dann Ansatzpunkte auch vor dem Systemabschluß gegeben. Es wird nicht alles aufgewiesen: Hiemit ist auch die Möglichkeit zugestanden, daß die Phänomene – und *Heidegger* hat wie sein Meister das Erstaunlichste in der Phänomenentdeckung geleistet – nicht allseitig gedeutet sind. Trotz diesen Konzessionen von *Heideggers* Seite wäre es eine Naivität, in der Weise *Bultmanns*[379] das System zur Grundlage einer Theologie machen zu wollen. Wenn es deren Eigentümlichkeit ist, beim Gebrauch philosophischer Hilfsmittel im voraus zu wissen, worauf die Untersuchung hinauskommen *muß*, so müßte sie schon an den ersten Thesen *Heideggers* stutzen: Wenn Dasein je seine Möglichkeiten ist und sie im „Vorverständnis" kennt, hat Offenbarung keinen Platz mehr. Vor allem müßte also eine Konfrontierung *Heideggers* und *Kierkegaards* geschehen, vor der Widerlegung des ersten kann über die Mittel des zweiten nicht mehr verfügt werden. *Heidegger* hat die Kategorien des „ethischen Stadiums" in das „Stadium der Immanenz" einbauen können, das christliche Paradox ins natürliche des Daseins verwandelt.[380] Diese Auseinandersetzung bleibt abzuwarten. Von drei Seiten freilich scheint uns die Sprengung des *Heidegger*schen Zirkels zu bewerkstelligen – wir deuten nur kurz an. Am allzu undifferenzierten Satze vom Dasein als Sein seiner Möglichkeit müßte eine Potenzen- und damit eine Wertlehre einsetzen. Die zweite merkliche Verlegenheit im System bildet die Analyse des Mitseins der andern: Wie ist der Gebrauch des Titels „Mit-dasein" zu rechtfertigen, wo das Dasein je meines ist? Ja, wenn „das Alleinsein . . . ein defizienter Modus des Mitseins" ist,[381] wie rechtfertigt sich dann der „existenziale Solipsismus"? Endlich wird der Begriff der

[379] Vgl. seine Johannes-Interpretation auf *Heidegger*scher Grundlage, *Rudolf Bultmann*, Die Eschatologie des Johannes-Evangeliums, in: Zwischen den Zeiten, München 1928, 4ff.

[380] *Gerhardt Kuhlmann,* Zum theologischen Problem der Existenz, in: Zeitschrift für Theologie und Kirche, N. F., 10. Jhg., Tübingen 1929, 28ff.

[381] *Martin Heidegger,* Sein und Zeit, a. a. O., 120.

„Geworfenheit“ die Theologie geradezu zur weitern Analyse fordern. Von der ausdrücklichen Anerkennung der Endlichkeit des Daseins wird diese zur Entwicklung des esse ab alio fortschreiten. Wie weit aber die Theologie die existenziale Deutung von Gewissen und Schuldigsein zugeben muß, kann hier nicht untersucht werden.

11. Neue Theologie.

Die Gewalt der äußeren Ereignisse, wie die in den Gebieten der Geisteswissenschaften sich ankündigenden Umwälzungen, das wachsende Interesse für „letzte Fragen" und „letzte Dinge" mußten die Theologie zwingen, von neuem in die Debatte des Problems einzugreifen. Seit *Schleiermacher* ist sie aus dieser Abhandlung geschwunden – der Grund liegt aber gerade in dem beherrschenden Einfluß dieses bewußt alle Eschatologie vernachlässigenden Denkers auf die Theologie des 19. Jahrhunderts.

Mit *Reimarus* war die Historisierung der christlichen Eschatologie angebahnt und zugleich der Weg für die Idealisierung des Christentums freigelegt. *Lessing* bezeichnet den geistesgeschichtlichen Ort dieser Auswechslung. Als die absteigende Linie des Idealismus in *Schleiermacher* von neuem die Bahn der historischen Theologie kreuzt, hat sich diese als rationalistisch-liberale Bibelwissenschaft bereits verselbstständigt: Eine Verbindung gelingt nur noch in verhüllender Dialektik. Seit *Herder* zum erstenmal die synoptischen und johanneischen Teile des Evangeliums trennte, griff die Auflösung in Teile, denen das geistige Band seit langem fehlte, unaufhaltsam um sich. Eschatologie hat seit *Hases* radikaler Psychologisierung für diese Forschung nur noch als Bestandteil der Messias-Psychologie ihre beschränkte Bedeutung. *Ein* Strom von solchen, meist romanhaften Psychologien fließt, freilich in gleichmäßiger Seichtheit, von *Barth* und *Venturini* über *Renan, Strauß* und *Ghillany* bis zu den Elaboraten *Walter von Molos* und *Emil Ludwigs.* Wollte sich eine praktische Theologie neben dieser kritischen, die zum Teil auch nach dem Vorbild *Schleiermachers* und *Strauß'* die Unsterblichkeit leugnete, erhalten, so konnte dies nur in der rein ethizistischen Form *Ritschls* oder durch eine radikale Trennung von Glauben und Wissen, wie sie *Kierkegaard* vornahm, geschehen. *W. Herrmann* vertritt, wenn auch in schwächlicherer Weise, diese Position in der deutschen Theologie. Solch „heroischer" Dualismus, der den Glauben von den Leistungen der Bibelforschung unabhängig halten wollte, ließ sich auch bei *Herrmann* nicht rein durchführen, können doch die Ergebnisse der letztern (nicht erst wenn sie, wie mit *Bruno Bauer*, bei der Leugnung der Geschichtlichkeit Christi angelangt sind), den Glauben gefährden.[382] Der Zirkel in der Glaubensbegründung bleibt unvermeidlich.

Weder die Kritik noch der Ethizismus gelangte zu einer Entdeckung der lebendigen eschatologischen Problematik. Auch das seit der Mitte des Jahrhunderts erwachte Interesse an der jüdischen Apokalyptik konnte daran nichts ändern, solange es rein historisch blieb oder zur Bereicherung der „Messias-Psychologie" diente. Immerhin hatte *Ritschl* den Begriff des Reiches Gottes wieder in den Mittelpunkt gerückt und in der Diskussion über seinen transzendenten oder immanenten Sinn konnte sich ein neues Interesse für die Eschatologie entzünden.[383] Schon sein Schüler *Th. Haering*, noch mehr *Johannes Weiß*, haben ihm eine stärker transzendent-eschatologische Form gegeben, *Harnack* seine Autonomie Staat und Kultur gegenüber betont. Den entscheidenden Anstoß brachten die Thesen *Albert Schweitzers*.[384]

Seine Stellung zur Eschatologie ist zwar dieselbe wie die des *Reimarus*. Er läßt Jesus einen reinen, eschatologischen Messianismus verkünden, der dann von der Geschichte „desavouiert" wird.[385] „Die ganze Geschichte des ‚Christentums' bis auf den heutigen Tag . . . beruht auf der Parusieverzögerung, dem Nichteintreffen der Parusie, dem Aufgeben der Eschatologie,

[382] Vgl. *de Boor*, Der letzte Grund unseres Glaubens an Gott in der Theologie W. Herrmanns, in: Zeitschrift für Theologie und Kirche, N. F., 6. Jhg., Tübingen 1925, 437ff und ebd., 7. Jhg., Tübingen 1926, 37ff.

[383] Vgl. *Torsten Bohlin*, Die Reich-Gottes-Idee im letzten halben Jahrhundert, in: ebd., 10. Jhg., Tübingen 1929, 1ff.

[384] *Albert Schweitzer*, Das Messianitäts- und Leidensgeheimnis, in: Das Abendmahl im Zusammenhang mit dem Leben Jesu und der Geschichte des Urchristentums, Heft 2, Tübingen und Leipzig 1901; derselbe, Von Reimarus bis zu Wrede, a. a. O.

[385] Derselbe, Von Reimarus bis zu Wrede, a. a. O., 355.

der damit verbundenen fortschreitenden und sich auswirkenden Enteschatologisierung der Religion."[386] Aber die Eschatologie, die Jesus bringen wollte, hat ihn selbst vernichtet. „Sein letzter Ruf, mit dem verzweifelten Aufgeben der eschatologischen Zukunft, ist seine Weltbejahung."[387] So bildet er, mit Johannes und Paulus zusammen, nur eine Phase in der Geschichte der jüdischen Apokalyptik.

Der Wert der *Schweitzer*schen Ideen liegt nicht in diesen kritischen Teilen, sondern in der Radikalisierung der Erkenntnis, daß sich ohne Eschatologie weder Christus noch das Christentum verstehen lassen. Die Berufung der kulturprotestantischen Gottesreichtheologie auf Christus war fortan nicht mehr möglich, auch für den nicht, der die Göttlichkeit Christi anerkannte.

Von hier aus versteht sich, daß das eigentliche Problem *Schleiermachers* und der Theologie des 19. Jahrhunderts, das Verhältnis von Apriorität des Religiösen und historischer Faktizität der Offenbarung nur an Interesse gewinnen konnte. Es ist das Problem der Absolutheit des Christentums. *Schleiermacher* hatte keine Lösung gebracht, er verblieb im Schwanken zwischen einem absoluten und einem Christentum als bisher höchste, individuelle Stufe des Religiösen. Der Rückzug *Ritschls* vor der „positiven" Wissenschaft war unannehmbar, ebenso die Innerlichkeitsphilosophie *Herrmanns. Troeltsch* hat sein Leben lang um dieses Problem gerungen, aber mit der Heranziehung der Wertphilosophie *Rickerts* geriet er erst recht in die Charybdis des Relativismus. Vom Normbegriff her konnte man zu keiner Erfassung des Historischen, erst recht nicht zum Verstehen der Offenbarungsmöglichkeit gelangen. „Die jeweilige Wesensbestimmung ist die jeweilige Neugestaltung des Christentums." Absolutheit besagt also nur die gegenwärtige Höchstgeltung, denn vom Normbegriff führt kein Weg zum Allgemeinbegriff,[388] die Realisation des letztern aber hängt von der Totalität der historischen Formen ab, er ist also sozusagen

[386] *Albert Schweitzer,* Von Reimarus bis zu Wrede, a. a. O., 356.

[387] Ebd., 282.

[388] *Ernst Troeltsch,* Die Absolutheit des Christentums und die Religionsgeschichte, 2. A., Tübingen 1912.

ein eschatologischer Begriff. An allen kritischen Punkten von *Troeltschs* mannigfachen und widersprechenden Theorien tauchen die rettenden, aber alle Theorie vernichtenden Begriffe der persönlichen Entscheidung, des Sprunges oder Wagnisses auf. Eine gültige Wertfindung aus dem Historischen gibt es nicht. Im Gegenteil, die Abweisung eines geschichtlichen Fortschrittsbegriffes als einer Säkularisation der christlichen Eschatologie bringt ihn in die Nähe des lebensphilosophischen Entwicklungsbegriffes, der „lediglich die historische Bewegtheit und Flüssigkeit an sich" bezeichnet.[389] Gerade indem er den archimedischen Punkt außerhalb des Historischen sucht, gelangt er zur Verabsolutierung des Prozesses; wenn er aber versichert, Werte aus der Geschichte aposteriori gewonnen zu haben, so sieht er ihre Objektivität doch erst durch die Übereinstimmung mit apriorischen Vernunftwerten gesichert.[390]

Was die Analysen und Konstruktionen *Troeltschs* auszeichnet, ist der vergebliche Versuch, das absolute Christentum mit allen Errungenschaften von Philosophie und Kultur zu vereinigen, charakterisiert auch seinen eschatologischen Entwurf „Die letzten Dinge".[391] Ausgehend von der Ansicht, daß die moderne Wissenschaft wesentlich Relativierung sei im Sinne eines immer umfangreicheren und weiter zurückgreifenden Bezugssystems, sieht er die für jede Wissenschaft jeweils „letzten Dinge" in den Grenzen, an die die Relativierung stößt, in dem Absoluten, an das sie jeweils grenzt. Während aber die Naturwissenschaften dazu neigten, im Relationszusammenhang selbst das „letzte Ding" zu sehen, wären die historischen und soziologischen Wissenschaften zu dem Punkt gelangt, aus sich auf die Aufstellung letzter Dinge zu verzichten. Um so mehr sei es die Aufgabe

389 *Ernst Troeltsch,* Der Historismus und seine Probleme, Tübingen 1922, 57.

390 Vgl. *Emil Spieß,* Die Religionstheorie von Ernst Troeltsch, Paderborn 1927, 388 und pass. Dort auch Darstellung der ganzen Diskussion über die Absolutheitsfrage.

391 In: Die Christliche Welt, Evangelisches Gemeindeblatt für Gebildete aller Stände, 22. Jhg., Marburg 1908, Nr. 4, Sp. 74ff und Nr. 5, Sp. 97ff; mit unwesentlichen Veränderungen in: Die Religion in Geschichte und Gegenwart. Handwörterbuch in gemeinverständlicher Darstellung, a. a. O. In der 2. A., Tübingen 1927, tritt *Althaus'* Abhandlung an die Stelle derjenigen *Troeltschs.*

der Religion, „das Erlebnis einer letzten absoluten Wirklichkeit“ zu rechtfertigen, das gerade an den Grenzen der Wissenschaft entstehe. „Diese wahrhaft letzten Wirklichkeiten und Werte sind daher unausdenkbar, weil sie nicht relativ sind und nicht in Relationen bestehen.“ So „handelt es sich in der Religion um die letzten Dinge und Werte, und es gibt solche nur in der Religion.“ Aber diese „letzten Dinge“ sind nach *Troeltsch* erst durch die steigende Kultur eigentlich eschatologisch geworden. „Der primitive Mensch beruhigt sich bei den kürzesten Reihen, an deren Abschluß er das Absolute einstellt.“ Ihre Relativierung und Herausschiebung durch die Kultur trieb dann die Religionen dazu, aus ihnen einen endgeschichtlichen Mythos zu schaffen, der aber selbst der rationalistischen Kritik verfällt, „die Eschatologie“ geht „wieder auf ihr eigentliches Grundmotiv, auf die Empfindung des Absoluten, zurück und bildet von hier aus die zwei Formen der Lehre von den letzten Dingen aus, deren eine die letzten Dinge nur als immer gegenwärtige, deren andere sie nur als den innerlich-kontinuierlich notwendigen Abschluß der Lebensentwicklung begreifen kann“.[392]

Troeltsch vermengt hier die beiden Formen des Irrationalen, die *Nicolai Hartmanns* Erkenntnistheorie getrennt hat. Das Transobjektive, das jenseits des Erkannten liegt, aber prinzipiell erkennbar ist, und das im eigentlichen Sinn irrationale Transintelligible. Darum vermengen sich in seinem Begriff der letzten Dinge ein historisch-relativer und ein absoluter Faktor, was für dieses Denken, das zur Absolutsetzung des historisch-gegenwärtig zuhöchst Erreichten tendiert, charakteristisch genug ist. Dahin weist nun auch die Auslegung, die *Troeltsch* von den zwei „modernen Formen der Lehren“ gibt. Wenn er die erste, welche „das Absolute dem anfangs- und endlosen Verlauf des Relativen als seine bloße Einheit immanent sein läßt“, zu einer Hypostasierung des Relationszusammenhanges selber stempelt und schließlich dem Pantheismus gleichsetzt, hat er dabei erstens jene Form der „letzten Dinge“ vergessen, die als das vom Histo-

[392] *Ernst Troeltsch,* Die letzten Dinge, in: Die Christliche Welt, a. a. O., Nr. 4, Sp. 77.

rischen unabhängige Transintelligible bezeichnet werden muß, und zweitens keine analysierende, sondern aus kantianischen Voraussetzungen wertende Deutung der Wissenschaft gegeben. Wenn *Troeltsch* diese Form der Eschatologie schließlich auf „Pantheismus" reduziert und diesen als unannehmbar beiseite legt, unterschlägt er die Möglichkeit einer „axiologischen" Gegenwart der letzten Dinge in der Zeit, die nicht der Relationszusammenhang zu sein braucht. Eine analoge Verengerung nimmt *Troeltsch* mit der zweiten Form vor: der teleologischen Eschatologie wird als Inhalt die Idee der personalen Vollendung gegeben, ungefähr im Sinn der idealistischen und *Simmel*schen Reifung der Personform. Eine Wahl zwischen pantheistisch (überzeitlicher) und personal (zeitlicher) Eschatologie verweist sein ängstliches Denken aus der logischen Sphäre in die personale der „praktischen, ethischen und religiösen" Entscheidung.

Die Deduktionen, die aus dem Begriff der personalen, zeitlichen Vollendung vollzogen werden, unterscheiden sich nicht wesentlich von den idealistischen Anschauungen. Unsterblichkeitspostulat, die Eingrenzung des individuellen Fortlebens auf jene „Naturseelen", die in die „Persönlichkeitssphäre" durchgedrungen sind, und Verweisung der übrigen auf Reinkarnation wiederholen Gedanken *Goethes* und *Fichtes*, das „ebenso notwendige Postulat" der „steigenden gegenseitigen Durchdringung der Persönlichkeiten in der Liebe, die Herausstellung ihrer gemeinsamen Begründetheit im göttlichen Leben" entdeckt vollends das idealistische Gepräge. So gelangt auch er, der eben noch den Pantheismus zugunsten eines Personalismus aufzugeben glaubte, zur Identitätshypothese, nicht nur weil im Hintergrunde der Wiederbringungsgedanke steht, sondern weil die Person im Augenblick der höchsten Vollkommenheit mit dem göttlichen Leben identisch wäre, in es „eingehen und untergehen" würde. Solche Seligkeit „tötete das endliche Wesen".

Dieser Konsequenz können wir nun mit *Heideggers* Kategorien entgegentreten. Zwar heißt es auch bei ihm: „Die Behebung des Seinsausstandes besagt Vernichtung seines Seins."[393] Es

[393] *Martin Heidegger*, Sein und Zeit, a. a. O., 236.

fragt sich aber, welches der *Möglichkeitsumfang* des Daseins ist. Für *Troeltsch* wird dieser ohne Untersuchung mit dem des göttlichen Ich gleichgesetzt. Dann freilich vergeht das endliche Ich. Wenn aber das Ich von vornherein in seinen Möglichkeiten beschränkt ist, kann es, indem es sie erfüllt, dennoch endlich bleiben, wie ein voller Krug nicht zu bersten braucht. Wenn aber *Heidegger* die äußerste Möglichkeit im Tode sieht, so zerbricht hier zwar das Dasein, ohne daß es damit seine Möglichkeiten alle erfüllt hätte und ohne daß damit etwas über eine weitere Ichexistenz ausgesagt wäre. Die phänomenologische Analyse hat sich eben auf das lebendige, in der Welt seiende Dasein einzuschränken.

Für die Beurteilung der christlichen Eschatologie übernimmt *Troeltsch* die Ergebnisse der Bibelkritik. Jesus habe die jüdische Apokalyptik fast unverändert übernommen und hinter seine Reich-Gottes-Idee gestellt. Mit diesem habe sich die Kirche nach dem Nichteintreten der Parusie identifiziert und durch das Einbeziehen der platonisch-alexandrinischen Idee des Läuterungsweges als „Fegefeuer" die jüdische dualistische Eschatologie von Gnade und Verwerfung erweitert. Aus dieser habe die moderne Zeit durch Ausschaltung der mythischen Elemente ihre individual-personalistische Endlehre gebaut, als deren dichterische Vollendung *Dante* in *Voßlers* subjektivistischer Deutung gepriesen wird. *Dante* soll hier wirklich zum Gewährsmann des Evolutionismus werden! Wie ungenügend die eschatologischen Konstruktionen von *Troeltsch* auch sein mögen, wie willkürlich in der Auswahl der Meinungen und in der Bestimmung der Entwicklungsstufen, wie traditionell schließlich die Resultate, ihm fällt trotz alldem das Verdienst zu, die Besinnung der Theologie auf die zentrale Bedeutung der Eschatologie weitergeführt und ein System ihrer mit der Berücksichtigung philosophischer und kritischer Ergebnisse versucht zu haben.

Bevor aber die Theologie zum weiteren Systemausbau schreiten konnte, mußte sie notwendig eine Phase der prinzipiellen Besinnung auf ihre eigentlichsten Inhalte durchlaufen, mit denen bereichert sie die idealistischen und kultur-protestantischen

Inhalte *Troeltschs* ausschalten, seine Systematik aber übernehmen konnte.

Begünstigt wurde diese Besinnung, die in einer „Theologie der Krise" ihren Ausdruck fand, durch die Spannung und Entladung des Krieges, vorbereitet waren ihre Gedanken in der neukantianischen Philosophie. Wenn auch in ihr noch Geschichte fast gleichlautend war mit Kulturentwicklung, gab sie doch, wie *Kant* selbst, durch den Sollensbegriff den Ansatzpunkt zu einem völlig anderen Begriff des Geschehens, der Geschichte. Schon bei *Kant* waren beide vorhanden: die ethische, unerkennbare Geschichte des Subjekts und die des äußeren Fortschrittes, beide nur lose, im eschatologischen Punkte, im Postulat ihrer Konvergenz verknüpft. Es ist für die Theologie naheliegend, dieses ethische Geschehen, dessen Totalität das Reich Gottes ist, als die eigentliche, sub specie aeterni sich vollziehende Geschichte zu verstehen. Mit der Wendung zu dem tieferen Begriff des Gerechten und Bösen, die in ihrem Vorhandensein zwar erahnt, in ihrer Inhaltlichkeit aber nie bestimmt werden können – derartiges war in großer Ursprünglichkeit bei *Trakl* aufzuweisen – mußte der Begriff des „Reichs Gottes" jene öffentliche Ausgelegtheit, die er bei *Ritschl* hatte, verlieren und zu einem kantisch-kierkegaardschen Reich der Innerlichkeit werden, in dem es nur noch um die geheime, aber absolute Stellungnahme des Einzelnen zum Sollensgesetz geht. Dieses Gesetz als das jeder Wirklichkeit prinzipiell überlegene ist für den Theologen Gott. *Emil Brunner* hat diese Umdeutung des kategorischen Imperativs in die anrufende Stimme Gottes bewußt vollzogen und damit die Dialektik des transzendentalen und empirischen Ich zur Dialektik von Gott und Mensch gemacht.[394] Die Philosophie der absoluten Grenze, die in *Kierkegaards* „Brocken" entwickelt ist, war damit wiederhergestellt. Das dialektische Verhältnis, der Widerspruch von Gott und Mensch ist dann ebenso unaufhebbar wie der neukantianische von Wert und

[394] Vgl. auch *Wilhelm Loew*, Realität und Idealität, in: Buch des Kairoskreises 1: Kairos. Zur Geisteslage und Geisteswendung, hrsg. von Paul Tillich, Darmstadt 1926, 77ff.

Wirklichkeit. Aber damit fiel zunächst die Dialektik innerhalb des menschlichen Subjekts selbst dahin, aller Wert tritt auf die Seite Gottes und der Mensch, ja die Welt treten unter den Titel der unbedingten „Hörigkeit" des Nichtseins, des Bösen. Gott ist der Redende, der Logos, der Mensch wird in die Rolle des rein Hörenden, Hörigen gedrängt. In einer ethischen Philosophie mochten diese Gedanken des Redens, Anrufverstehens, des Hören- und Nichthörenwollens zu fruchtbaren Ergebnissen führen. Dies zeigen die ethischen Ideen *Gogartens, Thurneysens* so gut wie die *Romano Guardinis* oder *Martin Bubers.* Aber mit der theoretischen Radikalisierung des Gott-Mensch-Verhältnisses im Sinn einer absoluten Entgegensetzung beider Pole drohte sich diese Dialektik in Absurdität aufzulösen, zum Selbstwiderspruch zu kommen. Dialektik wird unmöglich, sobald der eine Pol zum Nichts verflüchtigt wird, zur reinen Funktion des anderen aufgelöst wird. Damit ist diese Theologie von *Kierkegaard* soweit entfernt wie von *Hegel.* Denn auch *Kierkegaard* müht sich nicht, den Gegensatz zwischen Gott und Mensch weiter aufzureißen als nötig ist, um das Paradox sich abzeichnen zu lassen. Mit dem Paradox als der bereits vollzogenen, wenn auch dem Denken prinzipiell unzugänglichen Überbrückung von Gott und Welt, setzt er ein. Damit steht er *Hegel* näher als der ersten Phase der dialektischen Theologie, denn auch *Hegels* Dialektik war keine rationale, sie enthielt ebensoviel Irrationalität und das Gesetz der Aufhebung der Gegensätze, die dadurch nicht vernichtet werden, war ebensosehr das Gesetz der Liebe – praktische Theorie – wie das Liebesparadox *Kierkegaards.* Selbstfindung durch Hingabe und Erlösung des Andern durch denselben hingebenden Akt ist die ethische Seite der *Hegel*schen wie der *Kierkegaard*schen Dialektik. Erst in einer zweiten Phase haben *Barth* und *Brunner* das historische Paradox, die Geschichtlichkeit Christi zum Mittelpunkt der Theologie gemacht und damit eigentliche Dialektik wieder ermöglicht. Dies forderte gleichzeitig eine Wiedereinsetzung des endlichen Subjekts. Denn mit der absoluten Passivität dieses war die Theologie *Barth-Gogartens* abermals bei der Nicht-Unterscheidung des Kreatürlichen vom Bösen angelangt: Das

Geschöpf erscheint als solches vor der Absolutheit Gottes als schuldig. Erst die Herstellung einer Dialektik innerhalb des endlichen Ich, wie sie *Brunner* vornahm, ermöglicht Freiheit und damit moralische Schuld und rechtfertigte allererst die Erlösungstat. Damit kann die Theorie, insbesondere die Aporetik wieder mit der Theologie verbunden und eine „immanente Basis für das Paradox" gewonnen werden,[395] können endlich auch die Erscheinungen der Kultur und „Geschichte" von dem eigentlichen Geschehen her, wenn auch nur als „Zerfallserscheinungen", eine Deutung erfahren.[396] Wie von *Nicolai Hartmann* wird von *Brunner* als die eigentliche Tat *Kants* die Grenzsetzung der Humanität und die Aufweisung ihrer Aporetik angesehen. Dies war der Kreuzweg, bis zu dem zurückgegangen werden mußte, um dort die rechte Straße einzuschlagen und die *Fichte*sche Hypostasierung zu vermeiden. Aber Dialektik des endlichen Ich ist nur möglich, wenn zwar die Grenze als Grenze unverrückt bleibt, aber eine Beziehung zu ihrem Jenseits gegeben ist. Der Mensch kann nicht „die Unwahrheit sein". „Ursprünglicher als das nicht in der Wahrheit Stehen, muß uns also die Wahrheit selbst zugehören, sonst könnte sie uns nicht solche Not schaffen."[397]

Eschatologie konnte für die erste Phase der dialektischen Theologie keine andere als rein überzeitliche, axiologische Bedeutung haben. Ende der Welt ist Gott, jeder Augenblick strandet an der Grenze des Absoluten. Jede Bewegung in der Welt fällt sofort unter das göttliche Gericht. Ein zeitlicher Zusammenhang endlicher Dinge ist unmöglich, da jeder endliche Wert und Wertzuwachs Nichts ist gegenüber dem Wert Gottes. Anderseits ist auch die „Mitte der Geschichte" die Erlösung, unmittelbar zu jeder Zeit, damit auch Parusie und Reich Gottes. Über die Paradoxie der überzeitlichen Simultaneität von Verwerfung und Erlösung ist nicht hinauszukommen.

[395] Vgl. *Siegfried Marck*, Die Dialektik in der Philosophie der Gegenwart, a. a. O., 101.

[396] *Emil Brunner*, Religionsphilosophie protestantischer Theologie, Handbuch der Philosophie, II., München und Berlin 1927.

[397] Derselbe, Die Grenzen der Humanität, Tübingen 1922, 12.

Erst mit dem Ergreifen der andern, dem Historischen zugewandten Seite des Paradoxes und der Wiederherstellung der endlichen Dialektik konnte neben der Eschatologie des „Augenblicks“ die zeitliche wieder eine beschränkte Berechtigung erhalten. Erst jetzt wird eine systematische Eschatologie wieder möglich, deren Darstellung einem spätern Kapitel vorbehalten bleibt.

Von den Bausteinen, die zu diesem System grundlegend werden, sind gewonnen: die neue Wertung des Todes, die Dialektik der endlichen Person, das neue Verständnis für axiologische Eschatologie. Noch zwei wesentliche Stücke müssen errungen werden.

12. Utopie und Kairos.

Mensch werde wesentlich
denn wenn die Welt vergeht,
So geht der Schein zugrund
das Wesen, das besteht.

Angelus Silesius.

Die dialektische Theologie hat das Verhältnis des Einzelnen zu Gott zum Thema gehabt. Sie konnte von hier aus eine religiöse allgemeine und individuelle Eschatologie aufbauen – eine allgemeine freilich nur als Summierung der individuellen – allenfalls noch die natürliche individuelle, den Tod, in Betracht ziehen. Eine profane allgemeine Eschatologie konnte da, wo die Kultur unter das Gericht des großen Nein, das für alles Geschöpfliche gesprochen ist, fällt, überhaupt nicht entstehen. Allgemein eschatologisch ist das Reich Gottes, von dem nur seine unerkennbare Gegenwart auszusagen ist. Dies war die radikalste Negation aller idealistischen und positivistischen Entwicklungstheorien und Fortschrittsgedanken. Zugleich war es die Verdächtigung der sichtbaren Gemeinschaftsformen und der menschlichen Schöpferleistungen. In welchem Verhältnis diese Ziele idealistischer Eschatologie zur dialektischen standen, konnte diese selbst nicht klarstellen, die Kategorien des einfachen Ja und Nein reichten dazu nicht aus. Aber von andern Seiten her kamen Anregungen zu einer Berücksichtigung der Gemeinschaft wie der schöpferischen Tat des Menschen in der Eschatologie.

Ein solcher Ausbau mußte das Anliegen des Sozialismus sein. Hier vereinigten sich beide in der dialektischen Theologie vermißten Elemente: Schöpfung und Gemeinschaft.

Die *Marx*sche Eschatologie war utopisch, insoferne sie mit den Mitteln eines geschlossenen Seinsbereichs in einen qualitativ andern überzuspringen hoffte: Aus dem Reich der Notwendigkeit, der kausalen Determination in ein Reich der Freiheit. Solche Utopie ist der Versuch einer Vereinigung zweier Weltbilder, die sich dialektisch aus dem Einheitlichen der Renaissance und der Reformation entwickelte: dem Bild einer deistisch geschlossenen, zugangslosen Welt und dem andern eines absolut freien Geistes. Was von *Leibniz* an zum Problem wurde: der Einbruchspunkt der Freiheit in das Gesetz, ist für *Kant* bereits das unlösbare Mysterium, und wo die Antithese festgehalten wurde und nicht durch eine romantische Naturvergeistigung geschwächt wurde, mußte es zur utopischen Lösung kommen, worin der Widerspruch logisch unüberholbar bleibt. Kausalitätswissen und Freiheitsbewußtsein stehen sich unvereinbar gegenüber, dennoch müssen sie sich in einem utopischen Augenblick vereinigen. Irgendwo wird die Freiheit in den geschlossenen Kreis der Welt springen und ihn sprengen.

In gewissem Sinn war auch *Kierkegaard-Barths* Augenblick und absolutes Paradox Utopie. Nur ist dieser Glaube primär zurückgewandt, ist Glaube an die bereits vollzogene Realisierung des Absurden, die Menschwerdung Christi. Zugleich hat die Welt nicht – wenigstens nicht immer – den Charakter der Uneindringbarkeit. Die Religion der Immanenz vermag aus sich bis zu dem Ort zu führen, wo die Aufgebrochenheit der Welt gegen das Ewige hin sichtbar wird. Dennoch bleibt die Tat Gottes das schlechthin Unerwartliche, Unvermutbare. Nur dem Glauben an Gottes Liebe ist sie erfaßbar.

Der sozialistisch-utopische Glaube an den Augenblick ist vorausblickend. Er ist dadurch milder als der christliche. Weil er aber das Absolute aus sich schaffen muß, weil er [auf] das schlechthin Göttliche im Menschen angewiesen ist, ist er doch um einen Grad utopischer. Denn sobald er sich selbst durchsichtig wird, wird auch er, wie es *Kierkegaards* Glaube tat, die idealistische Evolution und den Approximationsgedanken ablehnen. Oder er verzichtete auf die Absolutheit seiner Ziele und begnügte sich praktisch-opportunistisch mit den erreichbaren wirtschaftlichen und sozialen Möglichkeiten.

Das letztere schien nach dem Nichteintreten oder doch der Verzögerung der *Marx*schen Parusie – der Endrevolution – das Schicksal des Sozialismus zu werden. Aber dem Revisionismus *Bernsteins*, der dem Marxismus den apokalyptischen Charakter zu nehmen und an dessen Stelle das friedliche und progressive Hineinwachsen in den idealen Staat zu setzen bemüht war, trat *Kautsky* als Erhalter des reinen Wortes entgegen. Als endlich in Rußland der utopische Augenblick versucht und mißlungen war, traten eine Menge von neuen, die marxistische Eschatologie ihrer Wucht beraubenden Theorien auf. Die Begrenzung der Industrie durch den Boden, die neuen Siedlungsideen machten die Voraussetzungen der Katastrophe unmöglich. Zugleich tendiert die Soziologie zur Entmythologisierung des Kapitalismus. *Troeltsch* faßt ihn als Übergangsstufe zwischen zwei Formen weiterer Gemeinschaft, *Jaffé* glaubt an eine bewußte Umgestaltung der Wirtschaft ohne Katastrophe, *Wilbrandt* an die Erweiterung der Konsumgemeinschaften, *Rosenstock* kämpft für die Aufspaltung der Großbetriebe und die Wiedergeburt der Werkstatt. Auch die Nationalisierung des Sozialismus durch *Lasalle* war seiner Eschatologie nicht günstig. Das Pathos der geometrischen Progression ging von der Soziologie auf die Technik über.

Je mehr indes die soziologischen Vorbedingungen der Expropriation zu fehlen schienen, je mehr anderseits die *Marx*sche Theorie zur politisch-opportunistischen Praxis wurde, um so eher konnte sich die philosophische Reflexion wieder auf die utopische Grundlage besinnen. Psychologisch gewendet heißt Utopie: die Wesensänderung des Menschen. Ging man, wie *Scheler*, von einer Typologie aus, so konnte von der Ablösung eines Typs durch den andern gesprochen werden: *Scheler* spricht in der Tat vom Aussterben des kapitalistischen Menschen, vom Sieg des Bluts über das Geld. Das genügt aber dem utopischen Gedanken noch nicht. Bei *Rathenau* wird die Antithese Geld-Blut zur lebensphilosophisch gewendeten: „Intellekt“ muß der „Intuition“ weichen, nur der „Weg des Willens“ bleibt die Garantie für die Möglichkeit der Verwirklichung des Utopischen. „Wir leben für das, was wir wollen; und was wollen wir? Das, was wir nicht kennen und nicht wissen und dennoch unverbrüchlich glauben."[398] Verlohnt es sich, hatte *Ibsen* gefragt, das Erreichbare zu wollen?

Indessen erst der Krieg brachte, im engen Anschluß an die expressionistische Kunst, die vielleicht selbst, als Ausdrucksversuch eines rein Werthaften im Sein, utopische Züge hat, einen Utopismus, der nun ohne wirtschaftlichen Unterbau rein ethisch-philosophisch sich aus den Voraussetzungen der Sein-Wert-Trennung und der absoluten Schöpfung entwickelt. Solch schwärmerische Wertlehre wendet sich von aller Wissenschaft, die nach ihrer Meinung retrospektiv das Sein verarbeite, ab. „Wir sind Dichter", ruft *Gustav Landauer* aus, „und die Wissenschaftsschwindler, die Marxisten . . . wollen wir wegräumen, damit das dichterische Schauen, der Enthusiasmus und die Prophetie ihre Stätte finden, wo sie fortan zu bauen haben!" *Kurt Hiller* verkündet: „Kausal sehen heißt rückwärts sehen; . . . Der Wille des Wollenden dagegen blickt vorwärts; . . ."[399] und erreicht das „utopische Diesseits". „Denn die Geschichte, das sind Wir!"

Die paradoxen Folgerungen werden ohne Scheu von *Ludwig Rubiner* gezogen: „Das Dasein selbst existiert nicht; das Bestehende existiert nicht. Wir machen alles erst!"[400] „Alles, was gewesen ist, ist falsch."[401] Geschichte ist nichts als Schöpfung und ständige Entscheidung des Geistes, stetes Eschaton: Der Mensch „ist da, um unablässig wieder ganz von vorn anzufangen".[402] „Täglich dröhnt vor uns das Jüngste Gericht auf."[403] Dies ist wiederum die Preisgabe aller Seinsentwicklung, aller Dialektik. „Ideen kriechen nicht so aus einander heraus. Ideen sind immer da. Jede Idee ist eine Katastrophe." Dennoch kann auch hier der verkappte Hegelianismus nicht verleugnet werden: Ziel bleibt immer reineres Selbstsichschaffen, immer reinere Aktualität des

[398] *Walther Rathenau*, Von kommenden Dingen, Berlin 1917, 54.
[399] Der Aufbruch zum Paradies, München 1922, 77f; ebenso: *Ludwig Rubiner,* Der Mensch in der Mitte, Berlin 1916, 2. erw. A., Potsdam 1920, 142ff.
[400] *Ludwig Rubiner,* Der Mensch in der Mitte, 2. A., 151.
[401] Ebd., 85.
[402] Ebd., 82.
[403] Ebd., 7.

Geistes – nicht der „Seele“, denn „die Seele ist unsere tötendste Ausschweifung“[404], unsere letzte Flucht ins „Sein“. „Es kommt darauf an, daß wir in die vollkommene Verzweiflung gehen, wo wir nichts mehr zu retten haben.“ Dieses „wir“ ist aber nicht, wie bei *Heidegger* oder *Barth*, als die Innerlichkeit der Subjektivität gemeint, sondern als Einheit und Gemeinschaft des menschlichen Geistes der seienden Welt gegenüber. So heißt es: „Die Materie ist das Abzeichen der Isolation“,[405] ist „die Erbsünde“.[406] „Nicht eher werden wir unsere neue Erde bauen, als zwischen Gott und uns kein Ding mehr liegt, an dem wir uns zurückhalten können.“[407] Die Materie – dies war auch *Schellings* Standpunkt *Baader* gegenüber – muß überwunden werden. *Baader* hielt sie im Gegenteil für die Schranke gegen das Böse, das absolut sein wollte, sowohl als für die Leiter, auf die die Kreatur zu Gott aufsteigt. Hier also ist Materie das letzte Hindernis der Absolutwerdung des Geistes. Dieser Geist aber wäre das „himmlische Reich“, das gebaut werden soll. „*Feuerbachs* Einwand, Gott sei vom Menschen selbst gemacht, ist einer der dümmsten Einwände. Denn im Gegenteil: Ist es so, dann gäb es kein strahlenderes Stück von Projektivität des Geistes, von Produktivität des Menschen. Aus uns einen Schöpfer schaffen – Gipfel der Verwirklichung.“[408]

Hier wird der wesentliche Unterschied zwischen Aktivismus und dialektischer Theologie deutlich. Beide fassen zwar die Welt als das schlechthinige Nichts, beide sehen im welttranszendenten Geiste alles, beide verstehen Geschichte als die absolute Geistverwirklichung, Schöpfung, als das ständige Dröhnen des Jüngsten Gerichts. Aber während die Theologie diesen Ahistorismus mit Not auszuhalten vermag, wird die zukunftgerichtete Utopie ihn niemals durchführen können – sie kann der Teleologie auf das Reich hin nicht entbehren. Der Weg der Verwirklichung muß irgendwie vorgezeichnet sein. „Wir wollen, bei lebendigem Leibe, ins Paradies“,[409] sagt *Hiller*, und *Trotzki:*

[404] *Ludwig Rubiner,* Der Mensch in der Mitte, a. a. O., 168.
[405] Ebd., 162.
[406] Ebd., 163.
[407] Ebd., 166.
[408] Ebd., 83.
[409] *Kurt Hiller*, Der Aufbruch zum Paradies, a. a. O., 100.

„Wir aber sagen, daß wir auf dieser Erde den Menschen ein wirkliches Paradies schaffen wollen.“[410] Aber ohne „Entwurf einer Apokalypse“ wird das nicht möglich sein. *Hiller* und andere legen selbst den Grund zu dem utopischen Entwurf; er muß vor allem die Abschaffung des Todes fordern: „Mit der Abschaffung des Todes wird Gott erst in Wahrheit, nämlich physiologisch, abgeschafft, Atheismus physiologisch ermöglicht.“ Auf *Mulfords* „Unfug des Sterbens“ brauchen wir nur hinzuweisen. *Fjodorow* hat zu dieser Forderung eine zweite, noch phantastischere gesellt, und selbst *Solowjew* hat sie in Betracht gezogen:[411] Die Auferweckung der toten Brüder unter Zuhilfenahme „physisch-chemisch-physiologischer Methoden“, als die dringlichste „gemeinsame Tat“, zu der sich die Menschheit zusammenschließen müßte. Denn, was wäre das irdische Paradies, wenn es die nicht enthielte, die es bauen halfen.[412]

Diese Forderungen sind völlig konsequent und beleuchten noch stärker die Differenzen zwischen Aktivismus und Theologie. Beide akzeptieren – mit dem berühmten Wort Iwan Karamasoffs – Gott und weisen seine Welt zurück, akzeptieren das Absolute und verweisen das Relative, wollen das Reich Gottes als offenbares und nicht als mit dem Weltlichen vermengtes. Aber die dialektische Theologie sieht dem bereits transzendent gegenwärtigen Reich in absoluter Passivität entgegen, als einem sich wesensnotwendig durch den Tod enthüllenden, der Aktivismus hingegen muß es als zukünftiges erst bauen, vernichtet daher den Tod und will die Auferstehung hervorbringen.

Aktivistische Dichtung ist auf den Inhalt der utopischen Forderung angewiesen. Solange sich diese in der Sphäre der praktisch-politischen Neugestaltung, eventuell auch der ethischen Wandlung der Menschheit hält, wird sich die antizipierende utopische Dichtung nicht wesentlich von der aufklärerischen

[410] Auf zum Kampf gegen den Hunger, 1918.

[411] Nach *Nikolaus Berdjajew,* Die russische religiöse Idee, in: Kairos, a. a. O., 451, 457.

[412] Als Beispiel einer Darstellung des Neuen Reichs aus technischen Mitteln diene die Utopie von *C. von Mereschkowskij,* Das irdische Paradies. Ein Märchen aus dem 27. Jahrhundert, aus dem Russischen übers. von H. Mordauni, Berlin 1903.

Utopie und Robinsonade entfernen. Aus der Menge dieser halb poetischen, halb wissenschaftlichen Romane, mit denen sich ausführlich zu beschäftigen hier nicht der Ort ist, seien als die bekanntesten *Bellamys* „Rückblick aus dem Jahre Zweitausend" und *[H. G.] Wells* „Der Traum" genannt. Ihnen schließen sich an: *Hertzka:* „Freiland, ein soziales Zukunftsbild" (1890), *H. Truth:* „Am Ende des Jahrtausends" (1891), *[Kurd Lasswitz]:* „Bilder [aus der Zukunft. Zwei Erzählungen aus dem 24. und 39. Jahrhundert"] (1878), und *Moritz Jókai:* „Der Roman des künftigen Jahrhunderts" (1879).

Mit dem aktivistischen Utopismus wurden der Dichtung schwerere Aufgaben gestellt. Ein transmundanes Reich, wie es *Rubiner* verkündete, war ihr unzugänglich. Aber den Willen zu diesem Reich galt es auszudrücken. Dies unternahm die Berliner Zeitschrift „Die Aktion", die bis nach dem Krieg Gedichte, Hymnen und freie Rhythmen, meist aus der expressionistischen Schule, zwischen ihre Artikel setzte. Zugleich leiht das Kriegspathos die Weltuntergangstöne, von denen sich die Harmonien des Neuen Reiches abzuheben beginnen.[413] Wiederum erhält „das Ende der Welt" ein Janus-Antlitz. *[Kurt Albert Gerlach]:*

Wir stammen aus Flammen
Im Sturm der Empörung.
Wir tragen, wir wagen
Das Ende der Welt.[414]

In der Bandreihe des Aktionsverlags „Der rote Hahn" – derselben, in der *Hoddis* „Weltende" erschien – steht „Das [jüngste] Gericht"[415] von *Ludwig Bäumer*, in die drei Teile „Ende", „Untergang" und „Jenseits" gegliedert. „Ende" bringt einzelne Bilder und Gesichte aus der Zeit, in „Untergang" aber ist, viel-

[413] Vgl. u. a. *Ludwig Bäumers* Rhapsodie mit Chören und Rezitationen Der Untergang, in: Die Aktion, hrsg. von Franz Pfemfert, 7. Jhg., Heft 39/40, Berlin, 6. Okt. 1917, Sp. 528ff; *Der namenlose Autor,* Weltuntergang, in: ebd., 8. Jhg., Heft 5/6, Berlin, 9. Feb. 1918, Sp. 54; am Ende steigt das neue Reich der Liebe auf. *Kurt Bock,* Muspilli, in: ebd., 8. Jhg., Heft 23/24, Berlin, 15. Juni 1918, Sp. 298f; *J. R. Becher,* Der Antichrist, in: ebd., 9. Jhg., Heft 16/17, Berlin, 3. Mai 1919, Sp. 231f.

[414] Roter Gesang, in: ebd., 10. Jhg., Heft 51/52, Berlin 25. Dez. 1920, Sp. [702].

[415] Der rote Hahn, Bd. 16, Berlin 1918. Vgl. Die Aktion, 1918.

leicht am glücklichsten innerhalb dieser Art, die ganze Welt der Eschatologie auf ihren reinen Gefühlsgehalt reduziert und mit dem Gericht über die Zeit und den Krieg unzertrennlich verbunden. Mit „Jenseits“ tauchen die Umrisse einer neuen Welt empor, freilich in einer völligen Irrationalität: der Vers löst sich zu einer Kette von Einzelworten auf, die nur noch in den vagsten Assoziationen verknüpfbar sind. Schwerlich indes wird sich die reine Form der Utopie einen adäquatern dichterischen Ausdruck schaffen können.

Aber beide: das rein utopistische Weltbild, wie es *Rubiner* ausgeprägt hat, und sein religiöses Gegenstück, die dialektische Theologie in ihrem ersten Stadium, tragen doch allzu sehr die Züge des Primitivistischen, Reaktionalen und Antiphilosophischen, als daß sie auf die Dauer ernstgenommen werden könnten. Erst *Ernst Bloch* war es, der ihnen in seinem Buche „Geist der Utopie“[416] philosophische Prägung gegeben hat. Im wesentlichen wahrt er, obwohl vom sozialistischen Gedanken ausgehend, die idealistische Fassung des Utopiegedankens, etwa den Standpunkt *Fichtes*. So tritt bei ihm die Frage der individuellen Vollendung in die Sphäre des sozialistischen Denkens ein. Anderseits kennt er nicht, wie der Idealismus, die Geburt des Nicht-Ich aus dem Ich, so wenig, wie *Rubiner* eine Hinordnung der Materie auf den Geist kennt. Während aber *Rubiner* diese nur als den Ausgangspunkt des Geistes versteht, nimmt *Bloch* doch eine wesentlichere Verknüpfung beider an. In der – wohl zum erstenmal seit *Eduard von Hartmann* stattfindenden – Einbeziehung der physikalischen Eschatologie ins allgemeine eschatologische Problem liegt sein origineller Beitrag zum Thema, der im Kapitel: „Karl Marx, der Tod und die Apokalypse“,[417] enthalten ist. Ungläubig der *Marx*schen Eschatologie gegenüber, die nur eine Anzahl zufällig zur Zeit der Katastrophe Geborener als die Heiligen der letzten Tage ins Reich einläßt, fragt er: „Wozu leben wir? Etwa um andern in ferner Zukunft

[416] München und Leipzig 1918, 2. umg. und endg. Fassung 1923. Hier zitiert nach der 1. A. von 1918.

[417] Ebd., 391ff, bes. 420-422, 435, 438f, 443f.

ein glückliches Leben zu bereiten? Was soll denn Nachleben im Gedächtnis der Menschen heißen?" Darauf sei nur eine Antwort: „Was wir sterben nennen, bedeutet, daß es uns erlaubt ist aufzusteigen. Und zwar entweder dauernd oder nur so wie Nebel und Wolken, die sich immer wieder entstürzen." „Das Erstere, Härtere, wie es bereits alles als endgültig setzt, bildet den Inhalt der einfachen Lehre von der unsterblichen Seele", das „wesentliche Dogma der christlichen Kirche." „... das Zweite, Gerechtere, Liebevollere, die Seelenwanderung, diese aufgeteiltere, kompliziertere Form der Unsterblichkeit, wie sie die fünf törichten Jungfrauen auch nach Mitternacht noch das Öl erlangen läßt, wie sie demnach nicht bereits alles, was uns hier betroffen und gehindert hat, so zufällig und unrein es auch sein mochte, als wesentlich setzt", diese Lehre war von je der Besitz der Weisen und Eingeweihten. Die Aufnahme der Metempsychose bedeutet zunächst eine Abschwächung des Utopisch-Prinzipiellen: „Nichts ist im Leben einmalig, nichts Zufälliges ist unwiderruflich." Sobald sie zur Rettung der Seele verwendbar wird, ist der tiefste Ernst des Bösen aufgehoben. Aber es ist die Eigentümlichkeit des *Bloch*schen Systems, die Macht des Bösen an einer andern Stelle sichtbar werden zu lassen. „Leise beginnt hier der Boden zu wanken. Wir sind ihnen durchaus nicht völlig entronnen, den geheimnisvollen Vorgängen, die ... am Werk sind. ... Was vom Helium bis zum Blei geschieht, ... diese abwärts gleitende Explosion ..., das ist eine genaue Aufrollung, ein Desintegrieren des ehemaligen Geballtseins, und im ganzen das erste chemisch faßbare Anzeichen jener ... Entropie, ... Hier läßt sich bereits ein warnendes Läuten des Endes vernehmen, ein leises, fernes Zittern; eine kleine, sonderbare, noch nie gesehene Wolke verkündigt den nahenden Sturm, und so bricht hinter uns ... die physische Natur zusammen."

Dies war nun freilich eine für den Idealismus selbstverständliche Voraussetzung: Der Stoff zu unserer Vollendung reicht aus. Eine Voraussetzung, die nicht erst durch das Identitätssystem gestützt zu werden brauchte. So aber, wenn die Entropie diesen Stoff entzog, hatte auch die Metempsychose nicht mehr die Bedeutung einer ins unendliche dehnbaren Sicherung, daß das Ziel auch erreicht werde. Es entstand eine „Gegenbewegung zum Ziel".

„Damit zeigt es sich, gerade also durch unsere Werkfreude, durch unser auch der Seele nur halb lösbares Eingebautsein in den Kompromiß dieser Welt: ... welche furchtbare Einbruchsstelle in dem möglichen Sterben des Stoffs, ... in der Krankheit der Materie, ... für den eigentlichen unteren, mit dem Reifetag prinzipiell diskonformen Naturakt, Weltuntergangsakt der Apokalypse offen geblieben ist."

„Denn wenn wir sterben, auch wenn wir, wie stets, als solche sterben, die noch viel Leben brauchten, um ‚fertig' zu werden, so bleibt doch die Erde, und die Waffen lassen sich weitergeben. Aber wenn man uns erwürgt und wir ersticken, die Berge und Inseln bewegen sich aus ihren Örtern und der Himmel entweicht wie ein zusammengerolltes Tuch; ... dann stehen wir nackt vor Gott, halb, lau, unklar und doch ‚vollendet', im Sinn der tragischen Situation vollendet, ..." Das ist „Satans apokalyptischer Zeitpunkt, und nichts fällt bei diesem verfrühten, satanisch beliebigen, aber unwiderruflichen Werkschluß vor Gott ins Gewicht als die Fülle unseres erlangten Reinseins und Gerüstetseins, ..." Dieser Gott aber sind wir selbst als unser Ziel, als die Selbstbegegnung am Ende des Weges: Mit uns würde auch Gott vereitelt, das wäre „das einzige Gericht, über uns und ihn, und dieses ist grauenvoll genug". Hier aber wendet sich der Blick ab und nach innen, wo sich eine Macht entdeckt, gegen die jene Vision nichts vermag. Es ist die göttliche Kraft darin, die nicht nur die Hoffnung – auch gegen die tatsächliche Möglichkeit des Vereitelns – stärkt, nein mehr, die sie zur utopischen Gewißheit erhebt: „ ... weil die guten Wünsche wie die Väter des Gedankens, so auch der Dinge werden können, die allein wahrhaft sind." Die Hoffnung umspannt so „alles, auch das Drüben, das noch nicht ist", sie führt mit der utopischen Notwendigkeit zur transkosmologischen Unsterblichkeit in die gotische „Stube der Selbstbegegnung", wo „diese ganze weite und scheinbar so sehr reale Welt dereinst nur selber wie ein Bild unschädlicher Erinnerung an den Wänden hängt".

Diese Erinnerung ist nicht dieselbe, die *Rilke* in den Elegien in die Unsterblichkeit mitnehmen will, nicht das Unsichtbarwerden der Erde, sondern die „unschädliche“ Erinnerung an einen bösen Traum. In *Blochs* Mythos findet die Seinsfeindlichkeit der Utopie einen letzten gesteigerten Ausdruck. Iwan Karamasoffs Wort vom Anerkennen Gottes und der Ablehnung seiner Welt wird zitiert. „Darum wollen wir nicht an den glauben, der ist, den Zersetzten, sondern an den, der *gilt.*“ Diese selbe Ablehnung der Welt, wie sie schwächer auch aus anthropologischen Systemen klingt, diese schroffe Aufteilung in Wert und Wirklichkeit, muß abermals in den geistesgeschichtlichen Zusammenhang gerückt werden: Von *Luther* über *Kant* und *Nietzsche* führt der eindeutige Weg. *Luthers* Freiheit des Christenmenschen, *Kants* Primat der Praktischen Vernunft, *Marx*ens Sprung in die *Freiheit, Nietzsches* Übermensch, *Schelers* Primat des Wertfühlens vor dem Seinserkennen, endlich *Blochs* utopische Realität, die der tatsächlichen entgegensteht, alles dieses sind Stationen desselben Wegs, der zugleich den Menschen in wachsendem Maße zu einer Stellung drängte, die ihm *Nietzsche* und *Scheler* eindeutig zugewiesen haben. *Bloch* spricht es aus: Wir „rufen, was nicht ist, bauen ins Blaue hinein, bauen uns ins Blaue hinein und suchen dort das Wahre, Wirkliche, wo das bloß Tatsächliche verschwindet – incipit vita nova“. Es ist die Stellung des dionysischen Menschen, bei *Nietzsche* noch vom Kreislaufgedanken geschwächt, bei *Scheler* und *Bloch* als einmalig-historisch anerkannt. „Wir gehen auf einer Schneide, wir leben im Abstand, gerade, ebenmerklich überhaupt noch über dem völligen Fall gehalten“,[418] aber, „wer mit Kühnheit, Ungestüm und Ernst die Zeichen fordert, dem wird sie Gott nicht vorenthalten“, dies heißt: „Erzwingung des Reichs.“[419] In die Hand dieses Menschen, der zwischen Göttlichkeit und Nichtigkeit steht, ist das Schicksal der Welt gelegt.

[418] *Ernst Bloch*, Thomas Münzer als Theologe der Revolution, München 1921, 250.

[419] Ebd., 275, 297. Vgl. das ganze Kapitel: Der absolute Mensch oder die Wege des Durchbruchs, 249ff.

Wie sich aber in neuen religiösen Strömungen die Abwehr vom dionysischen Menschen vorbereitet hat, so beginnt auch der utopische Gedanke von den verschiedensten Seiten her entwurzelt zu werden. Zunächst sind es die historischen Erscheinungen, die angebliche Gründung des letzten Reichs in Rußland, die jeden Utopisten entmutigen müssen. Das Wunder des Phönix, der aus Feuer und Untergang ersteht, hat sich nicht vollzogen, die Wesensänderung der Menschen sich nicht einmal leise angedeutet. Ein Buch, wie *Rosanows* „Die Apokalypse unserer Zeit"[420] (1918), das die endgültige Überwindung Christi durch das kosmische Leben, die Sonne und die Sexualität kündet,[421] unterscheidet sich nur unwesentlich von spießbürgerlicher Pornographie, trotz der Lebensmetaphysik, die der seltsame Prophet bieten will. *Mereschkowskij* und, tiefer als er, *Berdjajew* und *Bulgakow* haben der Revolution längst vom religiösen Geschichtsbild her eine plausiblere Deutung gegeben.

Wichtiger ist aber die Selbstbezeugung, die der Utopismus von der Unmöglichkeit, das Reich zu finden, gibt. *Josef Wincklers* „Chilialistischer Pilgerzug"[422] verleiht dieser Ermattung Ausdruck. In ungewissen Zeiten sammelt ein König alle Leidenden, Kranken, Verkommenen zu einem mythischen Pilgerzug von Millionen und zieht nach dem asiatischen Osten, nach Indien, dem erhofften Paradies. Mit allen Mitteln will er ihr Glück: durch freie Lust, durch Macht, durch Askese und helfende Liebe. Dann entschließt er sich, das Übermaß des Leidens nach Süden, ins Reich der Sonne, zu führen. „Es ist der ewige Heimgang der Menschheit ins Paradies, der auch sie leitet." Er hofft auf Utopie: die drohende Sündflut durch das Karma der Liebe bannen zu können: „Denn es gibt einen hohen Väterglauben, der da hofft, daß der Menschengeist in Liebe sich vollende, daß er den Weltgeist umwandle, wie einst die Verderbtheit

[420] *Vladimir Pozner,* Panorama de la littérature russe contemporaine, Paris 1929.

[421] Vgl. *Curt Corrinth,* Potsdamer Platz oder Die Nächte des neuen Messias. Ekstatische Visionen, München 1919.

[422] Der chiliastische Pilgerzug. Die Sendung eines Menschheitsapostels, Stuttgart 1923.

der untergegangenen Völker den heiligen Äther, die Seele der Welt, die alles durchdringende, vergiftet habe." Aber so sterben immer mehr, Seuchen häufen sich und die Laster unterwühlen alles. Jetzt hofft er auf den Westen, die Zivilisation: diese aber empfängt den Zug mit Börse, Kino, Geschäft, und das entfesselte Proletariat vernichtet im Terror alle Kultur. Die Pilger rebellieren: „Auch du nicht König! Der das Unmögliche zwingen will! Auch du mußt umkehren! . . ." In Verzweiflung verspricht er: „Ich bin Buddhas letzte Wiederkehr! Wer an mich glaubt, kommt nun ins Paradies." Und verspricht ein grünes Eiland im Eis des Nordens: vollendetes Symbol der Utopie. Sie ziehen in die arktische Nacht: „Tiefer versanken die Seelen. Die ganze Ebene zitterte von Fiebern und Frösten. Langsam zogen sie. Wie Garben sanken die Toten . . . die sinnlose Trauer des Weltalls rollte purpurdunkel an ihnen vorüber. Welche Posaune war es, die den Irrsinn der Schöpfung beneidete?" Aber im nächtlichen Eis bleibt vom Paradies nur der utopische Wille: Sie kreisten viermal um den Nordpol, bis sie auf wenige Erwählte, Starke zusammengeschmolzen, geläutert sind. Im sechsten Kreise erwacht die Sehnsucht: ein befreiender Gesang eint alle im Menschsein. Der König führt sie heim: „Baut selber das Paradies . . ." Dieses Wissen, daß Mensch bedeutet: die Sehnsucht nach dem Unmöglichen, erhält sogleich seine alltägliche Konsequenz: der alte Kreislauf beginnt alsbald wieder in der neuen Welt. Der vertriebene König wird vom weltzertanzenden Siva in das Geheimnis eingeführt, daß in der Welt kein Sinn sei: „Großartig, sehnsuchtslos, schnippte er noch einmal mit dem Finger: Pah!"

In anderer Weise, skurriler und phantastischer, erzählt *Alfons Paquet* das Scheitern der Revolution in dem Roman „Die Prophezeiungen".[423] Der Krieg führt zu abenteuerlichen Fahrten nach Afrika, einer utopischen Insel, und, in einer Wanderung durch die verwilderten Wälder Sibiriens, dem verlassenen Bahndamm entlang, entgegen den nach Osten fliehenden Völkern, zur „Hohen Nördlichen Gemeinde", dem von einem Matrosen

[423] München 1923.

gegründeten kommunistischen Staate. Die sonderbare Frau, die den Zug anführt, wird als Mutter des Antichrist verhöhnt und Prophezeiungen des Nostradamus scheinen über sie ein Ähnliches auszusagen. „Das alte Inventar“, die halbzerstörte Stadt Peter-Paul wird verkauft, um Geld gegen die Angriffe der Zivilisation zu erhalten, dann aber, als der Matrose umkommt und die Gemeinde zerstört wird, „von der Northern Investment Company wieder in Betrieb gebracht“.[424] Rune, die Frau, flieht nach Schweden, ihr und des Matrosen Sohn ist vielleicht der kommende Antichrist, über den das dunkle Wort gesagt wird, daß ihn „die Welt erwartet, damit er sie durch sein Opfer von einem Fluch befreie“. Wird diese erwartete Gestalt positiv gedeutet, so weist sie wohl über die Welt des Utopischen hinaus in eine neue religiöse. Aber das Zwielicht, in dem diese gedrängte Erzählung die wesentlichen Dinge läßt, erlaubt keine abschließende Deutung.

Bewußter sucht der eschatologische Roman „Ararat“ von *Arnold Ulitz*[425] den Kommunismus zu überwinden. Er wird als untergegangen dargestellt, nachdem das übrige Europa von der Revolution zerstört wurde. Alle eschatologischen Gestalten treten auf: Alexander: der Antichrist, der sich selber Gott dünkt, Ahasver. Die Juden ziehen nach Palästina, die Überreste aller Völker sammeln sich dort, um den neuen Tempel. Christus erscheint wieder und die Tochter Gottes wirkt Wunder unter den Menschen.

Zwischen die Erzählung, die mit der Erneuerung des religiösen Menschen endet, ist eine Novelle vom Weltuntergang eingeschaltet, welche, gewissermaßen eingeklammert, sich als ein drohender Konditional an die Kultur richtet. Diese Legende ist auf einen ähnlichen Ton gestimmt wie das Kriegsdrama von *Karl Kraus:* „Der Tod aller Länder ist gut! Der Untergang der Kultur ist gut! Es ist ein neuer Tag in einer neuen Weltzeit. Der Bolschewismus war der letzte Tag der vergangenen tausendjäh-

[424] Diese Episode hat *Paquet* dramatisiert in: Sturmflut. Vgl. außerdem seine historischen Werke: Geist der russischen Revolution, Im kommunistischen Rußland.

[425] München 1920.

rigen Welt."[426] Es erhebt sich ein magnetischer Feuersturm, Propheten des Ends treten auf. Die Nacht bleibt aus, denn es stehen Feuergarben am Himmel. Die Presse spottet und erklärt alles: „Es handelt sich um keinen Weltuntergang", sondern „um ein magnetisches Gewitter ersten Ranges . . . Es gibt keine Wunder . . ." Und wirklich entsteht ein neues Klima, tropische Vegetation, Fülle und Reichtum. Die Propheten mahnen, Gott zu danken. Statt dessen bricht die Rache jener herein, die früher reich waren, jetzt den andern gleich. Denn alle sind jetzt reich! Niemand hört die Propheten. „Da verwandelte sich die Erde namenlos grauenhaft. Unter unendlichen Hagelstürzen lag sie erstarrend und wuchs zusammen und verpanzerte den fruchtbaren Boden für ewig . . . Auf dem Eise knieten sie nun da, städteweise, und beteten laut. Aber kein Gebet erhörte der Herr, die Sonne blieb schrecklich verfinstert, denn Gott der Herr hielt seine Hand zwischen die Sonne und die verfluchte Erde. Dann schickte [sie] Gott auf alle andern Welten des Alls und hieß sie alle Sprachen durchforschen, ob die Worte: Rache, Krieg und Gewalt in ihnen noch lebten. Und siehe, diese Worte waren in allen Sprachen noch lebendig. Da stellte sich Gott in die Mitte der mittelsten Sonne und rief alle Gestirne in sein Herz zurück, so daß sie stutzten im ungeheuren Fluge, und sie standen, und sie stürzten und wurden zu glühendem Dampf, aus dem sie alle geworden waren."[427]

Neben der Geschichte vom Untergang und Wiederaufgang der Menschheit stellt *Ulitz* im Roman „Das Testament"[428] das analoge individualeschatologische Geschehen dar: das „Verfallen" eines Einzelnen, der sein Selbst verloren hat[,] und den unendlich weiten und mühevollen Weg zur Neugeburt der „Eigentlichkeit".

Die Diskonformität, die *Bloch* erschreckt hat, zwischen Natur- und Geisteschatologie, behält, auch wenn sie widerlegt würde, ihren Sinn als Mythos und Hypostasierung der Zeitlage. Der Verfallenscharakter der Kultur hindert wie vielleicht nie

[426] *Arnold Ulitz*, Ararat, a. a. O., 177.
[427] Ebd., 194-200.
[428] München 1924.

bisher das Reifwerden des Geistes. Was könnte von ihr vor dem Ewigen Gerichte bestehen? *Stevenhagens* Roman „Atomfeuer“[429] hat *Blochs* Entropiegedanken dadurch bildhaften Ausdruck gegeben, daß er die Auflösung der Materie in eine der Dichtung angemessene, wenn auch physikalisch unmögliche Zeitspanne zusammengerückt hat: Was die Katastrophe enthüllt, ist eine verzweifelte, in jedem Sinne unfertige Menschheit. *Franz Werfels* Zyklus „[Letzte] Dinge“[430] gibt dieser tiefen Angst Ausdruck, ob in der Ausweglosigkeit, den labyrinthischen Irrwegen der Zeit das Ergreifen des Endgültigen, Eigentlichen, noch möglich sei, oder ob nicht vor dem Antlitz Gottes all dies vernichtet werden wird:

Ist nur ein Nu des Lebens ganze Völle,
Wo wir verwundet werden und verlieren,
Von dumpfer Fleischeswolke gut benommen,

Um Nachher Nachher brennend zu erfrieren
Im ungeheuren Zu-Bewußtsein-Kommen?
Und des Bewußtseins Name heißt er: „Hölle“?!

. . . Das Leben schreit aus Angst, ins Nichts zu irren,
Die Seele aber schaudert, heimzukehren.[431]

Von zwei Seiten begann die Überwindung der Utopie: Von der historischen Bezeugung und der tiefern Enttäuschung und Unsicherheit her. An sie knüpft nunmehr der Versuch der Entwurzelung der marxistisch-utopischen Eschatologie durch ihre psychologische Deutung an. Zunächst war der Nachweis des sekundären Charakters dieser Erscheinung zu führen. *Kierkegaard* hatte sie den „Bodensatz des Christentums“ genannt,[432] *Nietzsche* darin eine Phase der absteigenden Bewegung zum Nihilismus gesehen. Systematisch begann die Entmythologisie-

[429] A. a. O.
[430] In: Gedichte, Berlin, Wien, Leipzig 1927, im Nachtrag zu: Der Gerichtstag, 322-326.
[431] Frage, Schlafschauder, in: ebd., 323, 322.
[432] *Sören Kierkegaard*, Die Tagebücher, a. a. O., 243.

rung des sozialistischen Mythos bei *Max Weber, Scheler* und in *Troeltschs* soziologischen Studien und findet einen Abschluß in *Karl Mannheims* „Ideologie und Utopie“,[433] der die treibenden Motive aller Utopie vom Chiliasmus bis *Marx* aufzudecken versucht, sowie in *Hendrik de Mans* „Psychologie des Sozialismus“.[434] Hier wird nachgewiesen, daß jede demokratische und somit „jede sozialistische Rechtsvorstellung . . . letzten Endes auf der Gleichheitsidee des Christentums“ beruht[435] und das Utopische sich aus der Übertragung dieser religiösen Idee in die politische und wirtschaftliche Sphäre ergebe. Somit ist das Glücksideal des Sozialismus in seiner „Abkünftigkeit“ erkannt. Schon *Scheler* hatte in einem berühmten Aufsatze das Ressentiment als die treibende Kraft dieser Umgestaltung erkannt. Dem Massenmenschen ist ein Fortschrittsbegriff, der die Spannungen auf eine höhere Stufe überführt, ohne sie zu entspannen, unerträglich. Er muß an ein historisches Absolutes glauben, um handeln zu können.[436] *De Man* aber, nachdem er im Anschluß an *Ribots* „Essai sur l'imagination créatrice“ in einer historischen Typologie drei Stadien der Utopie unterschieden hat: die reine (Antike bis Renaissance), die praktisch-experimentelle (von *Rousseau* bis zu *Owens* genossenschaftlichen Kolonien) und die praktisch-rationelle des Marxismus, glaubt darüber hinaus nur ein viertes Stadium möglich: ein praktisch-ethisches nämlich, das die Utopie zu Symbol und Norm der ethischen Gegenwartsgesinnung macht und die rein soziale Eschatologie wieder zum Teil zur individuellen macht: „Ich glaube nur noch an die Revolution, die unser Selbst umwälzt.“

Aber die genetische und psychologische Erklärung des Utopiegedankens genügt noch nicht zur prinzipiellen Überwindung. Denn diese müßte eine innere sein, die die Utopie zugleich überholen und in ihren glücklichen Seiten bewahren könnte. Es wird sich diesem Versuch zunächst derselbe Weg öffnen, der

[433] In: Schriften zur Philosophie und Soziologie, Bd. 3, begr. von Max Scheler, hrsg. von Karl Mannheim, 2. A., Bonn 1930.

[434] Zur Psychologie des Sozialismus, Jena 1926.

[435] Ebd., 219.

[436] Ebd., 236.

auch zur Überwindung der dialektischen Theologie führte: Aufhebung der radikalen Antithese. Denn mit dem absoluten Nein, unter das *Barth* und *Gogarten* so gut wie *Rubiner* und *Bloch* die Welt stellten, droht ihre eigene Problemstellung unmöglich zu werden. So wenig die absolute Trennung von Gott und Welt bei der Theologie zu wirklicher, wenn auch „existenzieller" Anthropologie führen konnte, ebensowenig war eine sozialistische Anthropologie auf der Grundlage eines reinen Nebeneinander von Notwendigkeit und Freiheit *(Marx)*, von Materie und Geist *(Rubiner)*, von Wirklichkeit und Wert aufzubauen. Irgendwie mußte ein dialektisches Verhältnis zwischen den Polen hergestellt werden. Dies hatte sich eine sozialistische Philosophie, die sich über den primitiven Stand des russischen Materialismus und naiven Realismus erheben wollte, einzugestehen. Eine solche Philosophie mußte, indem sie die Zwecke der Utopie aufnahm und sich zugleich als Theorie zu rechtfertigen hatte, „praktische Theorie" sein.

Georg Lukács sucht dem in seinem Werk „Geschichte und Klassenbewußtsein"[437] gerecht zu werden. Wenn *Hegel* eine Dialektik als göttliche Geschichte und Eschatologie, *Heidegger* eine existenzielle als individuelle Geschichte und Eschatologie geschrieben hatten, so ist hier dialektische soziale Existenzialphilosophie versucht.[438] *Lukács'* System will also von vornherein Dialektik im Sinn *Hegels* sein – ebenso wie existenzialer Monismus im Sinn *Heideggers.* Sowohl der Begriff der Selbstverwirklichung wird beibehalten – das Eigentlichwerden und Einholen der äußersten Möglichkeit bei *Heidegger* – als auch die prinzipielle Uniformität von „Subjekt" und „Objekt" – als Geistnatur bei *Hegel,* als [J]e-schon-in-der-Welt-sein bei *Heidegger;* diese beiden grundlegenden Bedingungen der Dialektik erfahren ihre originelle Prägung durch die Frage nach dem Wer der Selbstverwirklichung. Für *Lukács* ist es weder der Geist noch das „Dasein", sondern das soziale, das Klassenbewußtsein.

[437] Berlin 1922.

[438] Vgl. *Siegfried Marck,* Die Dialektik in der Philosophie der Gegenwart, a. a. O., 122ff. Literatur zu *Marcks* Auseinandersetzung mit *Lukács*, ebd., 130, Anm. 1.

Diesem Kollektivbewußtsein ist als „Objekt" die Totalität des Geschehens zugeordnet. „Geschichte ist Selbstverwirklichung des menschlichen Sozialbewußtseins, dieses vollendet sich als Klassenbewußtsein",[439] zunächst in dem des Proletariats, wo es sich zum erstenmal voll entwickelt. Ziel der Geschichte ist Veränderung der Welt: in diesem Punkte also wird die theoretische Bestimmung der Selbstverwirklichung praktische Forderung, Philosophie wie bei *Heidegger* zur Einheit von Theorie und Ethik. Aber wie für diesen die Scheidung in Eigentlichkeit und Alltäglichkeit oder Verfallensmodus unumgänglich ist, muß *Lukács* den Begriff der Selbstentfremdung einführen. Zunächst dort, wo er von der Bürgerlichkeit und ihrer Philosophie spricht. In der Entfremdung könne das Bewußtsein die „Ware" nicht mehr als eigenes Produkt erkennen und hypostasiert es zum „Objekt", zum „Ding". *Lukács* nennt dies Fetischismus. Dadurch erst entsteht die Dualität, wie bei *Heidegger* die „Objektivität", die „objektive Zeit", das „Man" u. a. erst aus der Selbstentfremdung des Daseins entstehen. Für *Lukács* gilt der Revisionismus als Symptom dieser Zerfällung: denn in ihm zerteilt sich die „praktische Theorie" in Empirismus und Utopismus, in Wirklichkeit und Wertziel. Aber *Lukács* selbst kann an einem andern Ort dieser Zerfällung selbst nicht entgehen. Dem empirischen Klassenbewußtsein des Proletariats muß er bewußt ein ideales substituieren, ein Bewußtsein also, das zu handeln fähig ist, wie die Dialektik es fordert. Das empirische reift diesem idealen Bewußtsein entgegen. Damit verfällt *Lukács* der Kritik *Marcks*, der hier die Wiedereinführung der Wert-Wirklichkeit-Trennung sieht, die den Existenzialismus aufhebt. Die Erreichung des Zieles war bei *Hegel* garantiert durch die Überzeitlichkeit des Prozesses, durch den Nachweis der Vernünftigkeit der bisherigen historischen Entwicklung, endlich durch die Substituierung der Abgeschlossenheit ihrer, bei *Heidegger* wurde das mögliche Ganzseinkönnen durch die ontischen Phänomene des Gewissens und des Todes gewährleistet. *Lukács*,

[439] *Siegfried Marck,* Die Dialektik in der Philosophie der Gegenwart, a. a. O., 124f.

dessen Klassenbewußtsein weder zeitlos und angelangt ist, noch „Gewissen“ besitzt, kann Gewähr nur in der dialektischen Methode selber finden.[440] Gegenwärtiges, zukunftgerichtetes Handeln macht den Sieg des Bewußtseins sicher. Aus der Zukunft zeitigt sich – ähnlich wie bei *Heidegger* – die Gegenwart. Indessen ist damit die Utopie nicht überwunden. Weder ist die Zeit – wie bei *Heidegger* – eine endliche, und damit ein Zeitziel festgelegt, noch wird es glaubhaft, daß die Totalität – zu der auch die Natur gehören müßte – von einem Bewußtsein, das noch dazu das proletarische ist, bewältigt werden könnte, noch wird endlich die Wertung im Sinne einer Bevorzugung der Zukunft und dazu einer bestimmten Zukunft geleugnet werden können. Fällt aber mit solchen Einwänden der Existenzialismus, so entsteht ein Zirkel, in dem die Methode das Handeln vorschreibt, das Handeln aber die Methode erst sanktioniert: Empirismus und Utopismus, oder vielmehr: Sein und Wert sind wiederum zerfällt.

Indessen ist manches gewonnen. Zunächst eine soziale Eschatologie als Ergänzung zur individuellen *Heideggers* und der Theologie, sodann ein neues Vertrauen auf die Schöpfungskraft des menschlichen Bewußtseins und zugleich mit dem Schöpfungsbegriff – in dem der Entscheidungscharakter des gegenwärtigen Nu im Sinn *Barths* oder *Grisebachs* festzuhalten gesucht wird – eine neue positive Wertung des Geschichtlichen auch in seinem Längsschnitt. Damit ist die Rolle der Zukunft eine positivere geworden. Was *Nietzsche* verlangt hatte: die Vergangenheit nur aus der höchsten Kraft der Gegenwart zu deuten, das wird hier erfüllt: Die Zukunft als Ideal schafft Gegenwart und von dieser Schöpfung aus wird die Geschichte deutbar.[441]

Aber die Beziehung von Ideal und Wirklichkeit bedarf über *Lukács* hinaus einer Verdeutlichung. Das empirische Klassenbewußtsein des Proletariats konnte nicht Träger des objektiven Werts sein, das normative Bewußtsein war aber eine Mythologi-

[440] *Georg Lukács*, Geschichte und Klassenbewußtsein, a. a. O., 55.

[441] Vgl. dazu *Richard Kroner*, Selbstverwirklichung des Geistes, Tübingen 1928.

sierung des Wertes selber. *Paul Tillichs* religiöser Sozialismus sucht neue Lösungen für dieses Problem. Vor allem muß er gegen den Radikalismus der Verneinung des Wirklichen in der dialektischen Theologie so gut wie im Utopismus sich wenden. Über dem abstrakten Nein, unter das bei ihnen das Wirkliche falle, verlören sie die Möglichkeit zu einem konkreten Nein der Gegenwart gegenüber.[442] *Tillich*, der von der zweiten Periode *Schellings* ausgeht, vermeidet von vornherein den Existenzialismus, der sich nachträglich wieder in Dialektik auflösen muß, zugunsten eines „gläubigen Realismus". Im Mittelbegriff seiner Philosophie, im Begriff des „Kairos" wird seine Position wie Negation erfaßbar. „Die Idee des Kairos", sagt er selbst, „ist aus der Auseinandersetzung mit der Utopie geboren".[443] Kairos besagt zunächst die Möglichkeit, den geschichtlichen Augenblick vom Absoluten, Unbedingten her zu verstehen und zu richten, die Aufgebrochenheit des Augenblicks gegen das Ewige hin. Es ist aber niemals so, daß ein Subjekt, indem es vorher den Sinnzusammenhang als Form-Inhalt-Relation logisch erkannt hat, ihn, nunmehr unter dem Kairos betrachtend, zerstören muß – dies hatte die dialektische Theologie mit dem „abstrakten Nein" getan –, sondern beide Akte sind eins: Die Erkenntnis bleibt als Erkannte wahr, aber dem Absoluten gegenüber wird sie fragwürdig. Jedes Denken hat also Logos und Kairos, Wahrheit und Entscheidungscharakter von vornherein in sich. Jede Idee hat – vorläufig „für uns" – ein statisches und ein unruhiges Element in sich. *Tillich* müht sich, dieses Entscheidungselement auch im völlig theoretischen Denken aufzuweisen. Freilich läßt sich dieses dritte Element neben Form und Inhalt niemals selbst in die Objektsphäre rücken. Geschähe dies, so wäre das Erkennen selbst fragwürdig. So aber wacht der Entscheidungscharakter einzig darüber, daß das Denken sich nicht absolut setze. Indem er richtiges Denken relativiert, ist er, als „Wächter" des Absoluten, selbst nicht relativ. Hier stellt sich nun *Tillich* in die Reihe

[442] *Paul Tillich*, Kairos, in: Kairos, a. a. O., 6; ferner derselbe, Kairos, in: Die Tat, Monatsschrift für die Zukunft deutscher Kultur, 14. Jhg., Bd. 1, Jena 1922, 330ff.

[443] Derselbe, Kairos, in: Kairos, a. a. O., 10.

der Zeitkritiker, er bekämpft mit *Kierkegaard, Nietzsche, Heidegger, Lukács* und *Berdjajew* die Forderung des „uninteressierten“ Denkens, das Ideal der Bourgeoisie, den vermeintlichen Objektivismus. Damit erhält die zweite, geschichtszugewandte Seite des Kairosgedankens Bedeutung. Kairos als Entscheidung ist schöpferisch, ist die ständige Offenheit der Zeit für den ewigen Samen. Darum ist die in sich ruhende Endlichkeit der human-bourgeoisen Weltanschauung und die Anmaßung ihres Fortschrittsglaubens, der in unendlicher Annäherung das Relative zum Absoluten, das Immanente zum Transzendenten werden lassen will, der eigentliche „Ungeist“ der Zeit und der erste Feind des Kairos. Dem gegenüber, und dies ist auch gegen die dialektische Theologie betont, gehört das Schöpferische mit zur Entscheidung.[444] Aber dieses kann sich neben dem Ungeist in der Geschichte als luziferischer Widergeist, als Dämonie manifestieren. Mit diesem Begriff überschreitet *Tillich* völlig das Gebiet der dialektischen Theologie. In ihm soll sich eine reale „antichristliche“ Macht in der Historie manifestieren, eine Ansicht, die über die meisten in den Antichristdichtungen aufgewiesenen Ideen hinausgeht. Im schöpferisch-titanischen des modernen Intellektualismus, besonders aber im Kapitalismus, will *Tillich* diese aus dem Ungeist nicht zu erklärende Dämonie erkennen. Kairos im historischen Sinne ist daher der „religiöse Sozialismus“.[445]

Es ist ersichtlich, wie nahe dieser Kairosbegriff demjenigen *Georges* steht. *[Knittermeyer]* tadelt an ihm, er sei aus zwei Begriffen in äußerlicher Weise zusammengesetzt,[446] dem Krisisbegriff *Barths*, der auf jeden historischen Augenblick gleicherweise Anwendung finde und dem griechischen *καίρος*, der „die rechte Zeit“, die „Zeitfülle“ bedeute. Indessen lassen sich beide Begriffe zusammenfassen unter dem einen des entscheidenden Schöpfe-

[444] *Paul Tillich*, Das System der Wissenschaften nach Gegenständen und Methoden, Göttingen 1923, 93ff.

[445] In ihm ist jedes chiliastische Element, das bei Biblizisten, wie *Auberlen* und *Beck*, bei Ethikern, wie *Ragaz*, mitspricht, vermieden.

[446] *Hinrich Knittermeyer*, Zum religiösen Sozialismus, in: Zeitschrift für Theologie und Kirche, N. F., 4. Jhg., Tübingen 1923/24, 47ff.

rischen, das in die Zeit einbricht. So ist es auch bei *George.* Der Begriff des historischen *καίρος*, der Zeitenfülle, steht in engem Zusammenhang mit dem „Augenblick". Vielmehr ist der *καίρος* sozusagen primus inter pares. Durch sein Erscheinen schafft er für den Augenblick wieder Platz, der in der Kontinuität des historischen Denkens verloren zu gehen schien. So wird, wie „Der Brand des Tempels" am eindrücklichsten darstellt, jeder *καίρος* Untergang und Wende zugleich sein. Gerade wo die öffentliche Ausgelegtheit – *Georges* Feind ist derselbe wie der *Tillichs* und *Heideggers* – jedes Schöpferische zu ersticken droht,

> Da in den äussersten nöten
> Sannen die Untern voll sorge –
> Holten die Himmlischen gnädig
> Ihr lezt geheimnis . . sie wandten
> Stoffes gesetze und schufen
> Neuen raum in den raum . . .[447]

Dieser neue Raum, der Samen der Ewigkeit im Schoß der Zeit bestimmt nun für die Zeit das Ewigkeitsverhältnis aller, wo

> Wunder undeutbar für heut
> Geschick wird des kommenden tages.[448]

Tillich selbst versucht nun eine Deutung dieses Kairos zu geben, die er aber bewußt dem eigenen Relativierungsgesetz unterstellt. Die Doppelheit von Logos und Kairos in allen Dingen dieser Welt ist ihm nicht anders erklärlich als durch einen Regreß auf das Absolute selbst, in ihm finden beide Pole ihre Verankerung. Der „Ungrund"-Gedanke *Böhmes* und *Schellings* wird herangezogen, Kairos und Dämonie metaphysiziert. Auch das Wesen der Dinge, nicht nur ihre Erfassung steht im Schicksal. Weltliche Geschichte ist nur der Schatten der Geschichtlichkeit des Ewigen selbst. Die „Allzeitlichkeit" *Schellings*, der Primat der Zeit bei *Heidegger* wird hier zum Primat des Geschichtlichen vor dem Übergeschichtlichen.

[447] *Stefan George*, Geheimes Deutschland, in: Das neue Reich, a. a. O., 61.
[448] Ebd., 65.

Ob dieser Regreß *Tillichs* notwendig ist, steht hier nicht zur Entscheidung. Von seinen Voraussetzungen her darf er nur hypothetisch gemeint sein. Zur Erklärung des Sinnwidrigen genügte vielleicht der Krisisstandpunkt. Ob freilich die Dämonie und jene von *Tillich* nicht beachteten Übergänge des Ungeistes zum Widergeist (etwa des Neurotischen zum Bösen) ökonomischer aus dem „Abgrund" oder aus der christlichen Satansidee zu interpretieren sind, stehe dahin.

Dreierlei wurde eindeutig aus der Philosophie der Utopie und des Kairos für die Eschatologie gewonnen: Die Begriffe einer kulturellen und sozialen, kurz einer allgemeinen Eschatologie, die Bedeutung des Schöpfungs- und des Zeitbegriffes.

Die Betonung der sozialen Eschatologie bei *Bloch* und *Lukács* bedeutet im Vergleich zur fast ausschließlichen Beachtung der individuellen bei *Kierkegaard* und *Barth* einen Fortschritt im System der Endlehre. Freilich hängt die Möglichkeit dieser allgemeinen Eschatologie mit der Anerkennung der Bedeutung des Schöpfungsbegriffes eng zusammen. Erst wenn den Menschen eine auch angesichts des Ewigen gültige Leistungsmöglichkeit gegeben wird, kann von einer gemeinsamen Verantwortung für ein Ziel und vor einem Richter gesprochen werden. Wenn aber solche zugestanden ist, kann auch mit *Max Scheler* von einer „Solidarität in Gutem und Bösem" gesprochen werden, derzufolge „jedes persönliche Individuum nicht nur für seine eigenen individuellen Akte, sondern auch für die aller anderen ursprünglich ‚mitverantwortlich'" ist.[449] „Alle zusammen müßten sie dem höchsten Richter in der Einheit *eines* Aktes Rede stehen und alle zusammen müßte das Ohr des höchsten Richters in *einem* Akte sie vernehmen. Keinen würde er richten, bevor er nicht alle *mit*vernommen hat, *mit*verstanden, *mit*gewürdigt; und in *Jedem* würde er das *Ganze* ebensowohl wie das Ganze in Jedem mitrichten."[450] *Hegel* hatte von der Verantwortlichkeit des Volksgeistes vor dem Weltgeist gesprochen,

[449] *Max Scheler*, Der Formalismus in der Ethik und die materiale Wertethik, a. a. O., 517.

[450] Ebd., 557.

aber die eigentlich ethische Wendung dieses Gedankens blieb den Russen vorbehalten. *Berdjajew* spricht von einem Verhältnis des Volksgeistes zu Gott: „Auch die Seele des Volkes . . . tritt vor Gott und bestimmt ihr Verhältnis zu Ihm.“[451] So versteht es sich, daß die Russen mit Vorliebe über die Stellung ihres Volkes in der Apokalypse spekulieren. Der alte *Leontjew* sah den russischen Kommunismus kommen und in ihm die Geburt des Antichristen. Gestützt wird diese sozialreligiöse Eschatologie durch die starke Ausprägung des von *Scheler* geforderten religiösen Solidaritätsgefühls, das sie zu den tiefsten Erkenntnissen über Schuld und Erbsünde führte: „Es kann niemand auf Erden eher ein Richter eines Verbrechers sein, als bis er eingesehen hat, daß . . . er am Verbrechen des vor ihm Stehenden mehr als Alle schuld ist.“[452] Aber auch im Guten will der Russe dieser Solidarität sich vergewissern: wenn ein Seliger, sagt *Berdjajew* in schöner, menschlicher Entrüstung gegen *Thomas*, wüßte, daß einer seiner Brüder in der Hölle ist, so müßte dies für ihn selbst die Hölle sein. Wenn Iwan Karamasoff in der „Empörung“ das Eintrittsbillett zur ewigen Harmonie, die auf unsühnbarem Leiden sich aufbaut, zurückweist, so ist dasselbe gemeint.

Dem Westen war auch im Protestantismus das Wissen um Schicksalsgemeinschaft so abhanden gekommen, daß es dieser mächtigen neuen Eruption des Sozialismus bedurfte, ihm das Bewußtsein davon wieder zu wecken. Heute freilich, wo die Tendenzen zur Gemeinschaft allenthalben hervorbrechen, droht schon wieder die Verflachung, die den Gedanken nicht mehr an seiner Wurzel: Schicksalseinheit als Schuld- und Sühnungseinheit zu fassen vermag.

Dies wird klarer, wenn der Begriff von Entscheidung oder Schöpfung als korrelativ zum Gemeinschaftsbegriff erkannt ist. Wenn es gilt, daß der Wert und das Wesen einer Gemeinschaft sich proportional zu dem Wert dessen verhält, worin die Gemeinsamkeit besteht, so wird sich für die dialektische Theologie

[451] *Nikolaus Berdjajew*, Die russische religiöse Idee, a. a. O., 456.
[452] *F. M. Dostojewski*, Die Brüder Karamasoff, 2. Bd., 1. Halbb., a. a. O., 647.

keine Möglichkeit ergeben, auf dem kreatürlichen Nichtsein eine Sozietät zu begründen. Umgekehrt läßt sich denn auch historisch schließen, daß die Ursache des Individualismus, der Gemeinschaftslockerung gerade das schwindende Vertrauen in das Menschliche, das positive Schöpfungsvermögen sein mußte. Wahre Schicksalsgemeinschaft gibt es nur für eine Wirkungsgemeinschaft. Erst mit der Anerkennung des Eigenwertes des Menschlichen, mit einer Ergänzung der dialektischen Theodizee durch eine „Anthropodizee" wird so etwas wie Dialektik als gott-menschliche und mensch-menschliche Relation allererst möglich. Aktivismus hatte den Schöpfungsgedanken ad absurdum geführt, wie *Barth* die kreatürliche Passivität. Im Kairosgedanken ließ sich eine Synthese und Vermittlung finden. Schöpfung und Entscheidung setzen Freiheit voraus, nur in der Freiheit ist eine Dialektik zwischen Gott und Mensch wie zwischen den Menschen möglich. Gott braucht, so folgert *Berdjajew*, insofern er ein Liebender ist, die Freiheit des Menschen, ja darin besteht gerade dessen Gottebenbildlichkeit, daß er Schöpfer sein kann, was weder der Engel noch das Tier, das nach dem Ebenbild der Engel geschaffen ist, vermag.[453] Dies erläutert von anderer Seite *Rilke* in den Elegien: Der Mensch grenzt sich gegen den ewigen Engel und gegen das schicksalslose Tier ab. Keines von beiden hat Zeitlichkeit, Raum, Schöpfung und Schicksal. Das Tier

> hat seinen Untergang stets hinter sich
> und vor sich Gott, und wenn es geht, so gehts
> in Ewigkeit, so wie die Brunnen gehen.[454]

Entscheidung und Schicksal hat als Lohn die Möglichkeit des Schaffens, als Tragik die isolierende Bewußtheit:

> Dieses heißt Schicksal: gegenüber sein . . .[455]

[453] *Nikolai Berdjajew*, Das Problem der Anthropodizee, in: Östliches Christentum. Dokumente, II, hrsg. von Nicolai v. Bubnoff und Hans Ehrenberg, München 1925, 264.

[454] *Rainer Maria Rilke*, Duineser Elegien, a. a. O., 30 (8. El.).

[455] Ebd., 31 (8. El.).

Wie die Isoliertheit also die Voraussetzung der liebenden Bewegung ist, so das Schicksalhabenkönnen für *Rilke* die Bedingung der verwandelnden Macht des Menschen, seine eigentlich schöpferische Tätigkeit, um derentwillen die Engel ihn neiden sollen. Ebenso *Berdjajew.* Alle Geschichte ist für ihn Freiheitstat sowohl des Menschen als Gottes. Da aber die menschliche Freiheit zugleich Entscheidungsfreiheit ist, ist die liebende Dialektik zwischen Gott und Mensch eine tragische – auch für Gott. *Kierkegaard* hat diese Tragik Gottes in unüberholbarer Meisterschaft geschildert in seinem „dichterischen Versuch".[456] Die Frage, die Gott sich stellen muß: wie er die Menschen lieben könne, ohne ihre Freiheit zu verletzen, ja gerade indem er sie frei mache, ist, wie ihre Lösung: der Tod auf Golgatha, eine tragische. „Die Liebe ist eine tragische Bewegung" sagt *Berdjajew.*[457] Die Menschen, meint *Kierkegaard,* „ahnen nicht, daß es im Himmel nicht nur Freude gibt, sondern auch Kummer: wie schwer ist es, dem Lernenden das versagen zu müssen, wonach seine ganze Seele sich sehnt, und es ihm deshalb versagen zu müssen, weil er gerade der Geliebte ist!"[458]

Darum ist hier der Spott *Nietzsches* am begreiflichsten: „Ein Gott, der allwissend und allmächtig ist und der nicht einmal dafür sorgt, daß seine Absicht von seinen Geschöpfen verstanden wird, – sollte das ein Gott der Güte sein?" „Aber vielleicht . . . *konnte* (er) sich nur nicht deutlicher ausdrücken! . . . Muß er dann nicht beinahe Höllenqualen ausstehn, seine Geschöpfe um seiner Erkenntniß willen so, . . . leiden zu sehen und nicht rathen und helfen zu können, außer wie ein Taubstummer, der allerhand vieldeutige Zeichen macht . . ." (Morgenröthe, Nr. 91.) *Nietzsche* dringt mit diesen Worten in die Abgründe der Liebe als einer tragischen Bewegung hinunter.

Gott erwartet also, dies ist die Folgerung *Berdjajews*, als Antwort auf seine Offenbarung, eine Offenbarung des Menschen an Gott: „Enträtselnd sich dem ewig Ungenannten."

456 *Sören Kierkegaard*, Philosophische Brocken, a. a. O., 2. Kap., 23ff.
457 Das Problem der Anthropodizee, a. a. O., 258.
458 Philosophische Brocken, a. a. O., 27.

Diese Offenbarung ist die der Freiheit und des Schaffens.[459] Hier also wird endlich wieder die aktive Seite der Geschichte betont. *Feuerbach* erhält sein relatives Recht. Nicht in dem Sinn, wie *Barth* ihn anerkennen wollte, als der, der durch die Vernichtung und Verhöhnung des Christentums gerade seinen Ärgernischarakter enthüllt habe,[460] sondern durchaus positiv: Geschichte ist nicht nur die Enthüllung Gottes, sondern auch die des Menschen. Das Realisationsproblem *Dessauers* erhält wieder neue Berechtigung. Freilich bleiben Aktivität und Passivität stets verflochten: „Das Schaffen setzt die asketische Überwindung der ‚Welt' voraus",[461] aber „der ganze Wert der Buße liegt in der Geburt zu einem neuen Leben".[462]

Von diesen Gedanken aus gelangt *Berdjajew* einerseits zu einer Metaphysik der Geschichte, anderseits zu einer Kulturkritik, die beide *Tillich* verwandt sind. Nur seine apokalyptische Zeitdeutung geht über ihn hinaus.

Tillich sagte: „Die Zeit wird nicht dadurch erlöst, daß sie aufgehoben wird, denn zu ihrem Wesen gehört Widerspruch zur Ewigkeit; sondern die Zeit wird dadurch erlöst, daß sie aufgenommen wird in die Ewigkeit." Zu diesem Zweck hatte er die Ewigkeit historisiert. Dasselbe tut *Berdjajew*, wenn er einerseits die Zeit etwas mit Zugängen nennt, keinen geschlossenen Kreis also, anderseits Geschichtlichkeit in Gott hineinverlegt. Dies nun aber nicht durch Metaphysizierung des Schöpferisch-Dämonischen als „Abgrund", sondern in Anknüpfung an die Dreieinigkeitslehre. Es ist demzufolge nicht Zeit und Ewigkeit (als Zeitlosigkeit) zu unterscheiden, sondern eine gute und eine schlechte Zeit, oder, mit *Heidegger*, ein eigentlicher und ein verfallener Zeitmodus. Die schlechte Zeit kann nach *Berdjajew* (wie nach *Baader* und *Solowjew)* nur in einem Sündenfall des Geschöpflichen, die gute nur im innergöttlichen Geschehen fundiert sein. Jene ist – in direktem Gegensatz zu *Heidegger* –

[459] Vgl. *Nikolaj Berdjajew*, Der Sinn der Geschichte, Darmstadt 1925, pass. Der Sinn des Schaffens, Tübingen 1927.

[460] Vgl. *Erich Przywara*, Eschatologismus, in: Stimmen der Zeit, 59. Jhg., Bd. 117, Freiburg 1929, 229ff.

[461] *Nikolai Berdjajew*, Das Problem der Anthropodizee, a. a. O., 289.

[462] Ebd., 290.

die des Todes. Die „schlechte Unendlichkeit“, zu der das abstrakte Denken von ihr aus gelangt, bleibt ein Surrogat der „guten Zeit“, der eigentlichen, noumenalen Geschichte.

Von dieser mystischen Geschichtsmetaphysik aus kritisiert *Berdjajew* die Gegenwart offener als *Heidegger*, weitsichtiger als *Tillich*. Die festgestellten Symptome des Zerfalls sind zwar dieselben: Rationalismus, Fortschrittspathos, Mechanisierung. Aber *Berdjajew* gibt unumwunden *Nietzsche* Recht, wenn er im Christentum die letzten Ursachen dafür finden wollte. Das Christentum hat den Menschen aus der Naturtotalität herausgehoben und ins Schicksal des „Gegenübersein“ gestellt. Die Freiheit, die es ihm verlieh, machte den Geist bewußt und die Welt zu seinem Werkzeug. Diese Freiheit als schöpferische Kraft, die bis zur Frührenaissance im wesentlichen nur die Typen von Mönch und Ritter geschaffen hatte, wird jetzt jedem zugänglich, im Humanismus der folgenden Jahrhunderte hat sie sich extendiert, zugleich aber ihre Verwurzelung in der Qualität der Ebenbildlichkeit Gottes vergessen, dadurch – als „Autonomie“ – die schöpferische Kraft vom Zentrum an die Peripherie verlegt und als „unendliche Annäherung“ oder sonstiger Fortschrittsglaube die Tiefendimension verloren. Die „schlechte Zeit“ hat die „schlechte Unendlichkeit“ gezeitigt. Aber diese ganze Entwicklung war, vom Standpunkt wahrer Geschichte aus gesehen, notwendig. Das Reich Gottes kann sich nur in der freien Entscheidung des Menschen realisieren, der Humanismus hat die Möglichkeit dieser Entscheidung vorbereitet, indem er die zwei eschatologischen Lager zu trennen berufen war. In *Marx* und *Nietzsche* sieht *Berdjajew* wie *Tillich* diese Krise erreicht: Die völlige Aufgabe der Ebenbildlichkeit macht den autonomen Menschen zum Eigengott und entwertet ihn im selben Augenblick zum bloßen Übergang (zum utopischen Reich oder zum Übermenschen), zum Werkzeug kosmischer Evolutionen und zum Schnittpunkt unpersönlicher Kräfte. In dieser „Krise der humanistischen Anthropologie“[463] wird der Mensch vernichtet.

[463] *Nikolai Berdjajew*, Das Problem der Anthropodizee, a. a. O., 273. Zum ganzen vgl. *Fritz Lieb*, Das westeuropäische Geistesleben im Urteile russischer

Diese Vernichtung aber ist die Offenbarung des antichristlichen Reiches. Dazu war die Zeit seit Ende des Mittelalters die notwendige Explikation. Die kommende Ära wird die Gegensätze der Ideale *Dostojewskijs* und *Nietzsches:* Gottmensch und Menschgott, auseinanderfalten und die Wahl der Freiheit fordern. Das russische Volk hat diese Geschichtsmetaphysik stets begriffen und sich als das apokalyptische Volk schlechthin unter diese Freiheit gestellt. Nach der Legende vom Großinquisitor ist der Antichrist jener, der unter dem Schein der Autonomie knechtet. In der letzten historischen Wendung hat Rußland diese Rolle übernommen. „Der russische revolutionäre Nihilismus ist die umgeschlagene, dem Bösen zugewandte russische Apokalypse, das russische Gerichtetsein auf das Ende.“[464]

Den drei Stadien der Geschichte: Unfreiheit – Erziehung zur Freiheit – Offenbarung des Menschen in Schöpfung und Entscheidung, entsprechen die Stadien des historischen Bewußtseins,[465] das im ersten ein organisch-unabgelöstes Leben in der Geschichte führt, im zweiten, das als Sophistik und Aufklärung sich manifestiert, sich als Historismus oder Rationalismus „verstehend“ aus dem Prozeß herausstellt, und in seinem Richten über die Mysterien des Geschichtlichen sich als antihistorisch erweist, im dritten aber zu diesen Mysterien zurückfindet. Dies geschieht, indem Geschichte nicht als Phänomenon, sondern als Nooumenon, d. h. als im Wesen des Seins selber begründet betrachtet wird. Wir sind je schon Geschichte und können uns nicht außerhalb ihrer stellen.[466] Geschichte ist je mein Geschick und unlöslich damit verknüpft Geschick der Menschheit. Geschichte der Menschheit ist Geschichte des Einzelnen, jene erschließt sich diesem in der Anamnesis als Seltbsterkenntnis, in einer Transformation, Transfiguration des Vergangenen, ein

Religionsphilosophie, Sammlung gemeinverständlicher Vorträge und Schriften aus dem Gebiet der Theologie und Religionsgeschichte, Nr. 136, Tübingen 1929.

[464] *Nikolaus Berdjajew*, Die russische religiöse Idee, a. a. O., 432.

[465] Derselbe, Der Sinn der Geschichte, a. a. O., Anfang.

[466] Vgl. *Carl Dunkmann,* Das religiöse Apriori und die Geschichte, in: Beiträge zur Förderung christlicher Theologie, Reihe I, hrsg. von A. Schlatter und H. Cremer, Jhg. XIV, Heft 3, Gütersloh 1910.

Identischwerden der Tiefe des Subjekts mit den historischen Epochen, das diese erst verstehbar macht. Zwei Faktoren bilden also historisches Bewußtsein: ein konservatives: Gedächtnis oder Erinnerung, und ein schöpferisches: Freiheit. Beide Elemente haben sich historisch im Christentum vereint, das eine Synthese schuf aus dem jüdischen Geschichtsbegriff als einer freien Entscheidung für Gott und dem griechischen als vor- und rückweisendem Gedächtnis: Anamnese und Unsterblichkeit.

Die erstaunlich reiche und tiefe Geschichtsmystik *Berdjajews* versöhnt in sich die meisten der bisher zerstreut aufgewiesenen eschatologischen Probleme und kann deshalb als das bis jetzt umfassendste System betrachtet werden. Es ist deshalb nicht das klarste. Die eigentlichen Schwierigkeiten bleiben von den mystischen [Intuitionen] und Spekulationen überdeckt, die wiederaufzudecken einem späteren Kapitel vorbehalten sein soll. Aber die wesentlichen Ergebnisse der dialektischen Theologie wie der Utopie sind hier vereinigt, zeitliche und überzeitliche Eschatologie, Aktivität und Passivität des Menschen, Sinnhaftigkeit und Zweideutigkeit der Kultur, endlich sind individuelle und soziale Vollendung harmonisiert. Die Bausteine einer neuen Eschatologie, die zu gewinnen die Aufgabe dieser drei Kapitel war, sind zu einem, wenn auch in manchem noch unfertigen Gebäude verbunden.

13. Die Tendenz zur Eschatologie.

Es ist weder die Absicht dieser Abhandlung, diese Tendenz vollständig zu analysieren oder Prognosen zu stellen, noch auch ein vollständiges systematisches Gebäude der Eschatologie aufzuführen. Aber das Verhältnis von zeitgeschichtlicher Lage und eschatologischer Problemstellung muß dennoch wenigstens skizziert werden. Wesensgemäß wird es sich dabei mehr um eine Übersicht über schon behandelte Stoffgebiete als um neue Analysen handeln. Aus den Ansätzen der Theologie und Philosophie soll das Wesentliche der veränderten Stellung zum eschatologischen Problem gefunden werden.

Die eigentliche Kampffront der Philosophie ist – etwa seit *Nietzsche* – gegen den Historismus gerichtet. Trotz der heftigen Reaktion gegen *Hegel* stand das 19. Jahrhundert in seinem Zeichen. *Hegel* war ja nur der letzte und gewaltigste Exponent eines historischen Abschnittes, der in steigendem Maße zur Historie gedrängt hatte, dessen Erbe, gewollt oder unfreiwillig[,] die nachhegelsche Zeit zu übernehmen hatte. Mit der Ablehnung der dialektischen Methode und der Ergebnisse *Hegels* war die Ablehnung seiner Voraussetzungen und Problemstellungen noch nicht gegeben. Der Evolutionismus blieb vielmehr das gemeinsame Merkmal der wichtigsten kulturellen und wissenschaftlichen Systeme der Zeit auch nach *Hegel:* der bürgerliche Liberalismus wie der Sozialismus leben von ihm, und es ist wohl das untrüglichste Symptom seiner universellen Wirkung, daß der neue biologische Entwicklungsgedanke mit dem Materialismus ein paradoxes Bündnis eingehen könnte. Die Auflösung in Einzelforschung, die ungeheure Verbreiterung der Wissensgebiete bei fehlender Übersicht – die Abstände zwischen den einzelnen Disziplinen waren größer als je zuvor – die Mangelhaftigkeit der Versuche, sich durch willkürlich ausgewählte Teile der alten metaphysischen Theorie ein annähernd geschlossenes Weltbild zu schaffen, das aber stets die neuesten „Tatsachen" einzubauen weit genug sein mußte, dies alles ergab jenes vage, aber darum nicht minder prätenziöse, zwischen Monismus und schrankenlosem Pluralismus unklar sich bewegende Gebilde, den Historismus, in dem als erste *Kierkegaard* und *Nietzsche* den eigentlichen Weg zum Untergang erblickten.

Um die Wende des Jahrhunderts wurde die Reaktion allgemein. Diese Reaktion, die sich auf den verschiedensten Gebieten zugleich äußert, ist vielleicht noch zu wenig als einheitliches geistesgeschichtliches Phänomen gewürdigt worden. Dennoch läßt sich die gemeinsame Richtung unschwer bestimmen: Das *πάντα ῥεῖ* des Historismus begegnet einer Stockung – einer Erstarrung, einer Stagnation, die sich, als charakteristische Reaktionserscheinung, jenseits alles Fließenden stellen will. Mit dem einfachen „Drüberstehen" war das nicht erreicht, auch der Historismus stellte sich ja, teils um weiter zu sehen, teils um einen Standpunkt außerhalb des unendlichen Treibens zu gewinnen, „drüber". Es genügte nicht, das „Ewige" zu abstrahieren, das „Bleibende" im Vergehenden, „Dauer" im Wechsel zu finden. Dies alles hatte auch der Historismus zu besitzen vorgegeben. Aber gegen die Methode, dieses Dauernde zu finden, war man mißtrauisch geworden, gegen die Selbstgerechtigkeit und den Hochmut der Einfühlungstheorien, die mit naiver Sicherheit aus der Fülle des Gegebenen das Dauernde herauszuheben glaubten, wo sie nur sich selbst und die Struktur der eigenen Zeit in sie hineinlegten.

Eine Reaktion mußte sich auf das Bleibende besinnen, indem sie vom Wechsel völlig absah, auf den Wert reflektieren ohne Hinblick auf seine historischen Verwirklichungen, auf das Ewige ohne Urteil über die Möglichkeit seiner Erscheinung. Ja, es mußte zu einer Entwertung alles Fließenden, Wechselnden und damit des Historischen kommen. Diese Reaktion war, wie sie es zumeist selbst wußte, der einzig gangbare Weg zu einem erneuten, diesmal tiefen Verständnis der Geschichte. Aus der Besinnung auf die äternistischen Momente sollte in der Tat erst eine wirkliche Geschichtsphilosophie und Theologie entstehen. Dieser doppelte Übergang vom Historismus zu einer unhistorischen

Betrachtung und von dort zu einer neuen Erfassung des Historischen, des Werdens überhaupt, läßt sich in den mannigfachsten Teilen der Geisteswissenschaften nachweisen.

Beginnen wir mit den zuletzt behandelten Gebieten. Gegenüber den revisionistischen Tendenzen sucht die Utopie den Blickpunkt vom Historischen durchaus weg und auf das rein Werthafte hinzulenken. Weder wird die Verwirklichung des Werts in der bisherigen Geschichte zugegeben, noch gar ein Fortschritt im idealistischen Sinn der Annäherung geduldet. Ihr Wesen ist die Besinnung auf das Absolute, dem gegenüber die Geschichte das spezifisch Unwertige ist.

Nicht so extrem, wohl aber durchaus antihistorisch ist der Standpunkt *Euckens.* In seinem Begriff des „Geisteslebens" dominieren die statischen Elemente. „Der Mensch aber ist ein ungeschichtliches Wesen der bloßen Natur nach, ein übergeschichtliches im Kerne seiner Geistigkeit, ein geschichtliches nur in der Unfertigkeit seines Geisteslebens und in dem Ringen nach seiner Vervollkommnung."[467] Dieses „nur" verrät, wie sehr *Eucken* bestrebt ist, das „Geistesleben" möglichst der Zeit zu entheben und Geschichte nur als das unumgängliche Mittel zu seiner Bildung gelten zu lassen. Das eigentliche Reich des Geistes ist der Historie entrückt und zeitüberlegen. Diese beiden, gegenüber *Troeltsch* radikal erscheinenden Versuche geben sich bewußt als Reaktionen und werden bald durch neue, dem Historischen gerechter werdende abgelöst. Der Begriff der Freiheit, den sie von neuem, zunächst negativ als „Freisein von"[,] zu Ansehen bringen, offenbart seine positive Seite als „Freiheit zu" in einer Philosophie des Schaffens, der Leistung, die von neuem Sein und Werden verbindet, nunmehr aber, als geschichtserzeugend, zugleich geschichtsüberlegen ist.

Nicht anders stand der Ahistorismus der dialektischen Theologie zwischen zwei historischen Theologien. Die Idee der starren Dualität von Gott und Welt ist in bewußtem Gegensatz und in erster Linie als dies – denn die dialektischen Theologen sind

[467] *Rudolf Eucken*, Der Kampf um einen geistigen Lebensinhalt, Leipzig 1896, 182.

Bußprediger – gegen den historisierenden Kulturprotestantismus aufgestellt. Den grellen Mißbräuchen der historischen „Objektivität" durch die Leben-Jesu-Forschung, der entwicklungsseligen Kulturreligion *Schleiermachers* und *Ritschls*, den labyrinthischen Geschichtsspekulationen *Troeltschs* galt es zunächst die monumentale, überhistorische Wahrheit des Christentums entgegenzustellen, Gott als das Ganz-Andere, alle immanente Historie schlechthin entwertende zu sehen. All dies Werden ist ein Nichts gegenüber dem göttlichen Sein. Erst nach der Feststellung dieser ungeschichtlichen Wesentlichkeit konnte an eine erneute Sinndeutung der Geschichte geschritten werden. Jetzt erst erhielt das Paradox des Geschichtlichwerdens des Ewigen einen eminenten Sinn und von dieser neuen Bindung aus beginnt die dialektische Theologie eine positive Geschichtsphilosophie aufzubauen.

Als ein drittes, paralleles Phänomen ist die „Lebensphilosophie" aufzuführen. Sie ist von *Nietzsche* in bewußter Reaktion gegen den Historismus entworfen worden. Ihre beiden Pole: Augenblick und ewige Wiederkehr – zwar, wie gezeigt wurde, nicht ohne ideengeschichtlichen Zusammenhang mit dem Idealismus –[,] wollen von entgegengesetzten Seiten den Wert des „Prozesses" aufheben und zum Wesen dessen vorstoßen, was den Prozeß selber trägt. Das Leben selbst ist das alles Unruhige umgreifende und – weil auf nichts anderes mehr beziehbare – selbst in sich ruhende Prinzip der Bewegung. Freilich bewegt es sich, transzendiert es sich selbst, aber dies nur in sich selbst: gerade wenn es aus sich zu gehen scheint, dringt es tiefer in sich hinein, bleibt es bei sich. Dies bedeutet wiederum Entwertung der einmaligen Fortschrittslinie, der historischen Gestalt zugunsten eines amorphen, in der Bewegung ruhenden Hintergrunds. Aber schon bei Anlaß von *Simmels* Todesphilosophie zeigte sich, wie vom Gedanken der Transzendenz ins eigene Selbst sich der andere Gedanke von der Transzendenz auf ein Neues, vordem nicht Gewesenes hin loslöst, und damit wieder wesenhaft Geschichte möglich wird. Hier hat sich der Übergang von *Nietzsche* zu *Hegel* vollzogen, von der Lebensphilosophie zur Dialektik, in welchen Abwandlungen sie immer auftreten möge, für die sich durch jene ein neues Verständnis gebildet hat. Dadurch ist, gerade mit der Besinnung auf Grundgesetze des Lebens, eine ungeheure Vertiefung im Begreifen des historischen Lebens dem Historismus gegenüber gewonnen. „Kreisend *und* steigend wie das Leben überhaupt“, sagt *Joël* von der Geschichte, „trägt sie Rhythmik wie Dynamik in sich“ und „braucht nicht bloß, sondern ist selbst ebenso sehr Formung als Schäumung“.[468]

Dasselbe Schauspiel wiederholt sich in der Psychologie. Die positivistische, experimentelle Psychologie hatte die Auflösung der Person in einzelne Atome vollendet. Die Milieutheorie, die im Naturalismus ihren dichterischen Ausdruck gewinnt, ist die historische Seite dieses Geschehens. Demgegenüber sucht nun zunächst die Psychoanalyse die Ganzheitsbetrachtung des Menschen zu erneuern, freilich noch ohne sich von der atomistischen Grundstruktur zu befreien. Weiter führt die bei Besprechung von *Hofmannsthal, George* und *Rilke* aufgezeigte Problematik der „Verwandlung“, die das geheimnisvolle „Gesetz, nach dem du angetreten“, aus dem Fluß des individuellen Lebens herauszuheben sucht. In dieser Richtung gehen die ganzen Bemühungen neuerer Charakterologie und der Psychologie des Verstehens. Auch hier gilt, daß zunächst sich ein irgendwie geschichtsentrücktes Charakterbild, eine Struktur, dem Verstehen darbietet, die sich sekundär an den historischen Daten des zu Verstehenden verifiziert oder korrigiert. Der Umweg zum Historischen über das zunächst Unhistorische erweist sich auch da als der gerade Weg, entgegen dem umgekehrten Verfahren des Historismus.

Einen andern Weg geht – dies kann nur angedeutet werden – die Neukantische Personlehre. Wie damals *Kant* aus dem humeschen Ideenbündel wieder eine zeitenthobene und als solche Einheit erst bedingende Person neugestaltet hatte, so jetzt *Rikkerts* Personalismus. Wie aber bei *Kant*, so führt auch hier die Trennung des Subjekts in einen empirischen und einen idealen

[468] *Karl Joël*, Wandlungen der Weltanschauung, Bd. 1, Tübingen 1928, 26-27.

Teil zu einer neuen Persondialektik, die neben die aus der Lebensphilosophie entsprungene Geschichtsdialektik tritt.

Die folgenreichste und gründlichste Reaktion gegen den Historismus ist aber mit alledem noch nicht genannt: die Phänomenologie. In ihr ist der Versuch gemacht, die „subjektiven" Elemente in der Erkenntnis systematisch zurückzudrängen und das reine Wesen des Erkannten bloßzulegen. Die Widerlegung der historisierenden Psychologie in den „logischen Untersuchungen" *Husserls* kann als der Anfang einer neuen Epoche der Philosophiegeschichte angesehen werden. Der Nachweis, daß nicht die Einfühlung in die Motive des Bewirkenden, sondern die Deutung der Wirkung der Ausgang des Verstehens ist, wurde zugleich grundlegend für alle Charakterologie. „Andere verstehen wir nur aus Objektivationen."[469] Objektive Sinndeutung ist der Weg zu subjektivem Verstehen. Dadurch erklärt sich erst die Möglichkeit, daß der Verstehende eine Wirkung besser verstehen kann als der Bewirkende.

Die erste, hier in Betracht fallende Einflußsphäre dieser neuen Erkenntnis war die Methodik des Geschichtsverstehens. Mannigfachen Ansätzen zu einer neuen Auffassung der Historik war damit ein tragender Grund gegeben. Indem *Husserl* im Noema selbst eine Mannigfaltigkeit von Ansatzpunkten der objektiven Erfassung je nach der Blickperspektive entdeckte, konnte einem Relativismus, wie dem *Max Webers*, entgangen werden, ohne daß der Anspruch auf Objektivität verloren ging. Die historische Wissenschaft, die nach *Max Weber* in den idealtypischen Konstruktionen bis zu den subjektiven Wertungen hinführen soll, wird, wenn eben die objektive Mehrdeutigkeit ins Objekt verlegt wird, nunmehr mit vollem Recht, ja mit Notwendigkeit zu einer wertenden. Im Wie des Aufbaus einer Sinnstruktur aus dem historischen Material, der allererst den historisch-objektiven Gehalt unabhängig von den Intentionen der betreffenden Person der Zeit aufzudecken vermag, liegt je schon eine Wertung, die aber mit historischer Objektivität so wenig in Widerspruch steht, daß sie diese gerade bedingt. Freilich ist die Prüfung und

[469] *Eduard Spranger*, Lebensformen, 3. A., Halle 1922, 369.

Bewährung des anfangs unbestimmten, weitmaschigen Ansatzes notwendig, um sich der Totalität dieser Sinnstruktur zu nähern. Auf diesen Gedanken konvergieren, wie bemerkt wurde, verschiedene antihistorische, zum Teil vorphänomenologische Tendenzen der Historik.

Diltheys Satz, daß das Verstehen sich sofort auf ein Ganzes richte und sich im Zergliedern dieser einheitlichen Struktur vertiefe, erhält sein Recht, *Rickerts* Idee, daß Geschichte ein Postulat bleibe, weil sie Allgemeinbegriffe auf Individuelles anzuwenden habe, hat Geltung, da das Objekt an Sinnmöglichkeiten stets weiter bleibt als jede, wenn auch objektive Erfassung: „Die unerschöpfliche Produktion des Lebens wird immer reicher sein an latentem Vernunftsgehalt als die Analyse es herausfindet" *(Troeltsch). Troeltschs* Gedanke, daß die Wahrheit „polymorph" und nicht „eine" ist, verliert seine relativistische Prägung, wenn der polymorphe Charakter nicht die Objektivität der Erfahrung ausschließt. *Wobbermins* psychologische Zirkelmethode, die, vom Selbstverstehen ausgehend, fremdes Leben zu verstehen sucht und von dort zur Subjektivität berichtigend zurückkehrt, um so fortschreitend in wechselseitiger Förderung der historischen Objektivität sich zu nähern, verliert das psychologistische Gepräge, wenn von vornherein nicht Einfühlung, sondern objektive Sinndeutung der Ausgangspunkt ist. Der Gegenstand ist dann zugleich gegeben und aufgegeben. Endlich – und dies ist hier besonders wichtig – wird der Mythosbegriff *Nietzsches* in sein Recht eingesetzt. Dieser erste gewaltige Vorstoß, der mit der „zweiten unzeitgemäßen Betrachtung" gegen den Historismus geführt wurde, nimmt das meiste der späteren Erkenntnisse voraus, in deren Licht auch der Vorwurf, daß *Nietzsches* Mythisierung mit Subjektivierung übereinkomme, als der ungerechtfertigste dahinfällt. Mag *Nietzsche* selbst durch aphoristische Äußerungen über den Wahrheitsbegriff oder seine Schüler durch offenbare Geschichtsfälschungen Anlaß zu diesem Urteil gegeben haben, der Kerngedanke seiner Abhandlung bleibt die Grundlage alles Geschichtsverstehens: So wenig „Einfühlung" die Objektivität verbürgt, so wenig ist der Aufbau einer objektiven Sinnstruktur, eben eines Mythos, Subjektivierung der Geschichte: wenngleich die Stufung der Objektivität dadurch gewahrt bleibt. Die Geschichte der Erfassung Shakespeares, die *Gundolf* geschrieben hat, kann solches erläutern. Darum ist es eben nicht gleichgültig, welche Zeit und welcher Mensch Geschichte interpretiert: „Glaubt einer Geschichtsschreibung nicht, wenn sie nicht aus dem Haupte der seltensten Geister herausspringt. Wer nicht einiges größer und höher erlebt hat als alle, wird auch nichts Großes und Hohes aus der Vergangenheit zu deuten wissen." *(Nietzsche.)* Die Wertsichtigkeit des Interpretierenden ist Voraussetzung höherer Objektivität. Gerade sie wird sich aber, nach *Wobbermins* Methode, an den Werten der Geschichte neu bilden – dies ist der Nutzen der Historie, während der Pragmatismus, der die Historie der Gegenwart angleichen will, wider Willen auch diese verliert. „Über dem Willen, zu gestalten, steht die Erwartung, gestaltet zu werden."[470]

Diese Andeutungen mögen genügen, um zu zeigen, wie gerade in der Wandlung der Geschichtsmethodik diese Abkehr vom Historismus einem neuen historischen Verstehen vorangeht. Indessen führen noch andere, für uns wichtigere Wege von *Husserl* zur Gegenwart. *Heidegger* hat, nachdem *Husserl* den Zeitbegriff analysiert hatte, die Phänomenologie fast zu einer Wissenschaft der Zeitlichkeit gemacht. Die Einbeziehung ethischer Probleme in die Daseinsanalyse, die Neubearbeitung des Todesproblems und der Frage des Ganzseinkönnens haben zur Ausbildung einer phänomenologischen individuellen Eschatologie geführt. Wenn *Heidegger* in phänomenologischer Analyse des Daseins eine individuelle Eschatologie aufbaut – die Frage, inwieweit das Sein überhaupt mit Zeitlichkeit zusammenhängt, wird erst der zweite Band seines Hauptwerkes entscheiden – gewinnt *Tillich* in seiner Analyse „Eschatologie und Geschichte"[471]

[470] *Theodor Siegfried*, Phänomenologie und Geschichte, in: Kairos, a. a. O., 230; vgl. derselbe, Mythos und Logos, in: Theologische Blätter, hrsg. von K. L. Schmidt, Jhg. 5, Marburg 1926, Sp. 25ff.

[471] Eschatologie und Geschichte. Vortrag im Bund für Gegenwartchristentum, Meißen 5. Oktober 1927, in: Die Christliche Welt, 41. Jhg., Nr. 22, Gotha 17. November 1927, Sp. 1034ff.

auf phänomenologische Art eine universale Eschatologie, die in manchem mit den Feststellungen *Heideggers* übereinstimmt. Phänomenologisch versucht er, „am Seienden die Orte seiner Transzendenz aufzuzeigen“. Es gibt deren zwei, die durchaus getrennt sind: Die Transzendenz des Seins, sofern es Sein ist, und sofern es Geschehen ist. In der Anschauung des Seins, sofern es ist, drängt sich dem Bewußtsein zweierlei auf: die „Ernsthaftigkeit“ und die „Ungesichertheit“. Die erste, die „Unabschiebbarkeit“ bezeichnete *Heidegger* als „Faktizität“, die zweite drückt die „Geworfenheit“ und das Nichtseinmüssen aus. So weist Sein positiv und negativ auf ein Proton hin als den transzendenten Ort für das Stehen des Seienden, zu welchem in Relation betrachtet es Schöpferlust und Todeswillen zeigt. Von dieser Protologie unterscheidet *Tillich* – im Gegensatz zu *Heidegger* – die Wissenschaft von der Transzendenz des Seins als Geschehen auf den „Sinn“, die Eschatologie. Dieselbe Dualität von Ernsthaftigkeit und Ungesichertheit, Mächtigkeit und Ohnmacht kehrt wieder, wo es sich um Geschehen als Entscheidung, Sinnverwirklichung, um das Stehen im Eschaton handelt.

Diese phänomenologische Eschatologie *Tillichs*, von deren weiterer Erörterung in diesem Zusammenhang abgesehen werden kann, zeigt wohl am eindringlichsten den Weg der Entwicklung von einer unhistorischen Philosophie zu einer extremen Historisierung des Seins.

Zusammenfassend läßt sich also in den verschiedenen hier skizzierten Gebieten der Geisteswissenschaften eine einheitliche Tendenz aufzeigen, die von einem reaktionär-äternistischen Standpunkt aus zu einer neuen Wertung des Werdens überhaupt, des Geschichts- und Zeitproblems im besonderen führt, und teilweise in eine direkte Historisierung des Seins selber mündet. Aber selbst diese grenzt sich stets scharf vom Historismus ab. Es taucht daher allenthalben die Unterscheidung auf, die schon *Schelling* und *Baader* getroffen hatten: *Berdjajew* und *Tillich*, nicht minder aber *Barth* in seiner neueren Entwicklung, *Althaus* und *Heim*, und in eigener Weise *Heidegger* grenzen die Geschichte als Kultur- und Menschheitsentwicklung ab von einer eigentlichen *(Heidegger)*, eschatologischen

(Tillich), göttlichen *(Berdjajew)* Geschichte, einer „Urgeschichte" *(Barth)*, die jene andere fundiert. Schon 1910 hat *Dunkmann*[472] die Formel gefunden, daß Geschichte als das „Apriori des Geistes" diesen erst begründet, dessen Leistung, Kultur und Kulturgeschichte in keiner Weise mit der Ur-Geschichte verwechselt werden darf.

Damit hängt zusammen, daß das Problem der Zeit in die Mitte der Interessen gerückt ist, die Tendenz dahin drängt, zwischen der „vulgären" Zeit und der Zeitlosigkeit eine Schicht zu entdecken, wo eigentliche *(Heidegger)*, gute *(Berdjajew)* Zeit ist. So suchen manche Theologen die Verbindung von Zeitlichkeit und Sündhaftigkeit zu bekämpfen, *Tillich* etwa, wenn er Zeit nicht als die Form der „Ohnmacht der Kreatur" gelten lassen will, sondern sie die „Daseinsform des in sich gespannten Seins" nennt.

Die Erneuerung der spekulativen Weltgeschichte vollzieht sich also nur zu geringem Teil in idealistischen Bahnen. Die neue Einstellung zum Personproblem, zu Tod und Schuld und zur Zeitfrage hindern daran. Verwandtschaft und Verschiedenheit läßt sich aus dem Werk *Erwin Reisners:* „Die [Geschichte] als Sündenfall und Weg zum Gericht"[473] klar erkennen. Das Überwiegen des ethischen Problems über Theoretik und Ästhetik, die damit verbundene Veränderung des Entwicklungs- und Fortschrittsbegriffs vertauschen die Eschatologie des Reiches Gottes und der Apokatastase mit der des Gerichts.

Von der axiologischen Eschatologie aus bestimmt sich die Form der teleologischen. Wo die Gegenwart so fragwürdig geworden ist, daß im Axiologischen die Distanz vom Ewigen fühlbarer ist als sein Besitz in der Zeit, wo die Krisis der Todesgewißheit das naiv-sichere Voraushaben des ewigen Lebens erschüttert hat, da muß sich entsprechend die Vorstellung vom Ende und Jenseits der Geschichte wandeln und an Stelle des vorgewußten glücklichen Ausgangs die letzte Krisis: das Gericht, treten.

[472] S. Anm. 466, S. 230.
[473] Die Geschichte als Sündenfall und Weg zum Gericht. Grundlegung einer christlichen Metaphysik der Geschichte, München 1929.

Die „Eschatologisierung", die gegenwärtig in vielen Gebieten der Geisteswissenschaften beobachtet werden kann, bedeutet also weniger die Neubearbeitung eines getrennten Wissenskreises mit abgrenzbarem Umfang, als vielmehr eine, die Horizontalen der getrennten Wissenschaftsgebiete senkrecht durchkreuzende Tendenz: Besinnung auf den eschatologischen Bezugspunkt alles Wesens, auf die „letzten Dinge" alles Seins und Wissens im axiologischen wie teleologischen Verstande.[474]

[474] Vgl. *Georg Hoffmann*, Das Problem der letzten Dinge in der neueren evangelischen Theologie, Studien zur systematischen Theologie, 2. Heft, Göttingen 1929, 93.

14. Religiöse Dichtung.

Erde ist Lust oder Trauer
Heut süß und morgen sauer
Wies unter Tagen fällt:
Bittersüß ist die Welt
Und ihr Gleichnis die Seele.
Borchardt.

Die Wandlungen, die die Geisteswissenschaften den eschatologischen Problemen gegenüber durchgemacht haben, müssen sich auch in der Dichtung nachweisen lassen. Freilich wäre dazu eine Heranziehung aller ernsthaften Poesie notwendig, die das Todesproblem, Gegenwart und Zukunft der Menschheit, ja die ganze Breite des Menschseins überhaupt behandelt. Da aber, um der Fülle des herandrängenden Stoffes zu entgehen, von vornherein auf diese breite Basis verzichtet werden mußte, kann auch jetzt die letzte Phase der Problembehandlung nur an einer beschränkten Zahl von Dichtwerken, die sich unmittelbar mit der Darstellung der „letzten Dinge" im gebräuchlichen Sinne befassen, aufgewiesen werden. Eine chronologische Periodengliederung ist hier, wie sich von selbst versteht, nicht möglich: Zur selben Zeit, da *Nietzsche* den Mythos erneuerte, da die Problematik der Kultur bewußt zu werden begann, blühten der Naturalismus, der historische Roman, die Experimentalpsychologie. Dennoch können katastrophische Ereignisse, wie es der Krieg war, die Verschiebung der Perioden unterbrechen und eine, wenn auch lose, Einheitlichkeit der folgenden Zeit bewirken.

Im Gebiet der eschatologischen Dichtung kann, wie die Längsschnitte durch die Behandlung des Antichrist- und Christusproblems, der historischen Enderwartung zeigten, die Periode historischer oder psychologischer Distanzierung für beendet gelten. Auch die Schilderungen eines fabelhaften Weltuntergangs in einer grauen Zukunft weichen solchen, die ein mögliches Ende mit Möglichkeiten der Gegenwart verknüpfen, die als psychologische wesentlich den heutigen Menschen vor die letzten Ereignisse stellen und endlich diesen selbst die Züge der Gegenwart geben. Die Ansätze zur Problembehandlung bietet die Zeit selbst, sei es, daß sich aus ihnen ein kommender Untergang konstruieren lasse, sei es, daß diese genügen, sie selbst als eine im eminenten Sinn eschatologische zu schildern. Diese Differenzierung in der Auffassung des eschatologischen Gehaltes der Zeit bedingt naturgemäß die Ansichten über die Heilmittel, über das, was „zu tun“ sei. Wer wie *Hugo Ball*, aus der Zeit flieht, gibt sie damit preis, wer sich helfend in sie vertieft, kann sie nicht verloren glauben.

Das Gericht, das *George* im „Stern des Bundes“ über sie fällt, darf als das extreme Beispiel dieser Preisgabe gelten. Indes schon die Sammlung der Irrenden und Suchenden, die diesem Gerichte folgt, die besorgte Erziehung, noch mehr Werke, wie „Der Brand des Tempels“ und „Geheimes Deutschland“, deuten den Untergang in einen Neubeginn um, und endlich zeugt alles Bestreben *Georges*, das Wertvollste des deutschen Guts in das neue Reich hinüberzuretten, von seinem Glauben an eine Kontinuität selbst der Kultur. Dennoch bleibt Ablehnung und Preisgabe die dominierende Haltung, sein Reich ein völlig anderes als das der Zeit, übergangslos.

George wendet sich von der Zersplitterung des Menschen ab und stellt eine neue Form auf. Ein so entgegengesetzt Gearteter wie *Hermann Hesse* aber sucht diese Zersplitterung zuerst bis in die dunkelsten Abgründe zu verfolgen, ob sich dann etwa Rettung böte. Im „Steppenwolf“[475] hat er psychologisch und metaphysisch ihre Struktur zu erfassen gesucht und wohl mit Glück – *Peter Wust* hat ihn zum Mythos des modernen Menschen erhoben[476] – „Steppenwolf“ ist der entwurzelte Mensch,

475 Berlin 1927.

476 *Peter Wust*, Die Krisis des abendländischen Menschentums, „Neues-Reich“-Bücherei, Nr. 4, Innsbruck, Wien, München 1927, teilweise in: Im Sinnkreis des Ewigen.

dem sein Ich eine so pathetische Angelegenheit ist, daß er es nicht in zwei, nein, in unendliche Teile zerspaltet, Schachfiguren mit beliebig verstellbaren Konstellationen, die sich seelenwanderisch verwirklichen könnten. Nicht zufällig ist der Liebling dieses Verlornen, der die Einheit des Selbst verloren hat, Novalis. Ist aber Ofterdingen die große Komödie der Möglichkeiten, so ist der moderne und historisierte Mensch ihre Tragödie. Wenn er aus „dem riesigen Ramsch und Kulturausverkauf dieser Zeit" in das magische Theater gerät, das ihm die Möglichkeiten dieser Ich-Partikeln zeigt – tragische Burlesken –[,] so findet er in dieser Charybdis erst recht die erlösende Tat, die seinem Selbst die Einheit geben könnte, nicht mehr, und nur das Lachen, das ihn Mozart lehrt, vermag noch die unzähligen Facetten der Zeit einheitlich zu begreifen – verzweifelter als Zarathustras Lachen und bekümmerter als das Eulenspiegels.

Wie der „Steppenwolf" durch die unfruchtbaren Möglichkeiten seiner inneren Welt geht, so schlendert *Gerhart Hauptmanns* „Till Eulenspiegel"[477] durch die der äußeren Gegenwart. Tiefer als bei *Hesse* wird hier, wenn auch vergeblich, das Theodizeeproblem aufgewühlt. Till gelangt auf seinen Fahrten durch den Irrgarten der Nachkriegszeit zum Fürstenhof, vor dem er, statt ihn zu erheitern, den Zauber der letzten Tage entrollt:

> Weltuntergang, und nichts weniger sagte die Stimme,
> Die ein jeder in sich vernahm, von Entsetzen geschüttelt.

Die erste Vision erzählt von der unermeßlichen Ebene im Reich der Toten, wo in sinnloser Trauer Leib neben Leib liegt, sieht sie im Aufruhr aufquellen, wie „der chtonische Schweiß durch die Schale des Erdtiers hervorquoll", wie sie in einer grausen Auferstehung den oberen Tag wieder erobern wollen. Wiederum leiht der Krieg die Züge zur gedichteten Apokalypse.

Dann schildert Till, wie eines Tags die Sonne nicht mehr aufgeht, die steigende Angst, den Aufruhr in brennenden Städten. Redner schreien in die wahnsinnige Menge, die nach dem Schul-

[477] Des grossen Kampffliegers, Landfahrers, Gauklers und Magiers Till Eulenspiegel Abenteuer, Streiche, Gaukeleien, Gesichte und Träume, Berlin 1928.

digen sucht, um zu morden. Auf dem halbabgetragenen Turm eines Münsters errichtet der Henker das Fallbeil und das Blut sprüht auf die Berauschten herab.

Ist das Jüngste Gericht so selig? Laut jauchzte
der Wahnwitz:
„Seht, dort steht er, der Paraklet, den die Menschheit
erwartet."
Plötzlich aber erscholl durch die Luft, wie von Vögeln
gesprochen:
„Alles Licht muß versinken in völliger Finstre der Gottheit.
Betet, Menschen, zu schwarzen Madonnen und lest
schwarze Messen.
Das Reich Gottes hat heute begonnen." Till endete: Dixi!

Dieses perverse Gericht, das Selbstgericht der Menschheit: Krieg und Revolution als Apokalypse läßt die „Letzte Nacht" von *Karl Kraus* in unmittelbare Nähe zu diesen Schilderungen Tills treten:

Der Sturm gelang. Die Nacht war wild.
Zerstört ist Gottes Ebenbild!

Kraus gibt keine Antwort auf die Schuldfrage, als das eine Wort, das die Stimme Gottes redet: „Ich habe es nicht gewollt." Till aber, obwohl er der Lacher sein darf, forscht durch alle Hintergründe der Welt, die ihm nur immer schwermütigeres Schweigen bieten.

Bis an den Rand der ewigen Leere, am Ende der Dinge geht Till „galoppierenden Wahnsinns dahin": das Bild der toten, vereisten Erde enthüllt sich ihm stumm. Aber nicht hassend, wie *Spittelers* „Hera" oder lachend wie der „Steppenwolf", sondern voll Mitleid mit der Kreatur, kehrt der Schalk vom Anblick des Automaten zurück. Ja, es erscheint ihm Christus als Hirte auf seiner letzten Wanderung und läßt die Möglichkeit dennoch zu erreichender innerer Reifung des Menschen aufscheinen, wiesehr auch das Forschen um die Rätsel des Hintergrunds stets nur erweiterte Frage bleibt.

Zur Erkenntnis von Wundern nur führ ich dich hin,
nicht zur Wahrheit.
Hoffnungslos darfst du nicht werden, mein Till,
und alsdann wirst du groß sein.

Aber Till, aus der Enge dieses Lebens Befreiung suchend, stürzt sich am Tore des schönen südlichen Landes in den Alpen, in denen einst der Narr in Christo erfror, in den Tod.

Lachen und Mitleid, dazu raten diese beiden Dichter, die in den bürgerlichen Verhältnissen der Vorkriegszeit groß waren und das heutige unter *Spenglers* Sturmläuten des Untergangs liegende Land als den unentwirrbaren Irrgarten sehen.

In eine ähnliche Tragödie aber mündet auch das Werk des weltoffensten Dichters *Hugo von Hofmannsthals.* Ja, vielleicht ist im „Turm“[478] die Tragik noch tiefer als in einer sinnlosen Welt wie sie letztlich die *Hesses* und *Hauptmanns* ist. Denn im „Turm“ ist das Puppentheater, in dem Basilius, der Hof, der Priester und auch Julian spielen, gesehen von zwei Menschen, die an Sinn noch glauben und noch Sinnvolles tun wollen: der Prinz und der Arzt. Wohl hat auch der Arzt die Müdigkeit und die Ergebung dessen, der zu viel weiß, alle übriggebliebene Kraft aber, der Wille zu einem neuen Leben und die Naivität eines, den die Welt nicht enttäuschen konnte, weil er von ihr ausgeschlossen wurde, sind im Prinzen vereinigt: aber die Meute tötet ihn und mit ihm den Keim aller bessern Möglichkeiten: „Zerstört ist Gottes Ebenbild.“ Das Furchtbarste ist, daß der Messias da war, aber nicht erkannt wurde: „Gebet Zeugnis, ich war da. Wenngleich mich niemand gekannt hat.“

Die Verzweiflung über das „hoffnungslose Geschlecht“, in die *Borchardts* Werk mündet, die ihn zum Satyrspiel übergehen läßt, kann sich mit der Tiefe dieser Trauer und Klage, die aus der letzten Tragödie *Hofmannsthals* hervorbricht, nicht messen.

Und das ist auch *Rilkes* letzte, in der zehnten Elegie versuchte Weltdeutung: die Klagen. Glückliche, lösende, aber dennoch Klagen. Ihr Land beginnt jenseits des Jahrmarkts und Auskehrs

[478] A. a. O.

der verlorenen Zeit, wo es Nacht wird nach dem betäubenden Licht der unechten Tage und endlich das stumme Rätsel, der Mond und Bruder der Sphinx wieder sichtbar wird hinter der Ausgelegtheit des eiligen Wissens.

Und sie staunen dem krönlichen Haupt, das für immer,
schweigend, der Menschen Gesicht
auf die Waage der Sterne gelegt.

Hier hat auch *Rilke* schließlich, nachdem er sich in alle Dinge der Welt verwandelt hatte, wie *Hofmannsthal* die Zeit preisgegeben und, wo dieser den Tod des letzten Gerechten beweint, das unlösbare Rätsel aufgerichtet.

Karl Röttger hat in einer Novelle „Weltuntergang“[479] das Ende so geschildert: Im letzten Jahr des Weltkrieges waren ob der großen Kälte die Fronten erstarrt. In einer Nacht aber stieg das Christkind herab und setzte auf die Herzen der toten Krieger immer eine Kerze, so daß Tausende von Lichtern brannten. Aber „der Winter war unermeßlich und es wollte nicht Frühling werden“. Im Kristall der Hirne jener Überlebenden, Erfrierenden saß „eingefangen wie ein Flügelwesen im Bernstein: das Bild der . . . Liebe Gottes in der Welt“. Dann begann der Tau und mit ihm rückten die neuen Kanonen heran „mit Rohren hoch wie höchste Essen“. Aber sie trafen den Feind nicht mehr. Da richteten sie die Krater gegen den Himmel. „Es geschah, allen wie im Fieber, rasend und in Schnelligkeit“. Die Sterne fielen und die Sonne quoll auseinander und versengte alles.

Dem lächerlichen Kampf im Nachspiel von *Karl Kraus* hatte Gottes Steinhagel ein Ende bereitet: Hier treffen die Geschoße wirklich, treffen die Liebe Gottes und diese begräbt sie im Einsturz. So hatte auch *Cuno Hofer* im „Spiel der Hölle“ das Ende gedeutet. Ob aber nichts das im Bernstein gefangene Flügeltier zu lösen vermöchte?

Julius Maria Becker und *Karl Röttger* haben in zwei Dramen die Entselbstung und die Befreiung der Liebe zu schildern gesucht. *Beckers* „Passion in [vierzehn Stationen]“, „Das letzte

[479] In: Zwischen den Zeiten. Erzählungen und Legenden, München 1927, 193.

Gericht"[480] läßt einen jungen Menschen aus der Qual der eigenen Einsamkeit zum Kommunismus fliehen. Aber auch der enthüllt sich als verborgene Ichsucht, und Ossip muß den langen Weg der Entselbstung weiter wandern, auf dem sein Ich spiegelmenschlich in immer neuen Formen verwandelt entgegentritt, selbst in der Armut noch als Eitelkeit. Je weiter indes die Entselbstung fortschreitet, um so deutlicher wird, daß es nicht die ethische, sondern die metaphysische des Idealismus ist, die angestrebt wird. Da alle ihr Ich preisgaben, die Brüder in ein Ich verschmolzen sind, gehen „sie" am Abend des jüngsten Tages zur Ruhe der Identität ein.

In *Röttgers* Szenenfolge „Das [letzte] Gericht"[481] aber ist nicht Selbstheit, sondern Egoismus das Feindliche. Die einzige Sünde ist Lieblosigkeit und die sechs Einakter stellen sie mit Strindbergischer Grausamkeit dar. Über diese einzige richtet die richtende Stimme des Nachspieles im Jenseits: Wer noch haßt, muß nochmals hinaus in den Kreislauf der Welt, „den soll die Not pressen, bis er wach werde". Weltuntergang, so meint *Röttger*, ist das Ende der Liebe und Weltgericht richtet nach dem Maß der Liebe.

Das also wäre das Heilmittel. Aber ob es angenommen wird? Und dann: wo ist heute Liebe, wenn einige da ist? Christus will sie geben und der Großinquisitor, und beide auf den gleichen Namen hin. Das Böse war nie so verborgen wie heute und doch, dies wissen die meisten, im Geheimen ist es mächtig wie zu allen Zeiten. Aber die Krankheit, die die Menschheit befallen hat und die man „Neurose" nennen mag, die sich entschuldigen und nicht entschuldigen läßt, hat das Böse unkenntlicher gemacht als früher. Wer im Mittelalter die Zeit apokalyptisch sehen wollte, der konnte mit Fingern auf den Antichristen zeigen, heute ist er kaum mehr zu erraten. Dennoch macht religiöse Dichtung den Versuch, die großen Gegensätze der Apokalypse in die nivellierte Gegenwart hineinzusehen, wenn auch zumeist in der

480 Berlin 1919.

481 Das letzte Gericht. 6 Spiele vom Leben mit einem Nachspiel „Im Jenseits", Leipzig 1922.

Form einer Zukunftsschilderung, die aus Zügen der Gegenwart sich zusammensetzt.

Die Analyse der Antichristdichtungen enthüllt zwei immer wiederkehrende Vorstellungen: Die Nivellierung, die Entropie des Geistes ist für die Einen der Antichrist, für die anderen ist es die Liebe der Welt, die im Namen Christi verkündet wird. Die Dichtungen vom wiederkehrenden Christ haben zumeist die Tendenz, den Ungeist diese Lüge entdecken zu lassen, und mit der Entlarvung der Frau Welt die Gegensätze wiederherzustellen.

Mit diesen Kategorien schaffen auch einige Dichtungen, die über die Schilderung des Bösen oder des wiedergekehrten Christs hinaus ein allgemcines Gemälde des Endes entwerfen, ihr Zeitbild. Das Ende der Reden des Gentleman an Iwan Karamasoff enthüllt das Endreich als den Sieg des Menschgottes, der im Namen der Liebe zur Welt, der Steigerung der Liebe durch Konzentration auf dieses Leben, die Transzendenz des Gottesreiches besiegt hat. Nicht anders *Solowjew* in der Antichristlegende. Die benignitas und humanitas der Weltlichkeit, die Liebe, die nicht kommen will[,] den Krieg, sondern den Frieden zu bringen, diese zu entlarven, gelingt erst der letzten Stunde.

Robert Hugh Bensons Erzählung „Der Herr der Welt" ([1911]) bietet in diesem Sinn vielleicht die beste Illustration der Geschichtsphilosophie eines *Berdjajew* oder *Peter Wust:* Aus der Krise des Humanismus werden sich die zwei Reiche spalten: das eine wird eine edle Lebensphilosophie verkünden und das Bild des Menschgottes erhöhen, das andere den Glauben an den Gottmenschen bewahren. Aber es wird kein Krieg sein. Erst als eine Verschwörung fanatischer Katholiken den Tempel des neuen Kults zu zerstören sucht, bricht die Entrüstung los und Rom wird im Namen des Friedens von Fliegern zerstört. Als ein Verräter im Kardinalskonzil die letzten Reste der Kirche zu vernichten sich anschickt, bricht, von Katastrophen verkündet, das Gericht herein.

Bensons ausdrückliche Absicht war, die Konsequenzen der gegenwärtigen Lage, in der sich die apokalyptische Scheidung vorbereitete, in ein hypothetisches Endbild zu projizieren. Aber heute sei der Sieg des einen Lagers noch nicht zu erkennen. In einer zweiten, weit schwächeren Schilderung entwirft er die andere Möglichkeit:[482] den Sieg der Religion über den sozialistischen Humanismus, was ihm Gelegenheit gibt, über das Recht einer äußeren Gestalt des „Reiches" zu handeln.

Die Selbstenthüllung des antichristlichen Reiches schildert *Ferdinand Brockes* im Roman „Die Herren der Erde",[483] wo der Präsident des roten Rußland, Jude und Antichrist, alle Macht der Erde unter sich vereint hat, der allein die Reste der vereinigten Kirchen widerstehen. Die zwei Zeugen werden getötet, die Anarchie rast sich zu Tode. Dann aber wird die Parusie Christi chiliastisch gedeutet und mit karger Phantasie die vergöttlichte Menschheit auf der neu aufblühenden Erde geschildert.

Wenn bei *Brockes* die großen Ereignisse durch die Spiegelung in unbedeutenden Menschen und kleinen Verhältnissen an der unmittelbaren Wucht verlieren, so sind sie in der Erzählung „Die letzten Menschen" von *E. Bilecki*[484] in die alte mythische Atmosphäre zurückgetaucht, mit der sie etwa *Seeber* und *Wagenfeld*, der älteren Tradition gemäß, umgeben hatten. Die unmittelbaren Zusammenhänge mit der Gegenwart, die bei *Dostojewskij, Solowjew, Benson,* bei *Selma Lagerlöf, Max Fischer* und *Schreyvogl* geknüpft wurden, sind hier wieder gelöst, die Zwischenperioden übersprungen. Jerusalem ist Mittelpunkt der durch Krieg verwüsteten Erde. Die Christen von der kulturellen Welt ausgeschlossen, leben um ihren Dom unter der Hut des Papstes. Die Hölle wird entriegelt und Satan steigt zur letzten Verführung auf die Erde. Er beherrscht die Erde, wirkt Zeichen. Die Christen erkennen ihn als Antichristen. Martyrer werden zu zeugendem Samen, der Satans Macht zerbricht und ihn wieder zum Dämon werden läßt. Sein Tempel sinkt ein, „Mauern und Türme stürzen, Feuersbrünste steigen auf". Alle

[482] *Robert Hugh Benson*, Im Dämmerschein der Zukunft. Ein Roman in Traumbildern, Einsiedeln 1912.

[483] Die Herren der Erde. Eine Erzählung aus zukünftigen Tagen, Halle [1923-1925].

[484] In: Der Gral. Literarische Monatsschrift, hrsg. von F. Eichert u. a., Jhg. 7, Essen 1913, 194, 257, 321, 385, 449, 513, 557.

Lebenden ziehen nach Jerusalem, in Angst, denn „nach und nach zog sich die ewige Hand zurück von ihrer Schöpfung". Katastrophen vernichten alles. Petrus, Papst und letzter Mensch, bringt das Totenopfer für die Menschheit dar. Nach dem letzten Kampf des Drachen mit dem Weibe tönen die Posaunen der Herolde.

Die eigentliche Apokalypse, die Enthüllung dessen, was als Ewiges in der Zeit verborgen lag, die Sichtbarwerdung des Reiches Gottes, dessen Umfang jetzt keiner zu erkennen vermag, die Verwandlung des Hoffens in Schauen, schildern die fünf letzten „Hymnen an die Kirche"[485] der *Gertrud von Le Fort*, die überschrieben sind „Die letzten Dinge". In diesen der Kirche in den Mund gelegten hymnischen Reden scheint das Erlebnis tief genug gewesen zu sein, die hundertfach abgewandelten Vorstellungen vom Anbruch des Reiches und Ende dieser Welt mit neuen Bildern zu beleben und mit wahrer Glut zu füllen.

Aber wenn einst anhebt das große Ende aller Geheimnisse,
Wenn der Verborgene heraufblitzt in den schrecklichen
  Gewittern der entfesselten Liebe,
Wenn sein Heimriß wie Sturm durch das All tönt
  und aufjauchzen wird die verschüttete Sehnsucht
  seiner Schöpfung,
Wenn die Bälle der Gestirne in Flammen ausbrechen
  und auffahren wird aus ihrer Asche das befreite Leuchten,
Wenn die dichten Dämme der Stoffe zerreißen
  und loslassen werden alle Schleusen des Unsichtbaren,
Wenn die Jahrtausende wie Adler zurückbrausen
  und heimkehren werden zur Ewigkeit
  die Geschwader der Aeonen,
Wenn die Gefäße der Sprachen zerbersten und hervorstürzen
  wird das reißende Gewässer des Niegesagten,
Wenn die einsamsten Seelen ans Licht kommen
  und heraufgespült wird, was keine von sich selbst wußte:

[485] München 1924, hier zitiert nach der Ausgabe Zürich 1946.

Dann wird der Enthüllte mein Haupt aufrichten,
und vor seinem Blicke werden meine Schleier
emporfahren in Feuer,
Und ich werde daliegen wie ein nackender Spiegel
im Angesicht der Welten.
Und die Gestirne werden ihr Loblicht in mir erkennen,
und die Zeiten werden ihr Ewiges in mir erkennen,
und die Seelen werden ihr Göttliches in mir erkennen,
Und Gott wird seine Liebe in mir erkennen.
Und es wird kein Schleier mehr über mein Haupt fallen
wie das Blenden meines Richters.
Darin wird die Welt versinken.
Und der Schleier wird Gnade heißen,
und die Gnade wird Unendlichkeit heißen.
Und die Unendlichkeit wird Seligkeit heißen. Amen.

15. Die Arche.

Der jüngste Tag ist da für alle, die die
Zeichen der Zeit nicht verstanden haben.
Hofmannsthal: „Der Turm".

Die Gegenwart ist zweideutig. Das erneute Aufblühen des Lebens nach dem Tode des Krieges läßt frische Hoffnung schöpfen, englische und amerikanische Einflüsse erneuern die deutsche Dichtung und geben ihr eine barbarische Gesundheit. Der zweifelnde, fast verzweifelte Akkord, mit dem das unfortgesetzte Werk *Georges, Rilkes* und *Hofmannsthals* endet, ist vielleicht ein Zeichen dafür, daß eine neue, primitive Periode der vorigen eine Grenze gesetzt hat. Technik lockt zu naiver Daseinsfreude. Dennoch bleibt der Optimismus nur die eine Seite, die Krisis des Humanismus ist noch nicht vollendet, der Ausgang ungewiß, kein Land in Sicht und die Untergangsstimmung noch allenthalben spürbar.

Wenn in dieser Zeit das Symbol der Arche in der Dichtung öfter auftaucht als früher, so ist dies ebensowenig Zufall wie die Blüte der Ahasverdichtung in der Mitte des vorigen Jahrhunderts, die des Antichristmythos an seinem Ende und die des Weltunterganges in der Zeit vor und während des Krieges. Im Archenmythos sind beide Seiten der Gegenwart verbildlicht: Der Untergang und das Überdauern, das Ende der kranken Welt und die Rettung der Auserwählten, die Strafe der Hybris und das Mysterium der Erwählung. Es muß daher besonders reizvoll sein, zu verfolgen, wie dieser Mythos von den verschiedenen eschatologischen Strömungen der Zeit erfaßt wird, und die Gestalt der neuen Welten zu untersuchen, in die sich die Erkorenen hinüberzuretten trachten.

Am Rande nur erfaßt die technische Welt das Problem, wenn sie von einem „Bewältigen" des Weltunterganges träumt. Damit ist das ethische und kulturkritische Problem gar nicht tangiert: Es gilt das bloße Leben zu ketten. Das ist der Sinn der feuerfesten Arche in *Falb* und *Blunts* Roman „[Der] Weltuntergang".[486] In *[Werner] Scheffs* [Roman] „Die Arche"[487] sinkt ein großes Taucherboot, mit Menschen und Tieren beladen, an dem Tag unter Meer, an dem die giftigen Gase eines Kometenschweifes alles irdische Leben zerstören. Der Größe der Situation, in der sich die Überlebenden angesichts der toten Städte und stillgestandenen Kultur befinden, wird der Roman nicht gerecht, gegen Ende drängt sich vielmehr das Problem hervor, ob der erblich belastete Held der Erzählung, der anfänglich von der kleinen Gesellschaft ausgeschieden ist, ein Recht auf Fortpflanzung habe: Er schafft es sich mit der Begründung, daß „auch der Kranke ein Recht auf Leben und Glück" habe und setzt damit eine leibliche Erbsünde an den Anfang des neuen Stammbaumes.

In dem „Roman einer Menschheit", „Weltuntergang"[488] von *Kopernikulus* kommt neben dem technischen das kulturelle Problem zu Wort: „Die Erde war so lächerlich klein geworden und jeder wußte alles." Die Technik hatte alles möglich und die Menschen müde gemacht. Als nun ein verirrter Weltkörper wie ein Raubvogel in immer engern Spiralen um die todgeweihte Erde zu kreisen begann, bot die Sensation zunächst erwünschte Abwechslung. Und „religiöse Sekten schossen wie die Pilze aus der Erde und verkündeten laut das Nahen des tausendjährigen Reiches und das Neue Jerusalem". Aber aus der steigenden Ratlosigkeit ringt sich der Entschluß los, die Menschheit in Weltarchen zu retten. In die von den „Rettungsaktionen" erstellten Bauten schifft sich ein Teil der Menschen nach der Venus ein. Die andern erwarten hoffend und büßend das Ende. Die Zaghaftigkeit dieses Sowohl-als-auch läßt das ethische Problem in der Schwebe.[489]

[486] Der Weltuntergang. Roman von Rudolph Falb und Charles Blunt, Berlin 1899.

[487] Mit einer Vorrede von *Georg Engel*, Berlin 1917.

[488] Leipzig 1928.

[489] Mit einem phantastischen religiösen Mythos verbindet sich das technische Problem in L'Épopée martienne: l'agonie de la terre, Amiens 1922, und Les Titans

Tiefer gehen Werke, die den Mythus symbolisch fassen und die, wie *Robert Neumanns* „[Sintflut]“[490] den Untergang der Kultur schildern. In *Arnold Ulitz'* „Ararat“ handelt es sich um die Hinüberrettung der wahren Menschlichkeit aus dem Untergang der Zivilisation, die die Folge der russischen Revolution war. In den Urwäldern des Ostens beginnt ein neues, primitives Leben aus den winterlichen Verkrustungen der sterbenden Kultur zu schlagen. War die Revolution nur bildlich der Flut zu vergleichen, so läßt *Noëlle Roger* im Roman „Le nouveau Déluge“[491] eine wirkliche Springflut Europa überschwemmen. Mit frischer Anschaulichkeit ist die Verwirrung und Flucht auf die Höhen beschrieben, auf denen sich wenige Menschen zu retten vermochten. Neue Primitivität beginnt für sie, und ihre Kinder wissen von der alten Welt nicht anders als von dem sagenhaften goldenen Zeitalter. Nach langer Zeit entdecken sie im entlegenen Gebirg ein Hotel, das die Flut nicht erreicht hatte: hier zehrten noch letzte Gäste die letzten Vorräte aus früherer Fülle auf und töteten einander in Haß und Neid, um so der neuen Menschheit die Erde zu überlassen.

Das ist eine neue Form der Robinsonade: Hatte die alte Utopie das Paradies unerreichbar und vorbildlich über die Wirklichkeit gesetzt, so wollte es die Romantik in die Gegenwart selbst versetzen:

> Und ewig blühend geht allhier
> Das alte Paradies herfür. *(Novalis.)*

Aber gerade dadurch verflüchtigte sich das Ideal zur unfaßbar fernen Illusion: Orplid und Bimini wurden Länder der Sehnsucht, deren Erreichung der Tod verhindert: Jetzt aber öffnet sich eine neue Hoffnung, jenseits aller Untergänge einen Ort zu finden, wo das neue Leben sich entfalten könnte.

du ciel, Amiens 1921, von *Octave Joncquel* und *Théo Varlet*, wo ein technischer interplanetarer Krieg mit einer Seelenwanderungsidee sich paart, derzufolge die Seelen auf dem jeweils der Sonne näheren Planeten sich reinkarnieren und endlich im feurigen Nirwana der Mitte Erlösung finden.

[490] Sintflut. Roman, Stuttgart [1930].

[491] O. O. 1922.

Dies führt zum ethischen und religiösen Problem hinüber. Hier ist es nicht mehr nötig, die Gegenwart zu schildern: Im Mythos der Urzeit selbst wird sie lebendig. Schon der Graf *von Schack* hatte in „Sirius[. Ein] Mysterium“[492] den Untergang eines antichristlichen Reiches dargestellt und die Vernichtung des Bösen, der, auf den Türmen seines Palastes den Fluten trotzend, im Anblick der Arche zusammensinkt. Die Frommen waren zitternd der Prüfung entgegengegangen, jedoch des Heils gewiß, denn ein Engel hatte ihnen voraus die Schönheit der neuen Erde gezeigt. Gerade dieser letzte Zug aber ist das Unmoderne, vielmehr dem Idealismus verbundene an *Schacks* Drama. Denn die religiöse Dichtung, die später die Arche schildert, läßt die Auserwählten durch die äußerste Verlassenheit, Furcht, Verzagung und bis zur Lästerung Gottes gehen, ehe der Berg Ararat erscheint. So hatte *Max Brods* Einakter „Die Arche Noahs“[493] das Innere der Arche, die schon lange unterwegs ist, zum Schauplatz gewählt. Diese finstere und stinkende Höhle, in der die Menschen mit den Tieren zusammenliegen, wird zum symbolischen Ort für den ereignislosen Untergang der Seele, für die Tragödie und Höllenfahrt des unerkennbaren Innern. Schem flucht Gott und nennt ihn böse: „Er ist so böse, daß wir ihn nicht sehen können. O ich wollte ihn zwischen meine Anklagen nehmen wie zwischen Schenkel eines Reiters und wollte ihn hetzen, daß ihm der Atem verginge.“ Chom spottet Gottes und glaubt nicht an ihn. Jophes vertraut auf die Worte des Vaters. In allen brechen die untersten Instinkte aus, da – als die Orgie beginnen soll, ruft von außen eine Stimme um Rettung und ein Seil fällt durch die Luke. Als die Unschlüssigen sich zu ziehen anschicken und dem Bösen Einlaß gewähren wollen, erwacht Noah. Sie lassen los und das Seil entschwindet. Schem zerschmettert in Rache und Verzweiflung das Tor, um die Wasser einzulassen: Da strahlt Sonne und Versöhnungsbogen herein: Die Arche steht.

[492] Stuttgart 1892.
[493] In: Die Höhe des Gefühls. Ein Akt, Leipzig 1913.

Und ganz ähnlich in *Max [Bruns']* Mythos: „Die Arche".[494] Nachdem die Schreie der Ertrinkenden verhallt sind, dringt kein Laut, kein Licht und keine Zeit mehr in die Verlassenheit der Arche. Da beginnen sie sehnsüchtig hinunterzulauschen in die Gräber des Meeres: „Es ward ihnen schwer, gerettet zu sein." Die Tiere werden unruhig und sind nicht mehr zu zähmen: „Sie werden mächtig über die Menschen." Und erst, wo die Auflösung droht, wird der Ölzweig und die neue Erde gewährt.

Dies sind Kennzeichen neuer religiöser Dichtung: Die Deutung des Untergangs als Übergang, das Bewußtsein, daß der Weg durch die äußerste Finsternis gehe und der Glaube, daß das Selbstvertrauen der Menschen in ihr zerbreche, daß aber dieses Brechen Mahnung Gottes sei und der Prüfung die Gnade folge. Es ist wie in *Borchardts* „halbgeretteter Seele".[495] In dem Augenblick, da der Engel die immer von neuem gefallene Seele in Verzweiflung preisgeben will, hat er gesiegt und ihm wachsen die Flügel. Und so erging es *George:*

Du kamst am lezten tag
Da ich von harren siech
Da ich des betens müd
Mich in die nacht verlor:[496]

Dies bleibt die unverrückbare eine Seite der Wahrheit: die andere aber sagt, daß doch der Gerechte es ist, der überdauert. Davon, daß es Liebe ist, die Gerechte macht, daß die gefallene Liebe noch höher steht als die untadelige Lieblosigkeit, davon erzählt *Leo Sternbergs* symbolisches Sündflutdrama „Gaphna".[497] Die Vernichtung kann nur noch das Äußere treffen, das Innere überdauert.

Singend wird der Phönix dann
Über die Wasser der Vernichtung fliegen . . .

[494] Die Arche. Von den Nächten der Flut, der Vernichtung und des Traumes, 2. A., Minden [1924].

[495] *Rudolf Borchardt*, Die halb gerettete Seele. Ein Gedicht, Berlin 1920.

[496] Der siebente Ring, a. a. O., 96.

[497] Gaphna. Dramatisches Spiel in vier Akten, Wiesbaden [1. und 2. A.] [1922].

Die ohne Tod sind, werden neu begonnen
Und gehen in die Welt der Gnade ein.

Meyrink hat am Ende des „Grünen Gesichts"[498] diese Ewigkeit des Wertvollen gepriesen: Europa geht in den Stürmen des Endes unter: „In Wahrheit unsterblich ist nur der erwachte Mensch; Sonnen und Götter vergehen – er allein bleibt." *Sternbergs* und *Meyrinks* Vorstellung würde zum Idealismus zurückleiten, wäre sie nicht ergänzt von den Gedanken *Brods* und *Bruns':* Erst in dieser Doppelseitigkeit von Ohnmachtsgefühl und Erwählungshoffnung ist die ganze Lage der Gegenwart und des Menschen überhaupt erfaßt. Dann wird das Mysterium der Erwählung erhalten, wenngleich die Theodizeefrage als die unlösbare übrigbleibt. Nicht das, daß wir nicht bestimmen können, wer erwählt und verworfen sei, das Böse wie das Gute verborgen bleibt, aber die Frage, warum Böses überhaupt sei, fragt noch, wenn nichts anderes mehr fragt.

Ernst Barlachs Drama „[Die] Sündflut"[499] bahnt sich einen Weg zu diesem dunklen Mittelpunkt. Denn jetzt tritt Gott selber auf, in der Gestalt eines Bettlers, der an zwei Krücken hinkt. Niemand außer den Engeln kann ihn unterscheiden. Die Kinder prügeln ihn und der Aussätzige schmiert ihm den Eiter ins Gesicht. Warum diese Gestalt? Ist es, wie die Engel sagen, weil er die Erde, diesen schlimmen „Stoff für dein Schaffen", in der „ein Wolfssame" liegt, mehr liebt als „die Reiche lichtgeborner Riesen"? Ist das das Gesetz der Liebe? Noah klammert sich an den Gott, den er glaubt: „Gottes Walten ist gerecht, aber seine Gewalt ist über die Kraft meiner Augen, sie ertragen nicht den Anblick seines Tuns . . . Gott ist mein Hirt, mir wird nichts mangeln. Er wird mich durch die Flut führen und mich retten." Aber Calan antwortet ihm: „Das ist Gott der Fluten und des Fleisches, das ist der Gott, von dem es heißt, die Welt ist winziger als Nichts und Gott ist Alles. Ich aber sehe den andern Gott, von dem es heißen soll, die Welt ist groß und Gott ist winziger

[498] *Gustav Meyrink*, Das grüne Gesicht. Roman, Leipzig 1916.
[499] Die Sündflut. Drama in 5 Teilen, Berlin 1925.

als Nichts – ein Pünktchen, ein Glimmen ... Er ist ohne Gestalt und Stimme.“

Sind diese beiden Götter ein Gott, so löst sich das Problem der Theodizee, ohne daß die Frage nach dem Ursprung des Bösen sich zu lösen brauchte, löst sich im Paradox *Kierkegaards*, vor dem der Verstand ratlos bleibt, und in den Worten Calans: „Er ist ich geworden und ich Er – Er mit meiner Niedrigkeit, ich mit seiner Herrlichkeit – ein einziges Eins.“

Lebenslauf.

Ich, Hans U. v. Balthasar, bin geboren am 12. August 1905, in Luzern. Nach der Absolvierung der Volksschule besuchte ich 6 1/2 Jahre lang die Gymnasien von Engelberg und Feldkirch, um dieses Studium mit dem Maturitätsexamen an der Züricher Universität abzuschließen. Dem folgten neun Hochschulsemester, abwechselnd in Wien, Berlin und Zürich. Am 27. Oktober 1928 legte ich an der Züricher Universität das Doktorexamen in Germanistik und Philosophie ab. Ich studierte u. a. bei den H. H. Professoren A. Bachmann, W. Brecht, H. Cysarz, H. Eibl, E. Ermatinger, R. Faesi, W. Freytag, H. v. Glasenapp, H. Gomperz, M. Jellinek, P. Kluckhohn, D. Kralik, J. Petersen, E. Spranger. Meinen besonderen Dank spreche ich Herrn Prof. Dr. Faesi aus, der durch die mannigfachen Anregungen wie stets entgegenkommendes Interesse mir ermöglicht hat, diese Arbeit auszuführen und abzuschließen.

Personenregister